岩 波 文 庫
34-031-1

第二次世界大戦外交史

（上）

芦 田 均 著

序

第二次世界大戦は、旧世界の終焉であり、新しい世界の発足である。まことに過去二十年の歴史は、思想的にも社会的にも、そして国際政治の上にも未曽有の変革の連続である。確かにこの大戦は莫大な人命と破壊とを伴った悲劇であったが、同時にまた世界各地の未開発地域に、半奴隷の生活を送っていた数億の民衆を目ざめしめ、いたるところに新しい民族独立の機運をつくった。

この間における複雑にして、深刻かつ多岐なる様相を一人の頭にまとめて一人の手で書き下すことは、かりに三年五年の歳月を費すにしても真に無謀にして、まさに超人的なる大事業といわなければならない。いわんや私自身決して適格者でないことは充分に心得ている。

私は明治の末期から外交官の経歴に入り、その後昭和七年、官を辞して国会に席を列ね、以降二十七年の歳月を国会に送った。国会に入って間もなく満洲事変に刺激されて最近世界外交史を刊行する心持になり、昭和九年から昭和十八年に至る間に四冊を出版した。

その第一篇はドイツの外交史の大家、ライプチッヒ大学教授ブランデンブルヒ博士の『ビスマルクより世界大戦まで』という有名な著作を翻訳したものである。

それにひきつづいて第一次世界大戦の勃発からヴェルサイユ体制の崩壊まで約二十五年間の外交史を三冊にまとめて世に問うた。その最後のものは『第二次世界大戦前史』と題したものである。

私がこれらの外交史に筆を執った主たる目的には、満洲事変以来この危い橋を渡っている日本を大戦の危機から救わなければならぬ、それには日本の政策は世界の大勢とどういう点において相容れないのであるか、日本民族はどの点に反省をしなければならないのか、そういう警世的意義が含まれていたのである。

第一篇初版の序文の中に、昭和九年、私は次のように書いた。

日本民族は、いま、興隆の勢に乗じて最も嶮峻なる断崖を攀じ登りつつある。単に勇気と決心とを要するのみならず、更に自重と細心の考慮とを必要とする時である。この際一歩を過てば、国は挙げて千仭の谷に堕つる危険が無いとは誰が保証し得るであろうか。

かかる感想を書き記した著者の心境は、当時の世人には多く理解されなかったかもしれないが、今にしてこれらの著書を引出して読めば、満洲事変より太平洋戦争の勃発にいたるあいだ、わが日本の外交政策は、われわれの惧れていた最悪の途をたどったことがわかるのであって、その結果は遂に二千六百年の日本民族の歴史にかつて見ざる惨憺《さんたん》たる没落の淵に陥ることとなったのである。こういう意味においても、何故に日本は大東亜戦争の如き無謀な戦争に突入するに至ったか、その原因、その経過、これを詳述して後代に遺すことは、われわれ現代人の責任であると思う。

もちろん、この仕事は歴史家の共同の作業によって、あらゆる方面から正確な資料を集めて成し遂げられなければならないのであって、立派な歴史が書き上げられることがわれわれ当然の義務であるといわなければならないが、不幸にしてわが国においては、かような仕事は出来上っていない。かかる事情の下において、何よりも最も必要とすることは、一般の知識人、あるいは政治家であり軍の幹部であり、あるいは学校の教師であるというような人々が、大東亜戦争と称する未曽有の大事変の原因と経過とを、簡単に出来るだけ正確に手にとって読むことができる、あまり厖大でない書物を世に出すということであって、私の目標としたところは実にここにあることを、特に読者において諒とせられんことを望むものである。

今にして想えば著者は今日まで四十六年間常に外交問題を懐いて公私の生活を送って来た。外交官として、あるいは国会議員として、明治大正から昭和の中期まで、幸いにも興国の機運に棹さして生き甲斐を楽しんだものであった。しかるに齢六十にして突如として亡国の悲運に巡り逢う破目に陥った。もとより自ら顧みてわが国を破滅に導く如き外交政策を主張し、またはかりにも亡国の危機に寄与する如き言動をなした覚えはないけれども、著者が三十年間政治生活にありながら微力にしてこの悲運を救うことのできなかったことは深く後世に罪を謝さねばならぬ。

かく考えて第二次世界大戦と日本の政治との複雑な歴史は是非とも書き残したいというのが私の大それた念願であった。終戦の直後からいろいろの資料を集めたけれどもなにぶんにも世界の各国にわたる公私の資料を集めることは容易ではなかった。

まず第一にわが国では、外務省で終戦直後に編纂した外交交渉の経緯に関する印刷物がある。日米交渉、日ソ交渉等の記録、それに斎藤良衛博士の執筆にかかる日独伊三国同盟に関するもの等、それぞれ詳細な電報の往復が載っている。これらは相当有益な資料であり、かつ正確なものといわなければならない。そのほか外務省で編纂した、例えば『外交資料』——これは大へんよく出来た本である。

また、『終戦史録』と題して終戦当時の経緯を収録したものがある。これはよく整理ができているとはいい難いけれども、このうちに必要な文書を発見することができる。そのほか、市ケ谷の国際軍事裁判所の判決文およびその証拠書類、聴取書は厖大なもので、これを読むだけでも一人の力では一年や二年はかかる。更に近衛手記(『平和への努力』)、木戸日記、あるいは八巻に上る原田熊雄君の日記(『西園寺公と政局』)等いろいろと材料はあるのである。

アメリカ、イギリス、ドイツ、フランス等にいけば、わが国の資料の何十倍、何百倍のものがあるのであって、アメリカの政治家の書いた備忘録だけでも、有用なものが数十冊に上る。イギリスでは、いうまでもなくチャーチルの回顧録は大変なものである。またニュールンベルグの軍事裁判所に提出された夥《おびただ》しい文書、アメリカが戦後押収して英訳公刊したナチス・ドイツの公文書があり、イタリーについてはチアノ外相の日記等、各国それぞれいろいろな文書がある。これらのものをちらりと一瞥するだけでも容易な仕事ではない。私はかなり苦労して目を通したけれども、十分の一も読んではいない。

私はこれらの重要資料をひとわたり参考として読んだのち、昨年以来俗務の忙しい間に、全身全力をあげて筆を執った。ところが、本年初頭から過労のために病に罹り、三月四月に入っては執筆は全く不可能となった。しかし、あと数章を残してこのままに終ることは私の堪ええないところであった。よって、五月に入ってから病をおして再び筆をとりはじめた。

幸いにして友人吉澤清次郎君(元特命全権大使)および市川泰治郎君(元領事)は厚き友情をもって私に協力を肯われ、四五章以下の数章は私の手渡したメモや資料により立派な史論を書き上げられた。もし両君の協力がなかったならば、この一巻はとうていまだ世に出るに至らなかったに違いない。

右のほかに、本書の述作については多数の人々の協力援助に負うところが多い。さきにその一端を挙げた資料を集めることは、国内で刊行されたものだけでさえも、容易なことではなかったが、友人本田親男、高橋雄豺の両君はいろいろ尽力を惜しまず、私のために多大の便宜をはかられた。その厚意は深く感謝しなければならない。また、大阪の友人和田完二君夫妻は、私がこの述作中病気に罹った際に、和田君自身多年闘病の体験に鑑みていろいろと貴重な薬を送られ、私の思索を鼓舞するために大いに絶えず私を激励されたものである。この御親切に対しては、ここにようやくこの著作を完成に導きえたことをもって、その厚意に謝する一端となることと考えている。

さらに私の年来の秘書である島野盛文君のごとき、また、私の家族の一員ではあるけれど百合子のごとき、病中絶えずこの述作の進捗についていろいろ私を助けてくれたことは特にここに記さなければならないところであって、深く感謝する次第である。

芦田均

一九五九年五月

目次

【下巻目次】

第二次世界大戦外交史

（上）

第一章　ポーランド分割の戦争

一　ドイツ軍のポーランド侵攻

一九三九年九月一日の未明、ドイツ軍は、一斉にポーランド国境に向って三方面から火蓋を切った。これはその前日、八月三十一日、ヒトラーの出した「戦争行動指令第一号」の発動である。ニュールンベルグの記録(国際軍事裁判所)によれば指令第一号には次の如く記されてあった。

一、ドイツにとって忍ぶことのできない東部国境問題を平和的に処理するすべての政治的可能性がなくなったので、実力による解決を決意した

二、ポーランド攻撃は、ファル・ワイス(白の場合)に備えて整えられた準備に従って遂行する

攻撃の日—一九三九年九月一日、攻撃の時刻—午前四時四十五分

三、西部においては、敵対行為開始の責任を明確に英仏側に負わすことが肝要である。最初の間、敵の些細な越境行為に対しては、純然たる局部行動をとれ(ニュールンベルグ国際軍事裁判記録、第二部、一七二ページ)

ヒトラーはさきにオーストリアとズデーテン・ドイツとを併合した。次にはその東方国境に接続するポーランド内のドイツ人、特にダンチッヒ一帯の地域を手に入れようとして、幾度かワルソウ政府に圧力を加えた。ヒトラーは戦争を賭してもこの目的を達成しようと決心したこと、あたかも日本の軍閥政府が東亜共栄圏の確保のために、四囲の国々を敵とすることをあえてしたのと同様である。

いずれも彼らはその戦争が安価に勝利の栄冠を授与するものと計算していたのである。アンシュルッス(オーストリア併合)とミュンヘンの苦杯に屈辱を重ねて来たイギリス、フランスは、その最小限度の線、ポーランドの独立だけは支持せざるをえないと信じていた。そしてその約束履行のために、高価な戦争に突入することは、望ましいことでないと知りつつも、充分に準備された侵略に対して無準備な反撃の十字軍を決意する外なかった。かくしてネヴィル・チェムバレンは内閣を改造してドイツに対し九月三日に宣戦を布告した。

イギリスとしてはヒトラーの擡頭以来しばしば彼の狂暴な揚言と行動に呆然とさせられて来たのであるが、ドイツとてもヴェルサイユ条約の調印国として、やはり責任をもっているはずだというあまい見方から、ナチスの真意を判断することがきわめて緩慢であった。フランスは第一次世界大戦による満身創痍の状態から立ち直っていないため、再び大戦に参加することを心から嫌っていた。政治家も民衆もともすれば敗戦主義にひとしい心理状態にとっつかれていたことはおおわれない。だからといって、宿年の仇敵ドイツが、ポーランドを討った後に刃をフランスに向けるであろうことは火をみるよりも明らかである。この宿命をいやいやながら甘受したのがフランスの宣戦布告(九月三日)であった。

フランスとイギリスの世論がひそかに夢みたことは、もともとヒトラーはその共栄圏として東ヨーロッパとバルカンとを企図しているのであり、それがついにはソ連との衝突を不可避にする。これを契機として英仏とナチスとの妥協はあるいは可能ではあるまいかとのはかなき構想に低迷したのである。

ネヴィル・チェムバレンもダラヂエもともにその思想系列の一人であったことはおおうべくもない。

ドイツはブラウヒッチ将軍を総司令とする五軍(九個の機甲師団を含めて五十六個師団)をもってポーランド攻撃を開始した。ポーランドは即時に動員を下令したけれども、ドイツ軍に対抗するためには、その兵力の半数、三十個師団だけが準備されていたに過ぎなかった。国境防備の任務をもったポーランド軍は三方面から突入する優勢なドイツ軍に圧倒され、ポーランドの空軍第一線機五百は開戦の二日目に早くも潰滅してしまった。ドイツ軍は機甲師団と空軍との協力による新しい電撃作戦によってわずか八日間の攻撃の後、ポーランド軍の主力をワルソウ付近で包囲してしまった。ポーランド政府は九月十八日にルーマニアに亡命し、ワルソウ市は九月三十日に陥落したのである。

かようにドイツのポーランド侵攻作戦は、わずかに十八日間で終ったのであるが、勇敢な国民として知られる三千万のポーランド人が、かくもはかなく潰えたのには、それぞれの理由があった。戦略的にも戦術的にもポーランドは防ぎ得ない姿勢でドイツの電撃を受けて立った。ポーランドの地形は、円形にベルリンに向ってドイツへ食い入っており、北方は東プロシア、南方はシレジアとスロヴァキアに接壌している。その上に国の中央で南北に貫通するヴィスツラ河以西には自然の防御線が一つもない。そして弧状をなすドイツとの国境は一千七百マイルに延びているから、ポーランドの動かしうる百七十万の兵力では攻める者に有利であっても守るべき手段はない。それにもかかわらず、ポーランドが全国境に沿うて兵力を配備したのは、その作戦の死活にかかる地域が実はドイツ国境に近い突出部に位置しているからである。シレジアの石炭、ルブリン以下十に近い工業都市、そしてロッヅを中心とする繊維工業地区を失うことは、実に軍需工場、自動車工業、石油、石炭の大部分を失うことを意味する。

さらに戦略的にいってポーランドは二つの不利な点をもっていた。その一は北方バルチック海において制海権がドイツの手にあったから、ドイツは東プロシアとの連絡が自由であったこと、第二には西欧の協商国との交通路がルーマニアを経由して黒海に出る外なかったことである。

その外にポーランド軍は兵力量においてのみならず、装備においても著しくドイツ軍に劣っていた。ドイツの機甲部隊は、ポーランドの突出部において、自由に敵を包囲撃滅する最も有利な体形を発見したのである。

かりに英仏がドイツの西部国境を攻撃するとしても少なくも数カ月の日子を必要とするのであったが、ポーランド軍総司令官スミグリ・リーズ元帥はドイツの攻撃力を著しく過小評価していたといいうる(英国陸軍少将フラー『第二次世界戦争』四七ページ以下)。

二　ソ連軍の背面攻撃

ヴェルサイユ条約によってドイツに押しつけられたドイツとポーランドとの境界は、ドイツ国民のとうてい承服し得ないものであったが、一九二一年のリガ条約を以て定められたポーランドの東方国境もまた、ソヴィエトの眼から見ては、不合理きわまるものであった。ということは、これによってポーランドはその東方に約百五十万の白ロシア人を抱擁し、その東南二州に約六百万人のウクライナ人(小ロシア人)を統治することとなったからである。それだけではない。ポーランド再興の後、ワルソウ政府は、その治下のウクライナを拡大してソヴィエト内のウクライナ人を誘致し、中世の大ポーランドを夢想する如き膨張政策を考えていた。

ソ連邦がこれらの白ロシア人、ウクライナ人を傘下に収めることは、モスコウの説明によれば、身を容れる所なき同胞に対する救いの手であったけれども、同時にまた、ソヴィエト国防強化の見地からしても必要な手数と考えられた。すでにドイツが英仏を相手として戦争に入った以上は、この戦争は長期にわたる消耗戦争であって短時日に終了の見込はつかない。ドイツが敗戦に終る場合はもちろん、ドイツが勝利を占める場合には一層この地方を確保して、バルチック海より黒海にわたる境界線の守備を強固にしなければならぬ。ドイツに対して中立を保証したこと自体が代償を求める価値あるものと、クレムリンの政治家は計算したのである。

ドイツの立場はバルチック諸国をソ連に与えることに衷心反対であるのはもちろん、ポーランドの東南部ウクライナ地方を、袖手《しゅうしゅ》して掌握したモスコウの政策に多大の不満あることはいうまでもない。しかし英仏との戦争が終結しない際にソ連と争うことの不利を考慮して、暫定的に占領地区を独ソ間に協定したにすぎないことは、後にドイツ側から発表した文書によって明白である。

ポーランドとソ連との間にはかねて中立不可侵条約が結ばれていた。一九三二年七月二十五日の条約は一九三四年五月五日に再び効力を延長された。

それ以外にも一九三三年七月にロンドンで締結された侵略国定義の議定書を承認してポーランドはソ連と契を交わした。これらの条約に一貫した平和と友好の精神は、その後政府の声明として、ソ連が国際連盟に参加した時に、ミュンヘン会議の直後に、そしてまた一九三九年六月にくりかえされた。ことに独ソ協定の成立以後にもソ連はポーランドに対して経済的支持を与える旨を保証した。一九三九年八月二十七日のヴォロシーロフの声明は明らかにこれを確認したものである。

独波開戦の二日目に、ワルソウ駐在ソ連大使ニコライ・シャルーノフはベック外相を訪問して、何故にポーランドは物資供給についてモスコウ政府と交渉を始めないのかと質問した。そこでワルソウ政府は直ちにモスコウにあるグルチボフスキー大使に訓令して適当に措置をとることを命じたが、これに対してモロトフは、英仏両国が戦争に介入した以上、状況は著しく変化して、ヴォロシーロフの予見しなかった事態が発生したから、ソヴィエトはその利害を顧慮しなければならないという意味をこたえたと、九月八日の報告書に記されている。モスコウはすでに契約済の原料を供給することに異存がないけれども、軍需品の引渡しは不可能であって、これを実行する場合には独ソ協定違反となると答えた。これらの交渉によってソヴィエト政府の意中はほぼ推測することができた。モスコウの政治家は、英仏が戦争を決意したことを予想外と感じたとともに、ドイツの作戦の進捗が意外に迅速なことに脅威を感じたようであった。

九月六日、モスコウで開かれた国際青年祭においては従来のファッシスト反対の標語を撤回し、「われらをして火中の栗を拾わしめんとする戦争挑発者の手に引かかるな、スターリンの指導する賢明なソ連の外交政策万歳」ととりかえられた。それまで国内に巡覧させていた映画フィルムの「オッペンハイムの家族」とか「アレキサンダー・ネウスキー」とか「マムロック先生」とかのナチス反対の色彩が強いものは、映写を禁止されることになった。と同時に赤軍の一部に対しては九月中旬に動員令が発せられた。

九月十一日、ソ連大使シャルーノフはポーランドのスツェムベック伯にたいして、衛生材料を必要とするならば、ソ連はこれを供給できると保証したし、またフランス大使ノエルに対して、赤軍動員の事実を全く承知しないといい、「多分それはきわめて小範囲の動員であろう、ドイツはすでにソ連の西国境を爆撃しうる地点にある。全体主義国家と国境を接することは、ソ連の好まないところであり、フランスとの間にはすでに不可侵、相互援助条約をもっているのである」とも述べた(ポーランド外交白書)。

しかしその後数日にしてモスコウの態度は急に変った。プラウダ紙は九月十二日に早くもポーランド政府の少数民族に対する措置を攻撃して、ソヴィエトの世論はこれに無関心であり得ないと主張したし、九月十五日には東郷・モロトフ協定によってノモンハン休戦が成立し、一時注目された極東の危機は解消された。

九月十七日午前二時、モスコウにあるポーランド大使館の電話の信号がけたたましく鳴った。グルチボフスキーはその報告書の中に、当日の出来事を次の如く記している(ポーランド外交白書)。

私は時計を見た。時は午前二時十五分であった。ポチョムキン外交次長の秘書が電話でいうには、次長は重要な声明を通告するために午前三時に来車を待っていると告げた。私は往訪すると答えて自動車の用意を命じた。それから参事官ヂャンコウスキーとブルシェツキー大佐とに予告して、暗号電信係に午前四時に待機するように命令を伝えた。ナルコミンデル(モスコウ外務省)に向う車の中で悪いニュースを受取る心の準備をした。何かの口実の下にソ連政府は不可侵条約を廃棄するのかしれないと考えたが、実際はもっと悪いニュースであった。

ポチョムキンは外交人民委員モロトフの署名した一通の覚書をゆっくり読みはじめた。朗読が終った時、私は彼に告げた。「覚書の内容を承知することを断わる、そしてこれを本国政府に通知することを謝絶する」。同時に私は最も強く覚書の内容に抗議を申入れた。もちろん不可侵条約の一方的廃棄は承諾し得ないことを付加えた。ポーランド政府は国土内に現存しているし、軍隊もまた戦争を継続している今日、何故にポーランドはもやは存在しないと結論するのかと詰《なじ》った。

ソ連の覚書において、ポーランド内の少数民族が懊悩《おうのう》しているなどということは無意味であるゆえんを説明した。「ソ連政府はしばしばスラヴ民族の連帯という字を口にしたが、現にウクライナ人も白ロシア人も、またチェッコ人、スロヴァック人さえもドイツ軍に対して、共同の戦争に当っている。それだのにソ連の行動のどこにスラヴの連帯性があるのか」とも詰問した。「ナポレオンはモスコウに入城したが、一般はクツゾフ将軍の軍隊が存在する限り、ロシアは存在すると考えたではないか」。

ポチョムキンはこの種の覚書を受取ることを拒むことは頗る重大な責任であるといって、私を説得しようとした。しかし私はこの覚書を受取ることは単に本国政府に対する敬意を失するのみならず、ソヴィエト政府に対する敬意をも失う所以である。だからソ連政府が侵略を始めたとの報道を本国に送るに止めようと述べた。

ポチョムキンは、未だポーランドが戦争に堪えない状態にあることを私が知らないのは無理もないが、駐在武官の意見によればドイツ軍はまもなくソ連国境付近に進出するであろうと述べた。私はこれに対して、「駐在武官の悲観論といえども国際協定を破棄する理由とはならぬ」と答えた。外交次長は一応政府に相談するからといって席を立ったが、四時半頃に彼は席に帰って「政府はその決定を変更し得ない」と告げた。そこで私もまた意見を変えられないからワルソウ政府へは、たんにソ連軍の侵略の事実を通報するに止めると答えた。大使館に帰って直ちに平文の電報をワルソウに発送したが、電報がポーランド外務省に着いたのはその日の午前十一時であった。ソ連の軍隊はその朝六時、すでに国境を越えてポーランドへ進入した。
ポチョムキンがポーランド大使へ手交せんとしたソ連の覚書は次の如き内容であった。

独波戦争はポーランド国の内部破産を示した。十日間の戦争によって、ポーランドはすべての工業地帯、文化の中心を失い、ワルソウは同国の首府としてすでに存在しない。ポーランド国家も政府も消滅したのであるから、ソ連との間の条約もまた効力を失ってしまった。指導者もなく運命のままに棄てられたポーランドは予期せざる偶然の突発事件の温床となるべく、かくてはソ連にとり脅威たるべきをもって、わが政府はこれらの事実に対し中立的態度をとることはできない。いわんやわれらの血をわけた白ロシア人、ウクライナ人がなんらの保護なくして運命のままに打捨てられていることはわが政府の無関心であり得ないところである。

以上の事実に鑑みソヴィエト政府は赤衛軍に対しポーランドに進駐して西部ウクライナおよび白露人民の生命財産を保護すべきよう下令した。それと同時にソ連政府は無能なる為政者のために惨憺《さんたん》たる戦禍に引入れられたポーランド人を解放し、平和なる生活に入らしめるよう凡百の手段をとる意向である。

ドイツはポーランド攻撃を始めてから三日目に、モスコウ駐在シューレンブルグ大使に訓令して、ソ連が一刻も早くポーランドの東方国境に侵入することを要請した。

さきに独ソの間に結ばれた不可侵条約（一九三九年八月二十三日調印）には、領土に関する秘密協約があって、両国の勢力範囲を協定していた。バルチック沿岸のエストニア、ラトヴィアはソ連に、ポーランドにおいてはピッサ、ナレヴ、ヴィスツラ、サンの四河川の線を境として勢力範囲がきめてあった。ただし他日ポーランド独立国を再建する時にどこに国境線を引くかは話し合いがなかった。いずれにしてもその当時のドイツは、ソ連の勢力範囲内の地区はソ連軍によって占領されることが占領行政を簡素にする上からも望ましいと考えたのであろう。

ところがモスコウ政府は、準備不足の理由で急速に軍隊を動かそうとしない。幾度かドイツ政府の督促をうけてようやく九月十七日に行動を起すことになった。モロトフがドイツ大使に語ったところによると、ソ連の民衆を納得させるためには明白な理由を必要とする。それにはポーランド内に住む同族救援がドイツ軍の侵入によって必要となったために行動するのであって、決して侵略の戦ではないとの印象を与えようと苦心したのであった。もっともソヴィエトはこの間も西欧諸国の反響を細心に見守っていたことはいうまでもない。

ポーランド政府はまた九月八日、不可侵条約に基づく約束の履行をモスコウ政府に求めた。これに対してモロトフは、今回の紛争に英仏が介入したことにより、ソ連とポーランドとの条約に問題を生じたばかりでなく、他面ポーランドに対する物資の輸送は、ソ独協定に背反するとの疑いもあると答えた。

やがてソ連はポーランドに対して好意的中立を守る義務を放棄して、九月十七日には「ポーランド国がすでに倒壊した事実に鑑み、ソ波条約はその存在理由を失った」といい、更にこれに付け加えて、「ドイツがポーランドに侵入しているこの際、ソ連はその同族たるウクライナおよび白ロシアの運命に無関心でありえない」と干渉の意向を明らかにした。その日ソ連はポーランドの背後を襲い、ヴィルナ、グロドノ、ルヴォフ等の要衝を占拠した。

かくてソ連軍は無防備に近いポーランドの東部国境を洪水の如く浸透して百五十マイルを西進し、一週間の後にいわゆるカーゾン線に到達した。もともとポーランドとソ連との間には一九三二年に不可侵条約が締結され、その後たびたび更新されて、一九三九年一月には付属協定も調印されていた。そしてソ連は、ポーランドが侵略を受けた場合には、ポーランド向け軍需品のソ連領通過を認めるとの約束も与えていた。だからソ連軍がドイツに対抗するため進駐するといわれて、正直にそう考えたポーランド軍も少なくなかった。ポーランドがこの正面で多数の捕虜を出したのは、そういった理由も手伝ったのである。

三　ポーランドの分割なる

九月十八日、ドイツは各国に通牒して、独ソ両国が八月二十三日の協定に従い、両国軍隊が協力してポーランド内の秩序を回復しつつあると申し入れた。

九月二十七日、ドイツ外相リッペントロップはモスコウをおとずれて、ポーランドにおける国境をソ連との間に決定する交渉を行った。九月二十九日の協定は、八月二十三日の秘密協約に多少の変更を加え、白ロシア人、ウクライナ人が多数を占める土地はソ連領とし、ポーランド人が多数を占める土地をドイツ領にした。

ドイツとソ連はかかる協定によって、自軍の占領した土地を、それぞれ領土として編入した。ソ連はこの地域を西ウクライナ、西白ロシアの二つの行政区に分け、十月二十二日に選挙を行った。

ドイツは占領したポーランド領を十月八日の総統令をもって、ドイツ版図に編入すると布告した。以上ソ連ならびにドイツのとった領土処分に対しては、後に述べるポーランドの亡命政権が厳重な抗議を発表した。

これよりさきポーランド政府は腹背に敵軍の侵入をうけたため、大統領モチスキーと閣僚一同は九月十七日に祖国をはなれてルーマニアにのがれた。この一行はパリに亡命して政府を維持しようと企てたけれども、ルーマニア政府はドイツの圧迫によって、ポーランド要人を監禁する措置をとった。よってモチスキーはパリ滞在中の元上院議長ラシュキエウィッチをその後継者に指名し、亡命政府は九月三十日に内閣首班としてシコルスキー将軍を任命した。イギリス、フランス等の政府は、直ちにこれをポーランドの正統政府として承認した。

かくしてポーランドの第五回分割はその幕をとじたのであるが、ウィンストン・チャーチルがその回顧録に記した如く、「三千五百万の国民は、征服というよりは奴隷化を企て、しかも民族の絶滅を企図した無慈悲な掌の内に落ち込んだ」のであった。

（注）フランス崩壊後ポーランド政府はロンドンに移り、もっぱら陸海空三軍を再編して英米軍と協力した。

四　ヒトラーの和議提唱

ドイツとソ連との共謀によって、独立ポーランドはその姿を消した。ヴェルサイユ体制によって定められたドイツの東国境もまた東方に押しやられた。ヒトラーは一応その目的を達した訳である。この既成事実をイギリス、フランスに認めさせることは、さほどの困難があるまいとは、ナチスの領袖たちが下した判断であった。ことにこの戦争で示されたドイツ軍の威力は、確かに世界を驚倒させたと信じていた。そこでリッペントロップとモロトフとは、九月二十九日にモスコウで共同宣言を発表して、ポーランド問題はすでに解決したから、両国は英仏政府に対し平和討議を始めることを提案するといった。さらにこの宣言は、英仏がこれを拒否すれば、戦争の責任はかれらにあることを付加えた。

ヒトラーは初めからイギリスとフランスとを見くびっていた。これはあたかもカイザー・ウィルヘルム二世が第一次世界大戦の序幕において、イギリスを過小評価し、英国軍隊は「計算に入らない脆弱なもの」と嘲笑したのと同様であった。だから両国が九月三日に宣戦を布告したことに対して不快の念をもらしたが、それもやがてポーランドが急速に崩壊する姿を見て、危殆《きたい》に瀕した二つの民主主義国家は、東ヨーロッパに容喙《ようかい》する時代の過ぎ去ったことを悟るに相違ないと信じていた。

ヒトラーの幕僚たちは、一般大衆の気持とともに、英仏との戦争をなるべくさけようとの意見であったが、それは戦争による犠牲を少なくしたいとの念願も手伝っていた。ヒトラーは英仏との戦争が簡単に片付くとは思いながらも、彼は原則として両面作戦を好まないから、この程度で一応戦争を停止しようとの気構えであった。ヒトラーは、第一次大戦にウィルヘルム二世が両面作戦を行ったことは、許すべからざる過誤であると考えていたのである。チャーチルが書いているようにヒトラーはいつも各個撃破の方法をえらんだ。御都合主義が彼の性癖ともいえる。この際英仏との和議が成立すれば、その次は自由にその鋒先を転じて、たとえば東南ヨーロッパを席捲《せっけん》したとしても、英仏やソ連は不安を感じつつも、決心がつかないままに傍観するであろう。その次には、おそらく英仏の黙認を条件にソ連を叩きつける。そしてはるかにウラル山脈までその麾下《きか》に入れることも可能となる。そうなれば、イギリス、フランスは戦わずして、ドイツと妥協せざるを得ない立場になろう。そういう計算がヒトラーをして和平を呼びかけさせたのである。

その外にヒトラーはフランスの政界に敗北主義の空気が横溢していることを知っていた。だからおそらく躊躇しながらも和議に応ずるものと計算したのである。これはヒトラーの最初の誤算であったとトインビー教授がその近著に書いている(『枢軸の最初の勝利』九七―九八ページ)。

ヒトラーの第二の誤算は、イギリスの朝野《ちょうや》の雰囲気に対する判断であった。なるほどミュンヘン会議以後、第二次大戦の勃発までの期間に、チェムバレン首相は、時として宥和政策にちかい身振りをしたこともあった。けれどもそれは彼らの真意ではなかった。万一にもポーランド攻撃前に、あるいはその後にヒトラーと妥協する如き政策をとれば、内閣はその瞬間に吹き飛んでしまったに違いないとトインビーはいう。ミュンヘン以降イギリス国民は、ヒトラーの侵略的な手口によって、絶えず不安な空気にゆすぶられることに堪えられなくなっていた。すでにヒトラーと対決の戦争に入った以上――ながく平和の世界に住むことのできるという条件で――ナチスの倒壊までは断じて和平に応じないと決心していた。もちろんそのころのイギリスは、まだ悲惨な戦禍をうけてない時であったから、大衆の心構えは消極的ではあったけれども決して敗北主義の傾向にはなかった。

第三のヒトラーの誤算は、アメリカ大統領の調停によって、英仏との和解が可能だと考えたことである。ローズヴェルトとその背後が、ヒトラーのオーストリアやチェッコスロヴァキアの併合、ないしポーランドの征服を承認するなどと想像することは驚くべき錯覚であった。アメリカの調停という如きは夢にひとしい構想にすぎないものであった。

九月十九日、ヒトラーはダンチッヒにおける演説の中で次のように叫んだ。

われらは断固たる態度をとるがドイツの要求は限られたものである。イギリスやフランスに対して戦争目的はもっていない。ポーランドは決してヴェルサイユ条約できめられた形で復活されない。これはソヴィエトも認めているところである。イギリスは戦争が三年続くだろうといっているが、私はフランスの兵隊に同情を表する。

これに答えるためにフランスの首相ダラヂエは九月二十二日に放送演説をもって、ドイツの呼びかけを拒否し、ヒトラーがイギリスとフランスとを離間せんとするのはむだなことだといって、イギリスの戦争努力を称讃した。

ベルギーならびにオランダの国王は、ヒトラーの和平提議を機会に、英仏とドイツとの妥協を試みる意向をもってヒトラーならびにロンドンとパリに触手を出してみたが、その企ては全く失敗に終った。ドイツの一般民衆は英仏がヒトラーの和平提案を拒否したことに驚きの表情を示した。

イギリスもフランスもヒトラーの侵略によって生じた東ヨーロッパの変革を承認しないとの堅い決意はもっていたが、ドイツとの対決は、海上封鎖による経済圧迫によって決定するのであって、大規模の作戦行動は必ずしも必要としないような幻影を抱いていた。しかしその夢は半歳の後にみじめに吹飛ぶこととなったのである。

ヒトラーはさらに十月三日にベルリンの国会で演説して平和の提案をくり返し、英仏に対して戦う理由はないが、ヴェルサイユ会議で奪われた旧植民地は返還せらるべきであると述べた。

イギリス首相チェムバレンは十月三日、イギリス議会の演説においてモロトフとリッペントロップの共同声明に言及し、この声明は、どうやら恫喝の意味をもつようだが、どんな脅迫をもってしてもフランスやイギリスが、この戦争に入った目的を捨てるようなことはあり得ないといった。彼はさらに言葉をつづけて、次のように述べた。

われわれの大きな目的は、ヨーロッパをドイツの侵略という絶え間なく繰返される恐怖から救うことであり、ヨーロッパが自由と独立とを維持することができるようにすることである。

この言葉は最も深刻にフランス人の胸をうつ。普仏戦争以来の歴史的敵愾心が再び掻き起され、燃え上る義憤の念とともにナチス討伐の戦いに国民大衆を振い立たせ得たのである。ピアノの巨匠コルトーがポーランドを弔うためにパリの放送局からショパンの名曲ポロネーズを放送した時、聴く者ひとしく袖をしぼったという逸話は、フランス人の心持を端的に表わしたものであったろう。

第二章　芬ソ戦争と沿バルチック三国の終焉

一　芬ソ戦争

フィンランドは小国であるが、国民の気力は偉大である。彼らは中世の民族大移動の際、ウラルアルタイ族の先陣をうけたまわってウラルを越え、北の方フィンランドに定着した種族の子孫である。その後スウェーデンの盛時にその麾下に入り、北欧の文化を吸収してキリスト教徒となった。従って人種、言語、宗教、文化の上から見て、ギリシヤ正教をたずさえて北ロシアに進出したスラヴ人とは全く異なった系列に立つ隣組である。

一九三九年十月五日、フィンランド政府は、至急その代表者をモスコウに派遣するようにとの要請をうけた。いよいよフィンランドの番が来たのである。

ドイツの思いがけない電撃によってポーランドが壊滅し、ソ連の西方国境はバルチック海から黒海に達する地域にわたって著しく拡大強化された。エストニア、ラトヴィア、リトゥアニアの三国も吸収され、整理中である。次はフィンランド国境において、軍事上有利な線を確保しようとソ連がフィンランドに強圧を加える順序となったのである。

といってもソ連はフィンランドそのものの力を怖れるのではない。しかし近い過去において、ソ連に敵対する強国は、常にフィンランドを作戦の基地として利用した。第一次世界大戦に際して、バルチック海はドイツとの戦争に重大な役割を演じたし、共産革命の初期には、イギリスが北方アルハンゲリスクに兵を上陸させて、それから鉄道によりレーニングラードへ下る計画をたてた。その後タイムズが書いたように（一九一九年四月十七日）、フィンランドはペトログラードへの鍵であり、ペトログラードはモスコウへの鍵たる地位にいるのである。一九二五年にポーランドがバルチック諸国と同盟を結ぶような風評も流れていたし、一九三六年にはナチス・ドイツとフィンランドとの間にソヴィエトに対抗する了解が成立したとも報ぜられた。この時にはフィンランドがドイツとの不可侵条約を拒否したが、同時にソ連から申し出た領土保全の保障も受けいれなかった。これらの背景がついに今回の強圧となって現われたものである。

フィンランド政府は当初からソヴィエトの意図を知っていた。それは正式の交渉が開かれる前に、リトヴィノフ（外務次官）やミコヤン（貿易相）から非公式に話が持ち出されていたからである。フィンランドとしてはソ連の要求が国の安全に関する重大問題であるから、島嶼に関するもの以外は到底受諾し得ないとして、モスコウ交渉の最中に、軍隊を動員し、国境都市から住民を後退させ、万一に備えていた。

十月十一日、モスコウに行って、ソ連の要求文書をうけとる任に当ったのはパーシキヴィと呼ぶ練達の政治家であって、さきに一九二一年にソ連と平和条約の調印を行った経歴の持主であった。

ソ連はもっぱら軍事上の見地からフィンランドに対して次のような要求をつきつけた。

一、レーニングラードの北方にあるカレリア地峡において領土を割譲すること。これはレーニングラード市とラドガ湖とをつなぐ国境線を三、四十マイル北西方に後退させて、フィンランドの築いたマンネルハイム線を取り除き、相手の長距離砲からレーニングラードを安全にするためである

二、フィンランド湾にある島嶼の譲渡

三、フィンランド唯一の不凍港ペツァモ（北氷洋に面す）とその一帯のルイパチ半島の租借

四、フィンランド湾口を扼《やく》するハンゲ港をソ連の海空軍基地として租借権を認めること

以上の要求の中二、四はフィンランド湾を制圧するための手段として要求したものである。これに対しフィンランドはハンゲ港の重要性に顧み、これをソヴィエトに引渡すことを峻拒した。そして十一月十三日ついに交渉は決裂し、十一月三十日にソ連は国境線の八

カ所に攻撃を加えて来た。

フィンランドは独ソ協定によって、フィンランドがソ連の勢力圏と決定されたことを知らないでいたから、ドイツの支持をひそかに期待していた。英仏等が久しきにわたってフィンランドに友好的態度を示したことから、西欧陣営に対しても多少の望みをつないでいたが、しかし、いずれも効果的な援助をうける見込みはなかった。

フィンランド国民はカレリア半島をもって、そのテルモピレーなりと信じていたから、マンネルハイム線を死守する覚悟をきめて戦いに臨んだ。

フィンランド軍は総司令官マンネルハイムの指揮の下に勇敢に戦った。ソ連は兵力量においてフィンランド軍より優勢であったけれども、訓練と素質においてははるかに劣っていたから、一カ月余にわたる攻撃をもってしてもマンネルハイム線を突破することができなかった。

この予想外の戦闘は全世界を沸かし、フィンランドに対する同情が高まると同時に、ソ連の実力に対する誤った推算も行われた。

フィンランドの難局に対し国をあげて共感をもったものは、いうまでもなく、古くから因縁の深いスウェーデンであり、またこれと盟邦の契をもつノルウェー、デンマークであった。十月十八日これら三国の国王は、フィンランドの大統領を迎えて対ソ策を協議し、スウェーデンは率先してフィンランド援助を行う旨を声明した。スウェーデンの編成した義勇軍は、十二月二十九日に、その先遣部隊一千名をフィンランド国境に送った。越えて一月リンダー将軍が義勇軍の指揮官として出発し、空軍の一部隊もフィンランド戦線に活躍を始めた。これに対してソヴィエトは、スウェーデン、ノルウェー両国に強硬な抗議を行い、スカンヂナヴィア諸国とソ連との関係はきわめて微妙な動きを示した。

ソ連・フィンランド戦争に対する英仏両国の態度はきわめて微妙なものがあった。弱小国フィンランドに対するソヴィエトの強圧に対し世論が挙げてフィンランドに同情を表したことは人情の自然である。ことにドイツと結託してポーランドを分割したモスコウ政府の手口、沿バルト三国を併呑した事実等がソヴィエトに対する反感をいやが上にもそそったため、フィンランドに援軍を送れとの運動が次第に強くなった。

しかし英仏としてはやがては西部戦場において本格的の攻防戦が展開され、それが最終的に勝敗を決する要因であることを考慮すれば、一発の砲弾といえども他にさし向ける余裕のある筈はない。イギリス政府は、それ故、極力フィンランド救援の運動を抑える方針をとり、義勇兵の募集事務所がロンドンに開かれても、わずか数十台の飛行機が現地に発送される程度にすぎなかった。

フランスにおいては、民論の圧力により政府も援軍をフィンランドに派遣する方針をとらざるを得なかった。そうなればイギリスもまたなんらかの手段をとらざるを得ないのであるが、問題はその援軍をスウェーデンまたはノルウェーを通過させることの可能性である。スウェーデンは物資や義勇兵がフィンランドに入ることは黙認してきたけれども、英仏の軍隊を通過させることは、永年の中立政策を逸脱するものとして、絶対にこれを承認しなかった。

アメリカの世論は一斉にソ連の行動を非難し、国会においても上院外交委員長ピットマンをはじめ多数の議員が米ソ関係の断絶を叫ぶようになった。

ソ連は翌一九四〇年の二月をもってフィンランド正面に重兵器を集め、十日間にわたる大砲撃を続けたのちにヴイボルグの要塞に優勢な地上攻撃を加えた。二月末になってマンネルハイム線が突破され、フィンランド軍は弾薬の欠乏と部隊の疲労とによって、これ以上の抵抗には堪えがたい状態に陥った。マンネルハイムは三月九日に至って和議を求める意向に傾きスウェーデン首相ハンソンも切々フィンランドに停戦を勧告し、ソ連が考えている平和条件についてもフィンランドに通告することを怠らなかった。よってフィンランドはやむなくモスコウに休戦を提議したけれども、この申入れはにべもなく拒否された。そこでフィンランド首相リチーは飛行機を駆って自らモスコウに乗り込み、和平の交渉を懇請し、三月十二日にソ連のいうとおりの条件に従ってついに平和条約に調印することとなった。これによって、カレリア半島の国境は、西北方へ七十マイル後退(住民五十万は移住)し、重要都市ヴイボルグまで割譲することになった。

フィンランド大統領キヨスチ・カリオは条約に署名した刹那に「これに調印を余儀なく

された私の手よ、永《とこし》えに萎えよ」と悲痛な言葉を吐いた。

ソ連とフィンランドの戦争が始まると、ソヴィエトは多年モスコウのコミンテルンで働いていたフィンランド人クーシネンを押立ててフィンランド政府と称するものを組織したが、もとよりフィンランドの国民に対して何の威力をも振い得るわけはなかった。そして戦闘の休止とともにはかなく姿を消してしまった。

一方、一九三九年十二月十四日、ジュネーヴの国際連盟はソヴィエトを侵略国であると決定し、広く世界に対してフィンランドに援助を与えることを訴えた。そしてソ連は連盟の理事会を脱退することとなった。これは国際連盟が大国に対して重い刑罰を試みた一つの例であったが、その効果は何人も予想したとおり名義上のもので実質的でありえなかった。

二　沿バルチック三国の終焉

ナチス・ドイツとソヴィエトとの間に結ばれた一九三九年八月二十三日の不可侵中立条約には、付帯の秘密議定書がついていたことは、今日では疑いのない事実であって、それはニュールンベルグの軍事裁判におけるリッペントロップの供述、また元外務次官ワイツゼッカーの証言によっても証明されることは前に述べたとおりである。

この秘密議定書の決定は主としてポーランド領の分割に関するものであったが、ドイツが東方国境に沿う地域を勢力範囲として収めた場合、ソ連はフィンランド、沿バルト海三国ならびにルーマニア領のベッサラビアをその制圧下に入れることを認めていた。

エストニアのセルター外相は、九月二十三日モスコウ政府から招致され、いわゆる相互援助条約案なるものを提示された。そこでエストニア政府は二十五日に大統領、軍司令官などを加えた首脳部会議を開き、いろいろ協議の末、ソ連の提案を容れる外ないとの決定に達した。そして九月二十八日に条約の調印をみた。

この条約はきわめて命脈の短いものであったが、表面は独立国の間の条約という形をもっていた。第一条にはソ連の軍事援助を規定し、第二条にはエーゼル、ヒウマーの両島およびバルチック海港において軍事基地と飛行場とをソ連に供与することを定めたものである。第四条には両国がその一方に敵対する同盟を結ばず、また連合に参加しないとの約束を規定したものであった。

ついでソ連はラトヴィアとの間に、十月五日をもって前記エストニアとの相互援助条約と同趣旨の条約を締結した。ただ軍事基地としてソ連の使用しうる地点は、リバウ、ウインダウ等の重要なバルチック海港をふくんでいた。

そこでポーランド攻撃戦の完全に終了しない九月二十五日、スターリンはドイツ大使シューレンブルグと会談の際、ドイツに異存がなければ、直ちに沿バルチック三国に対する処置をとると述べ、その機会にリトゥアニアがドイツの勢力範囲となっているのを改めてソ連の勢力圏とすることを要求した。その理由はドイツの占領区域がカーゾン線まで拡充された代償としてこれを考慮されたいと付言した。この要求はドイツにおいても異存なき旨回答を与えている。かくてリトゥアニアとの間にも十月十一日に前二国と同様の条約が調印されて、バルチック沿岸の三国は、その時から事実上独立国としての姿を消すことになった。

これらの三国は人種的にも文化の系列からもロシアとは異なって、東ヨーロッパではハンザ同盟以来ドイツと深い関連をもつ土地であった。ソ連の革命で帝政が崩れて内乱が始まると、ボリシェヴィキならびにロシアを敵とするスローガンを掲げてそれぞれ政府を組織したものである。

そういった行懸りもあってその後ナチス・ドイツとの間にポーランドの分割が完了すると、モスコウ政府は、待ちかねてその憎悪の念と貪慾の情とをもって三国の上に飛びかかった。ソヴィエト軍の占領と同時に反ソ分子の清算が始まり、多少とも文字あるものはシベリアもしくはそれ以上の僻遠《へきえん》の地に流されて行った。

一九四〇年の春、ソ連は西部戦線におけるドイツの攻勢に呼応するかのように、バルチック三国を併呑する手段に着手した。リトゥアニアの領内で赤衛軍の兵士一名が撃たれたという事件が起ると、五月二十八日にソ連は強硬な抗議を出してきた。大統領は早速調査委員を任命して究明に着手したが、そんな事ではすまされないというので、モスコウは内閣の辞職を強要し、バルチック三国は同盟の密約を結んで陰謀をたくらんでいるとの理由から、赤衛軍が続々国境を越えて乗り込んで来た。リトゥアニアの首脳部はドイツに逃亡したがナチスはこれを秘密警察の手に引渡した。

越えて二日、エストニアとラトヴィアの政府も同じ陰謀のかどをもってソヴィエトから最後通牒をつきつけられた。そしてソ連の指定によって新しい政府が組織せられ、一九四〇年の七月にソ連式の選挙が施行された。その結果はいうまでもなく、ソ連との併合派が九割以上を占めて、九月一日には三国はソ連の一地域となってしまった。

アメリカはバルチック三国に行われた歪曲された選挙に抗議して、ワシントンにある三国の外交機関が正統政府の代表者であると声明したけれども、これは現実の事態をいかんともなしえない措置であった。

モロトフはイギリス外相イーデンがモスコウを訪問した(一九四一年十二月)機会に、バルチック三国の併合を承認することを求めた。その当時のイギリスの態度は、チャーチルの言葉によれば「ボリシェヴィキに対するヨーロッパの前衛陣地」と見なされた三国であるから「これら三国は、ソ連がヒトラーと共謀の上で行った恥ずべき侵略行為の犠牲となったものである。バルチック三国の国民をソヴィエトの手に引渡すことは、われらが現に闘いつつある戦争の原則に反することであり、われわれのコーズ(Cause)を傷つけるものだ」と考えた。

本問題は大戦の後半から戦後の調整期を通じて同盟国間の協調に障害となった点である。アメリカが今日においてもなお併合を承認しないと主張して頑張っているのは主義上の立場を固執するアメリカ一流の行き方である。

第三章　ノルウェー戦争

一　寝こみを襲わる

一九四〇年四月八日、ノルウェーの首府オスロの国会では、緊急外務委員会を開いて、イギリスがノルウェーの領海に機雷を敷設したと発表したのに伴い、イギリスの中立侵犯をどう取扱うかを協議した。そこへ情報がはいって、ドイツの輸送船リオ・デ・ジャネイロ号が南方海岸でイギリスの潜水艦に撃沈されたことが伝えられた。ノルウェー政府も国会も、いよいよ戦禍がこの国に及ぶものと極度の緊張感に包まれた。

ドイツは戦争第一年目の冬を迎えて、軍需工業に必要な良質の鉄鉱を輸入するのに困難を感じた。それはスウェーデンの鉄鉱石を運ぶにはノルウェーの不凍港ナルヴィック港を経由する外に道がなかったからである。この鉱石はノルウェーの西海岸とデンマークの領海を通じてはこばれ、ドイツの艦船は、ノルウェーの領海を航行することによって英仏艦隊の攻撃から免れていた。そこで英仏もまた領海の中立を侵して、ドイツ船を捕獲したり、攻撃を加える手段をとった。機雷をまいたのもその一つである。

一九四〇年四月九日の午前零時、オスロの街にけたたましいサイレンが鳴り響いた。それがドイツの進撃を伝える最初の号笛であった。そのころノルウェーの外相であったハルヴダン・コートは、撤退の直後に『ノルウェーへの侵略』と称する回想録をイギリスで出版した。ここにはその回想録によって状況の一班を説明することとしよう。外相コートは四月九日の印象を次の如く記している。

九日夜半、街にサイレンが鳴り渡って、電燈はすべて消えた。細い新月は見えていたが闇黒な夜であった。いろいろ苦心の末にやっと外務省と電話で話してみると、外国軍艦がオスロ湾へ進航中であるというのである。

四月十日の午前一時三十分、全閣僚が外務省に集まった。そのころから各方面の情報がぽつぽつ到着して、ノルウェーの重要港湾に、外国軍艦が現われ、すでに砲火を交換した場所もあることが判明した。しかし、それがドイツ海軍であることを確かめるにはかなりの時間を要した。

午前四時半、ドイツ公使が来訪した。私は一対の燭台を点じて図書室でブラウァー公使と応対した。彼は長い演説をした後にドイツ政府の要求について説明した。ドイツ公使は冷やかなしかもぎごちない態度であったが、ノルウェーの抵抗が結局無益であることを私に説明しようと努力した。私は彼が語り続ける間、つとめて静坐して沈黙を守った。しかし万一われらがこの要求に屈服すれば、ノルウェーは完全にドイツの手に握られ、イギリスと戦争を始めることになるとの結論に到達した。

ドイツ公使がこの時手交したドイツの覚書は左の如き内容のものであった。

一、ドイツ国民ならびにドイツ政府は衷心から英仏両国との友好関係持続を希求していたにかかわらずロンドンおよびパリ政府は理由なく対独宣戦を布告した。

一、英仏は今や中立国に対する海上封鎖戦を開始したのである。かくて英仏は国際法の権利を無視してドイツの婦人子供に対する飢餓封鎖を断行さらにこの目的遂行のために残酷なる封鎖を中立国にまで及ぼした。英仏によって採用されたかかる国際法無視の行為の結果、中立国の海運、通商に及ぼす甚大な損害は遂にドイツをして対抗手段を講ずるのやむなきに至らしめた。しかしながらドイツは常にその海上戦闘をドイツとその敵国間の水域に限定して中立国権益の尊重に努力を続けている。

一、これに反しイギリスは自国島嶼に降りかかる危険を転換すると同時に、ドイツと中立国との通商を遮断せんがために、あらゆる手段を弄して戦禍の中立水域への拡大を図っている。かかる戦略遂行の結果、イギリスはノルウェー、スウェーデン領域内における海上ならびに空中において重大なる国際法違反をあえてするに至った。イギリスの封鎖作戦失敗の結果、英仏は再三再四ヨーロッパその他大陸の中立国へ戦争の拡大を企て、英仏の為政者は公然とこれを言明している。そしてかかる目的の最初の具体化はソ連・フィンランド戦争に際してその萌芽を現わしたが、モスコウにおける和平成立が辛うじて北欧を対独作戦基地たらしめんとの意図を挫折せしめた。

一、英仏がスカンヂナヴィアへ戦争を拡大せんとする目的は二つある。すなわちその一はナルヴィック港を占領して北欧諸国からドイツへの鉄鉱輸出を阻止せんとするにあり、その二はスカンヂナヴィアに英仏軍を上陸せしめ北方よりドイツの側面を突くべく新戦線を構成するにある。しかるにソ連・フィンランド和平成立により英仏の最初の企図は粉砕されたので、英仏両国政府はしばしば対独戦争への積極的参加こそ中立国の義務であるとし、現在ではもはや中立なるものは存在せぬとの宣言をくり返した後、ついにノルウェー中立の直接侵犯をあえてしその目的を達成せんとした。ドイツ政府は英仏両国が近く突如としてスカンヂナヴィアの某々地区を占領せんとの計画を暴露せる動かすべからざる資料をにぎっている。

一、北欧諸国は英仏のこの攻撃に対し何らの抵抗をなさず、その主権の由々しき侵犯を受けながら、これに対し何らの適当な対抗措置を講じなかった。またドイツ政府はノルウェー政府がたとえ対抗措置を取ろうとしても英仏の攻撃を排除するだけの軍事的実力がないことを認めざるを得ない。ドイツは北欧諸国が英仏のために反独戦争の基地となり、ノルウェー国民が直接間接に反独戦争に利用されることを黙認し得ない。

一、ドイツは敵のかかる陰謀を拱手傍観する能わず、九日これに対抗して一定の軍事行動をとるに至った。これによりドイツはノルウェーの戦略基地を占領するに至るであろう。ドイツ政府はこの軍事行動により現在の戦争期間中ノルウェー保護の任に当るものである。ドイツは今後その軍事力をもって英仏の攻撃から北欧の安全を保護しこれを確保する固き決意を有する。ドイツ政府はもとよりかかる事態の発展を欲しなかったものであって、その責任は全く英仏の負うべきものである。

一、よって、ドイツ政府はノルウェー政府ならびに国民がドイツの今回の行動を諒とし、なんら反抗的措置に出ないことを期待する。あらゆる反抗はドイツ軍の反撃を招き無益の流血を招来しよう。ノルウェー政府がドイツ軍の進駐に対しなんらの摩擦困難を加えず、進駐を容易ならしめるようあらゆる措置を講ずることを希望する。ドイツ、ノルウェー両国間の永年にわたる友好関係に鑑みドイツはここにノルウェーの領土的完整ならびに政治的独立を現在から将来にわたり侵犯する意向なきことを声明するものである。

コート外相はドイツ公使に対して、内閣の協議を経なければ何とも返事はできないと述べたところ、ブラウァー公使は「時間が切迫している。ドイツの行動は着々進行しているのであるから、ドイツの要求が即時に容れられない限り、それを停止する途がない。ドイツ海軍は今朝九時、遅くも十時以前に各地港湾を占領する命令を受けている」とて敏速な回答を求めた。

コートは政府の態度を決定するには長時間を要しない。閣僚は早暁《そうぎょう》の攻撃開始以来外務省に集まって会議しているからと告げたところ、ブラウァーは「では閣議の決定を待ちましょう。しかし急速に決定してもらいたい」とくりかえして述べた。

外相は席を立って別室に会議中の閣僚にドイツの覚書と付属ノートとを披露した。内閣会議はいやしくも独立国である限りかような要求を認容し得ないとの意見に一致したので、その決定は直ちにドイツ公使に通告された。その際コート外相が付け加えていったことは、「ヒトラー総統が最近の演説においてチェッコ人に言及し、他国の侵略に対し、闘わずして屈する民族は生存の価値なきものであると述べたことを想い合せて、われらは我国の独立を維持しこれを防衛せんことを望む」との一語であった。

ドイツ公使が外務省を去った後へ議会議長ハンブロが駆けつけて、王室と政府と議会(ストルチング)をハマール市へ移転することを主張して、その説が採用された。交通大臣が特別列車を午前七時に仕立てるよう部下に命令し、議会事務局員、各省の重要官吏も午前七時前に東停車場へ集合の命令を受けた。

二　ノルウェー抗戦を決意す

議長ハンブロは自動車でハマールに先着し、臨時議会の準備を行ったが、王室と政府の首脳部を乗せた列車は、中途の駅で空襲に逢って国王はじめ一時地下室へ避難を余儀なくされ、自然列車は延着した。

総理ニガールヅヴォルドは十時過ぎにハマールへ自動車で着いたが「すこぶる興奮の様子であった。それはノルウェーが不慮の国難に当面したという事実からではなく、人類の名誉と品位に関する根本観念が叩きのめされたと感じたからであった」。

まもなくハマールの仮小屋で議会が開かれた。あらゆる混乱にもかかわらず議員総数一五〇名の内、一四六名が出席した。議長ハンブロから何故に此地に議会を招集するに至ったかの簡単な挨拶があって、コート外相の経過報告が行われた。コートはドイツ政府の覚書とノートを朗読し、これに対する政府の決意を表明して「ノルウェーはドイツと戦争状態に入った」と述べた。ストルチング(議会)は討論を用いずして政府の措置を是認するに決した。「驚くべきことは議員が誰一人として英仏から援助を求むべきであると主張しなかったことである。各員は本能的に敵の進撃に対して反撥したのであった」。

その間にもドイツ軍はオスロを占領して、機械化部隊と空軍は次第にハマール方面の攻撃に転じて来た。議会が再開されたころにはドイツ軍の先鋒がすでに十マイルの距離に迫ったとの報道があった。政府と議会は再び列車によってハマールを撤退し、燈火管制で闇黒のエルヴェルムへ移転した。しかしオスロをはじめ主要都市が敵手に帰した以上ノルウェー議会は実際上開会が困難となった事情に鑑み、当分議会を休会して、戦時に必要な緊急措置を取る権能を政府に委任することに決した。

ドイツ公使ブラウァーは電話でノルウェー政府との交渉再開を申込んできたので、政府は外相コートのほか、議会を代表する三名の全権委員とともに即時オスロに向うことに一応決定したが、その後改めてブラウァーは国王ハーコンに拝謁したいと申入れてきた。拝謁は翌朝十時にエルヴェルムで行われることに取決められた。

国王はニベルグスンドの田舎町に一夜を明かした後、翌朝エルヴェルムに出向かれたが、ブラウァーの到着が遅れたため、四月十日午後三時になって公使を引見された。ドイツ公使は閣員を交えず国王御一人とのみ語りたいと申出したので、交渉不調の理由を与えないため、その希望どおりとり行われた。その際国王はノルウェー憲法の規定を説明して政治に関する決定は、政府の参画なくして国王単独には行い得ない旨を述べられたので、コート外相を招致して会談が続けられた。

ドイツ公使は形勢が既に変化した以上、ドイツ政府は四月九日付覚書の要求では満足ができないこと、そしてノルウェー国民の信頼を博する新政府を組織してドイツと協力することの必要を力説し、国王がクィスリングに新政府組織を命ぜられんことを要求した。これに対して国王はコートと相談の上、国民の信頼を博しない政府の組織を命ずることは不可能であり、過去数回の総選挙においてクィスリングが民衆の信望をもたないことは充分示されていると答えられた。コート外相はさらにニガールヅヴォルド内閣は辞意を洩しているから、クィスリング以外に何人かドイツと協力しうる政治家を選ぶことにドイツ政府が同意できないだろうかと付け加えたが、公使はヒトラー総統の意向として、ぜひクィスリングを首班とすることが条件であると述べた。国王はドイツより申出の次第は一応閣議に諮って回答するであろうといわれた。するとブラウァーは問題の決定は急を要するから後刻電話をもってノルウェー政府の決意をたずねるよう取計う旨を述べて拝謁を終った。

ノルウェー政府がドイツの要求に応じ得ないことは十日の午後八時に決定されたので、直ちにドイツ公使に通告した。公使はコート外相からその通知を受けた際、この通告はノルウェーがドイツの侵入に抵抗することを意味するかと質問したので、コートは「さよう、最後まで」と答えた。

その夜政府はノルウェー国民に向って祖国防衛に関する布告を発した。

ドイツ軍はいちはやく四月七日にベルリンからクィスリングをオスロに送り、新政府を立てて彼をその首班に押し立てた。クィスリングは放送を通じて、ノルウェーには動員も抵抗もあってはならない、ドイツ軍と誠実に協力すべきであるといった。

ドイツ軍とノルウェー軍とが衝突した第一声は四月八日の夜半前であった。ノルウェーの巡邏《じゅんら》船ポル三世がオスロ・フョールドの入口に多数のドイツ船が集結しているのを発見してこれに発砲した。しかしポル三世は間もなく撃沈されてしまった。その時ノルウェー海岸の要港にはドイツ国旗を掲げた多数の商船が、軍隊を積んですでに待機していた。ことにオスロにはドイツ軍司令官フォン・ファルケルト将軍が絹物販売商人の名義をもって早くから乗込んでいたし、旅行客の名の下に相当多数のドイツ人が入りこんでいた。

三　衆寡敵せず

ドイツ軍攻撃の主たる目標はオスロであった。ドイツ運送船がオスロ湾に入るとともに、いちはやくこれを発見して参謀本部へ通報したのは外廓要塞であった。その夜は霧がこめて暗い夜であったが、ドイツ艦船は僅かに潜水艦一隻を失ったのみで湾口を通過した。オスカースボルグ要塞の前に現われたのはグナイゼナウ(二七、〇〇〇トン主力艦)とブリュッヘル(一〇、〇〇〇トン巡洋艦)とを先導とする合計十一隻の艦艇であった。艦艇には合計六千名の陸兵をのせ、ブリュッヘル号には派遣軍司令部員とゲシュタポーを合せて八百名が乗りこんでいた。オスカースボルグ砲台の直弾によってブリュッヘルは爆破され、八十七名が救助されたのみで約一千六百名が藻屑となった。グナイゼナウ号は直弾を受けつつも前進を続けたが、ホーヤ砲台からの水雷によって致命的破損を受け、浅瀬に乗上げた。そのほか一隻の駆逐艦も沈没の運命に陥ったが、爾余《じよ》の艦艇は形勢悪しとみて退却した。

数時間後、クリスチャンスンドに対するドイツ軍の攻撃が開始されたが、オッデロヤ砲台の応戦によって軽巡洋艦カルルスルーへ号と補助巡洋艦シアトルが撃沈されたため、ドイツ艦艇は退却した。しかしベルゲンにおいては陸上要塞が早暁《そうぎょう》三時には敵手に落ち、トロントハイム港はドイツ艦八隻の攻撃を受け、午前四時に占領されてしまった。北方ナルヴィックにおいては、ドイツ駆逐艦九隻の急襲に対し、ノルウェーの旧式砲艦エイズウォルドとノルゲが応戦したけれども、ともに致命傷をこうむり、陸上のノルウェー守備隊長スンドロ大佐は降伏の止むなきに至り午前五時にドイツ軍は完全にこの港を支配するに至った。

他方オスロ湾に対する攻撃は午前五時に至って再開され、ノルウェー海軍はわずかに砲艦と水雷敷設船とを以てドイツ軍艦を防禦し得たけれども、湾内の砲台は大編隊の空軍と、上陸軍の背面攻撃とにより、四月九日の夕刻には多くはドイツ軍に投降した。

スタヴァンゲル飛行場ならびにクリスチャンスンドは空中よりの爆撃とこれに協力する落下傘部隊とによってドイツ軍に占領せられた。首府オスロは、政府の撤退後居残った四名の内閣員に対し第二回の最後通牒をつきつけられ、午前九時までに降伏しなければ、爆撃によって灰燼《かいじん》に帰するであろうと通告されたが、ノルウェー側は依然これを拒否した。

しかしオスロ市を守るものは約四百名の近衛兵と、高射砲隊のみであったから午前十一時半にいたってついにオスロはドイツ軍に投降するの止むなきに至った。

それ以来ノルウェー軍は軍司令官ルーゲ将軍の指揮の下に、勝つとも見えぬ戦闘を二カ月にわたって継続した。不意を食ったノルウェーは都市を退却するとともに軍用の書類を失い、通信交通を破壊され、軍用倉庫、工場を敵手に委ねてしまって総動員を行う方法も無かった。常備軍と志願兵を合せて全六万の将兵が、南はオスロ湾から北方ナルヴィックにわたる戦場に配備された。しかしその兵力において、装備においてノルウェーの反撃は竜車に向う蟷螂の斧にも似た僅少な兵力にすぎなかった。この間国民の勇気と闘志とを立証する幾多の物語が伝えられているが、ことにオスロの乗合自動車三台の運転手がドイツ軍の輸送を命ぜられて、ウィルヘルム展望台の断崖にさしかかった時、自動車もろとも絶壁に飛びこんで百五十名のドイツ兵を冥土の道連れとした逸話は今なおノルウェー人が三勇士として語り伝えるところである。

英仏は少数の陸兵をナルヴィック港付近に上陸させ、イギリス艦隊はナルヴィック港内のドイツ駆逐艦を撃破した。ついでトロントハイムとエンダルスネスに陸兵を送ったけれども、優勢なドイツ空軍の攻撃に悩まされて撤退する外なかった。

英仏のノルウェー作戦は、最初からの手遅れで所詮その目的達成が不可能なことが明らかになり、ついに五月二十七日にノルウェー撤退が決定された。ノルウェー国王ならびに政府は四月二十七日にイギリス巡洋艦によってロンドンに亡命し、ノルウェー軍も六月十日に抵抗を断念して、ここに戦闘は終末を告げたのである。

第四章　西部戦線異状なし

ポーランドへの進駐とノルウェー作戦、そして英仏軍突破の準備とに、ナチス・ドイツは数カ月の日子を費した。

後に明らかにされたように、ドイツは開戦の直後次のように陸上兵力を配備していた。

東部戦線に五十八個師団
西部戦線に四十二個師団
ドイツ中央部に十六個師団
合計百八ないし百十七個師団を動員して決戦を待機していた。

これに対してフランスは国境線に九十個師団、イギリス軍は一九四〇年の三月に十個師団をフランスに派遣して陣地に就かせることが出来た。

そのころのフランスには第一次大戦の初期に宿敵に躍りかかったフランスとは著しい変

化が起っていた。復讐の精神はヴェルサイユの講和によって、一応の満足を得たことでもあり、また前回の大戦に百五十万に上る死者を出した恐るべき記憶から、早急な攻撃は近代武器の激甚な火力の犠牲となるにすぎないとの結論を導き、マジノー線に沿う防禦作戦が最も効果的だと信じられていた。

ことに英仏軍を通じての装甲車の欠陥は速力と装甲にあるから、速やかに改善して通常砲火の餌とならないよう整備を行い、また一般に飛行機との共同作戦による立体戦術の恐るべき攻撃力について充分準備を行うことを怠っていた。一言にしていえば彼らは第一次世界大戦と多く異なるところのない戦術戦略をもって、ヒトラーの電撃戦に立ち向かおうとしていた。

もっともド・ゴール将軍は、つとにこの点に注意を払い、フランス軍の機甲化を立案して国防当局に進言したけれども、ペタン元帥の権威に抑えられてついに顧るところとならなかった。彼の意見を完全に利用したものは相手方のヒトラーその人であったことも皮肉である。

その上に英仏の防衛態勢がドイツの攻撃態勢に比べて著しく不利なことは、攻撃軍はいつでもベルギーの中立を侵してフランスに殺到し得たにかかわらず、英仏などの民主主義国は、ベルギーの中立を侵すことができなかった事実である。もしベルギーを英仏の同盟国として作戦に参加させることができたならば、事態は著しく異なった様相を呈していたかもしれない。チャーチルはその回顧録〔『第二次大戦回顧録』〕の中に次の如く述べている。

このような同盟が結ばれていたら、ベルギー国境に沿うて海岸に至る防壁が作られ、ドイツの恐ろしい迂回作戦を食い止めたであろう。それはまたベルギーからドイツ工業の心臓部ルール渓谷へ急進する可能性を開き、かくしてドイツの侵略に対する強力な障害が新らしく出来たであろう。最悪の場合でも、ベルギーは実際に見舞われた以上の悲運に苦しみはしなかったであろう。

それにしてもアメリカの超然主義、フランスを軍縮に引きずるラムゼー・マクドナルドの運動、ドイツの軍備制限侵犯によって、われわれが幾度も甘受した軽侮と屈辱、ラインランド占領、独墺併合、チェッコ壊滅等のドイツの横暴に対する泣寝入り――これらすべてを顧る時、その当時の為政者は、ベルギーを非難する権利はない。逡巡と宥和の時期に、ベルギー人は中立を固守し、英仏の援軍が来るまで要塞化された国境線でドイツの侵入軍を支えうると信じ自らを慰めていた。

「陸軍省はいつも前大戦の準備をしている」との非難は、英仏両国に通じて適用される言葉であった。チャーチルがその回顧録において、ナチス擡頭以降に西欧自由国家群が前途の見通しもなく宥和政策をとった誤りを指摘したことは、歴史的にみて正確であって、第二次大戦後の冷戦時代に、アメリカが共産国に対する宥和政策の危険を説くのは、もっぱら過去の経験に基づく論断である。ここで再びチャーチルの言を引用しよう。

「なぜポーランドが破壊されるまで待っているのか」というわかり切った質問が出る。しかしこの戦闘は数年前に負けていたのである。一九三八年、チェッコスロヴァキアがまだ存在していた間は、西欧側が勝つ見込みも相当あった。一九三六年ならドイツは抵抗らしい抵抗をしなかったであろう。一九三三年なら、ジュネーヴの勧告が血を見ずして、ドイツを承服させることができたであろう。一九三九年に冒険を冒さなかったからといって、ガムラン将軍だけを責めることはできない。この冒険はイギリス、フランス両国政府が、それまでに尻ごみした冒険よりもはるかに大きくなっていたのである。

フランスにおいては政治家も軍人もドイツの新しい軍備、その戦術を理解せず、相手を過小評価していたことは争うことのできない事実である。

パリの一流の記者ジュヌヴィエーヴ・タブイが一九五八年に世に出した『無外交の二十年』は、第二次大戦前夜の衝撃を記述したものであるが、一九三九年八月二十三日の項（三九五ページ）に次のように記している。

独ソ協定が調印されたとのニュースに驚いてダラヂエ首相は臨時国防会議を午後六時に招集した。開会の初にダラヂエは「まず三つの問題を考慮しなければならないが、それは、次の三つである」といって

(一) フランスはポーランドが欧洲地図から消えていくのを傍観するか

(二) これに対抗するとせば、その方法如何

(三) さしあたりとるべき措置をどうするか

これに対してガムラン将軍(参謀総長)は、「ポーランドの貫き抵抗が来春までドイツ軍のフランス国境に対する集結を不可能にするだろう。その時にはイギリスの派遣軍も到着していると思う」といった。

ギー・ラ・シャムブルが「戦闘機の状況は、新しい型の大量生産に入っている。中型機は独伊と英仏とがほぼ同じ数量にある」と説明した。ガムラン将軍、ダルラン提督は「陸軍、海軍は準備が出来ている」と述べた。そこでダラヂエは「もし戦争が始まるのなら、現状において始まることが望ましい。フランスはポーランドに対する約束を果たす外ない」といって堅い決心を示した。

一九三九年七月にウェィガン将軍(前大戦でフォッシュ司令官の参謀長)はリール市の演説でこう述べている。

フランス軍隊は史上かつて見なかった有力なものとなった。第一流の資材、防禦線も第一級に強化された。士気はあがり、統帥者は立派である。われわれは誰も戦争を望まない。しかし今一度われらに勝利をつかめと強いるものあらば、勝利をかち取るであろう。

歴戦の巨星からそういった言葉を聞いたフランス人が、自信を強めたことは無理もない。その上にフランスの国内体制は、開戦後においても常に安定を欠いていた。国会の審査委員はアルデンヌ正面の防禦線が脆弱なことを指摘した結果、ダラヂエ内閣が退陣してポール・レイノーがこれに代ったけれども、その際の信任投票においてはわずか一票の多数を得るにすぎなかった。

国境の配備についた軍隊は来る日も来る日も戦争のない無為な日を送って士気は倦怠を催す状況であったし、軍需工場は共産党のサボタージュ運動によって能率が上らず、資材も決して充分とはいえなかった。

イギリスはチャーチルの言葉でいえばほとんど「裸のまま戦争に飛びこんだ」。従って正規の陸兵としてはわずかに十個師団をフランスに派遣して、ドイツ軍の攻勢を迎える外に途はなかったのであった。

第五章　日本における軍国主義の跳梁

一　ヴェルサイユ体制への反撃

ヴェルサイユ平和条約が一九一九年六月に荘厳な式典をもって鏡の間で調印された時、誰いうとなく次の大戦は太平洋上で闘われると耳語した。それは半カ年にわたる講和会議の席上において、日本全権は終始中国政府およびそれを全面的に支持するアメリカの全権を向うにまわして、山東問題を中心とする西太平洋の案件について論争をつづけた。そして平和条約は大多数の国によって承認されたけれども、中国政府はついにこれを調印することを肯んじなかった。

しかし間もなく開催されたワシントン会議(一九二一年)においては、日本政府が元老重臣ならびに財界首脳部の支持する国際協調政策に準拠して、九カ国条約その他の協定を承諾する態度を明らかにしたため、極東方面の激動はしばらく安定の方向を辿ったのである。

しかしながら、日中両国の間には、一九一五年一月の二十一カ条要求問題が尾をひき、ヴェルサイユ会議における両国代表の論争は、その頃支那全土に胎動しはじめた国民解放運動の機運を刺激して、対外的にはそれが排日運動を瀰漫《びまん》させる結果となった。

かような風潮は直ちに日本にも反映して、対支強硬論の横行となり、しかもヴェルサイユ体制に対する反対論は、国際協調政策を批判する声と合体して民族主義の気勢をあおった。ことにヒトラー、ムッソリーニの現状打破論が勢いを得て来たことは日本の国内情勢に大きな波紋を投ずる結果となった。いわゆる「持つもの」と、「持たざるもの」との抗争は、必然的に国際連盟機構を爆破するに至るものと見て、それらの思想的潮流が疑いもなく満洲事変や太平洋戦争を惹き起す一つの要因となったのである。

考えてみれば第一次世界大戦の結果は我が国民をして世界的軍国としての自信を高めると同時に他方においては国際連盟およびデモクラシー的な思想が知識階級および青年層に大きな影響を与えた。この二つの潮流は内治、外交および思想界において絶えざる論争を惹き起した（吉野作造教授の著書等）。かくして日本国民の精神的分裂状態は昭和時代に引継がれ結局満洲事変を契機として遂に軍国主義が絶対優勢の地位を占める事となったのである。

その頃の元老重臣は、外務省が多年辿って来た日英同盟、中国の現状維持の政策を支持し軍縮問題等と並行して米英ならびに中国とも専ら経済外交を中心として国力の充実に専念することに努めた。これに対して諸外国にも、この政策を助長して破局を回避しようとする勢力は存在したけれども、我国の為政家は軍閥の冒険政策を抑制する政治力を欠き、中国と米英諸国とは、軍国主義的な動向に疑念を抱き、遂に日本を世界戦争の激浪の中に投ずることとなったのである。

もともと支那大陸に対する積極進出論と平和交渉論とは、日本二大政党の間にも久しく争われた沿革をもっている。政党ばかりではない。貴族院、枢密院の内にも有力な動きがあって、それが陸軍の上級階層と密接な連絡をもつ勢力であった。

その中の顕著な一例は一九二七年における若槻内閣の総辞職から田中内閣の成立に至る枢密院での論争である。その主たる立役者は、枢密顧問官伊東巳代治であった。彼は枢府本会議における台湾銀行救済案に反対して、これを否決する急先鋒となったが、攻撃の目標を若槻内閣の外交政策におき、公然と内閣退陣を要求する弾劾演説をおこなったのである。伊東巳代治は、幣原外交の「対支政策」を激越な口調で攻撃し、若槻首相の責任を明確にせよと肉迫した。

伊東のいう「対支問題」とは、一九二六年七月以来、揚子江流域を席捲《せっけん》した中国革命軍の北伐戦争をいうのであって、とくに一九二七年三月二十四日、北伐軍の南京占領に随伴して惹き起されたいわゆる南京事件を指していた。幣原外相は、この北伐革命には内政不干渉の態度を堅持し、第五十二議会でも「日本権益の合法的擁護」という言明に終始した。北伐軍の南京入城が居留外国人にたいする掠奪暴行の騒動をひき起し、これを奇貨おくべしとして、英、米、仏、伊の列国はただちに軍艦を出動、革命にたいする武力干渉に乗りだした際、日本もこれに参加して第一艦隊を派遣したけれども、これは居留民の保護を目的としたから英米が江上から南京城内を砲撃したのにたいして、日本は発砲をさしひかえた。その後、一九二七年四月三日には、漢口の日本租界も反帝民衆の襲撃をうけていわゆる漢口事件が勃発し、日本の軍艦が出動、陸戦隊が上陸して、群集を銃撃する騒ぎとなった。この事件以後、それまで排英を先頭にかかげてきた中国の反帝革命に、排日も主要な位置を占めて、排日運動は各地に拡大する形勢となった。伊東はこのような情勢を背景として、南京事件を国辱という最大級の言葉で取扱い、政府の不干渉政策を無抵抗外交と痛罵した。そして、国民革命を第三インターナショナルの先駆となし、北伐が華北へ進展すれば満蒙の既得権益が危険にひんし、さらに革命の危機が朝鮮へも波及するにいたるだろうと論じたのである。

伊東のこのような議論は、北伐の発展にうながされて、とくに南京事件を契機として、軍部、右翼方面に一斉に擡頭してきた議論であった。陸軍では、南京事件勃発の直後の二十九日に、陸軍長老、軍事参議官の巨頭会議がひらかれ、席上、宇垣陸相は軍長老の質問にこたえて、「支那にたいする無抵抗主義に終始したため、今日の不祥事件に当面した」と、やはり不干渉方針を暗に非難し、また婉曲に若槻内閣を批判した。しかし、軍の上層部は、憲政擁護の世論をはばかり、政党の勢力をおそれて、政府に直接反対を表明したり、あるいは外交政策に関与するという積極的な態度はとらず、消極的な不満の表明にとどまった。だが、陸軍の内部には、宇垣の影響のもとに育成された反薩長的な学閥(陸大出身)中堅将校の新興勢力が、徐々に陸軍の中枢に根を張りはじめていた。また、その基底には、陸海軍の下級将校の激越な国士的風潮が、次第にひとつの勢力を形成する方向へ向って胎動しはじめていた。そしてこれらは、大正末期から急速に活発になってきた国家主義的右翼思想運動に、それぞれの形で接近しはじめ、おのずと社会的政治的色彩を濃厚に帯びるようになったのである。

二 軍閥の揺籃

後に有名になった行地社の大川周明は、当時参謀本部第一部長であった荒木貞夫と親交があり、大川の主宰する「大学寮」には、小磯国昭、岡村寧次、板垣征四郎、土肥原賢二、河本大作、重藤千秋、橋本欣五郎ら、当時陸軍中央部にあった佐官将校が出入した。これらはすべて、のちの十月事件、三月事件(一九三一年)の計画者ないし関係者たちである。他方、北一輝、西田税のもとには、菅波三郎、山口一太郎、磯部浅一、村中孝次ら陸軍の少壮士官や、海軍の藤井斉少尉などが集まり、西田の指導によって、「天剣党」という国家改造の軍人秘密結社が結成されていた。これらの青年将校は、陸軍関係はのちに二・二六事件(三六年)の主謀者、背後関係者となった人々であり、また海軍の藤井は、五・一五事件(三二年)を起した古賀清志や三上卓などの先輩として、かれらを指導し組織した人物であった。こうした軍内部の動きは、無論、まだ有力な傾向として結晶されてはいなかった。だが、これは、政党政治の圧力によって抑圧され鬱積していた全軍の軍縮にたいする不満の空気を、もっとも尖鋭な形で代表するものであった。これが、南京事件を契機としてにわかに政党内閣の協調外交に不満の意を表しはじめた軍首脳の態度に、多かれ少なかれ反映していたことは間違いない。

こういった軍の空気に対応して、当時の政党の内部にも、これに呼応し、この雰囲気を政権獲得の有力な足がかりとしようとする動きが生れていた。それは、政友会の森恪一派の動きであった。政友会の総裁田中義一大将は、長閥の大御所であり軍の大先輩であったが、陸軍内部の新興中堅勢力にはもはや大した権威もなく、むしろ反薩長閥の学閥(陸大)勢力からは疎んじられる立場にあった。田中は政友会に入会と同時に政党の空気になじんで、政客化した。だから直系の弟子たる宇垣陸相さえ、「帝国の一大難関たる支那の時局に対して沈黙冷然たるの態度を採るのはすこぶる不可解である」といい、「新聞の低級なる外交記事が幣原の外交を謳歌している傾向に辟易しているのである。人気に迎合する低級なる政党根性に支配されているという外はない」(宇垣日記、昭和二年二月十三日付、七二—七三ページ)と、批判する状態であった。ところが、森は永年の「支那通」として、在支産益の拡張に関心をもち、中国浪人や軍の中堅、国家主義右翼ともつながりがあった。また北一輝をつかってでっちあげた朴烈事件でも明らかなように、手段をえらばぬマキアベリストであった。だから幣原外交には、終始強気の攻撃をつづけ、対支積極外交を主張してきた。そして南京事件勃発と同時に、党議を不干渉外交の攻撃に統一し、内閣糺弾の火の手をあげたのである。

枢府における伊東巳代治の幣原外交批判や若槻内閣弾劾は、実はこの政友会の森が発動して平沼や伊東をおだてた結果であったといわれている。少なくともその間に一脈の相通ずるもののあったことは疑いない。これよりさき大正中期から昭和初期にかけて国内情勢も甚だしく不安な空気をはらんでいた。そして真の忠君愛国者はわれわれだとの独善的な考えで将校の行動を刺激した。

大正中期以降わずか十年余りの間に、錦旗事件、五・一五事件(犬養総理の暗殺)、二・二六事件等が相ついで起り、政党の転落は政情の不安を示すものであった。その上に大正末期から昭和六、七年にわたって未曽有の経済不況が農工の細民層を襲い、やがて昭和初期の思想的混乱を誘発し、一層革新的機運を醞醸《うんじょう》するようになった。この雰囲気のうちに立って青年将校の一群は自由主義的な政党の勢力を排除して、共産主義の強権、またはナチス・ドイツの絶対権力に似た庶政改革を我国に断行しようとの運動を企図することになった。あるいは錦旗会といい、あるいは桜会と名づけ、青年将校の団体は多かれ少なかれ、こうした革新を標榜してクーデターを行わんと企てたものである。

ところがナチスはその名の示すように一応国民社会主義を標榜し、後には民族純血論や生活圏の要求等も加味せられたが、日本においてはわずかに「八紘一宇の精神」をもって唯一のスローガンとしたのである。

第一次近衛内閣は国民精神総動員運動と称するものを創設して中央地方の機関をこれに利用した。総動員のために用いられる印刷物が内閣の名をもって数々発行された。あるいは『臣民の道』と名づけ『八紘一宇の精神』と称するパンフレットの類である。

試みに『八紘一宇の精神』(一九三七年十一月発行)をいかに説明しているかを振り返ってみよう。開巻まず次の文字が眼につく。


皇運扶翼の一路こそ我国をしてこの時艱《じかん》を踏破して無窮に生成発展せしめ、同時に全世界、あらゆる国家をして各々その処を得、その分を竭さしめ、万邦大和、真正なる世界平和を実現せしめる所以である。……

各国家、各民族をして夫々その処を得、その志を伸さしめ、かくて各民族は自立自存しつつも相倚り相扶けて全体として靄然《あいぜん》たる一家を為し、もって生成発展して止まない。

その頃政治家も教育者も口を開けば「八紘一宇の精神」を斉唱した。しかしその具体的の意味は明瞭でなかったから、道徳綱目としてどの程度に国民の思想統一に役立ったかは疑問であった。

日本のファッショ運動はナチスのようにニーチェの哲学を祖述する代りに、神武天皇の言葉として「八紘一宇」の一句を復活したに過ぎなかった。したがって国民精神総動員の指導者たちは簡単に「八紘一宇の御旗の下に蹶起《けっき》せよ！」と叫ぶことによって、八千万国民の足並みを揃えようと試みたのであった。

満洲事変以降の武断的外交政策が、しばしば「八紘一宇」なる言葉によって理論化されようとしたことは、大東亜共栄圏と称する言葉によって他国の領土に闖入《ちんにゅう》することを是認しようと企てたのと相似形であった。

右翼運動の誰彼は、昭和五、六年ごろから軍のファッショ的な行動が積極化してくると、軍につながりを求め、次第に軍に追随するようになっていった。そしてその知識分子は、軍のブレーン的な役割をはたすようになった。北一輝、大川周明、西田税、井上日召などがそれである。もっともかれらの考え方のなかには、天皇を中心として、資本主義を修正するという思想や、農本主義的な色彩はあったが、しかし、それは資本主義の本質をどうこうするというような体系的なものではなかった。しかし、この民間の右翼思想や、右翼運動は、日本ファッシズム全体からみると、決して重要なものではなかった。

日本のファッシズムは軍部がその中心だったことをその最大の特色というべきである。そして、軍の主流となる連中の考え方は、ナチズムなどと大して相違のあるものではなかったが、ただ、日本のファッシズムは、ナチとちがって、従来の軍の組織をそのまま使う以外に組織を持たなかったし、また、ナチズムのように一応の思想体系も持たず、長期的な計画性に乏しかった。また、ドイツや、イタリーのようにヒトラーやムッソリーニ等の新しい権威を作らず、伝統的に天皇をもりたてていったということも、その特徴のひとつである。

しからば日本ファッシズムが政治の全体を直接決定的に動かすような実力を持つにいたった原因はなんであったろうかということが問題となる。

それはすでに前にも述べたとおり、第一次大戦後、中国に国民革命の火の手があがり、また、中国をめぐって列強の帝国主義との対立が激化するにつれて、日本が明治以来、血を流して守ってきた満洲の権益も危うくなってきたことが一番の原因であったといえよう。これは、ここでなんとかしなければ日本の立つ道がなくなってしまうという考え方を軍人の間に成熟させた。そのうえソヴィエトの成長もあった。この対外問題こそが、ドイツの場合と同様、日本ファッシズムの主要な契機となったのである。国内改造の要求はこの対外問題を解決するために起ってきたものにすぎない。そしてこのように、対外問題が、日本ファッシズムの直接的な原因となったからこそ、当然、軍がその中心とならざるをえなかったのであろう。

満洲事変から日本降伏の一九四五年に至る十五カ年間の日本の動向を理解しようとするものは、前記のような思潮的背景とその間における日本の政治の特殊の性格をつまびらかにしなければならぬ。

この間、日本の政治を推進したものは主として軍閥――その頃の言葉でいえば軍部――であった。何故に軍閥が急速に日本の内政、外交を指導する力を握ったかの原因については、すでに発表せられた著書も少なくはない。

（注）*Government by Assassination*, by Hugh Byas, Alfred A. Knopf, New York, 1942. ヒュー・バイアスは戦争前多く東京に居住したロンドン・タイムズ特派員。

Control of Japanese Foreign Policy, 1930-1945, by Yale Candee Maxon, University of California Press, 1957. マクソンは極東軍事裁判検察員の一人、軍事裁判においては通訳を勤めた。

ここには軍閥の起原、構成等について語る暇はない。しかし政治外交に直接関与した一端を解明することは日本が太平洋戦争に突入した原因を究明する鍵といわなければならぬ。だから外交史として最小限度に必要な点をここに記述することとしたのである。

三　日本ファッシズムと軍部

満洲事変を一つの契機として、日本の国家意思は統一を失い、軍が一つの武装した強力な政治団体として出現し、いわゆる統帥権独立の名のもとに、軍の行動はすべて他の関与を許さないものとなった。しかも、軍の総意という名目のもとに、軍部大臣が軍事だけでなく、外交や財政をふくむ国務のすべてに強力に発言する時代がはじまったのである。

一九三二年のはじめから血盟団によって民政党の井上準之助、三井の理事長団琢磨らが殺された。青年将校の一団と右翼とは君側の奸を除くという名目で、西園寺や、牧野内大臣、一木宮内大臣などいわゆる宮中の側近勢力をも狙っていた。

この一派の考え方は天皇親政を実現して、天皇と人民のあいだに介在する一切の存在をしりぞける。この意味で、政党政治に反対し、それにつながる勢力を排撃しようとしたのであった。こうした右翼の動きは、軍の動きが活発になるにつれて勢力をえてきた。そうして一九三二年五月にはいわゆる五・一五事件がおこった。これは海軍将校や、陸軍の士官候補生が、民間右翼のひきいる愛郷塾の連中と一緒に、首相官邸を襲って犬養首相を殺した事件である。かれらは荒木陸軍大臣を首班とする軍中心の政府をつくろうとの考えを抱いていた。しかし、この時にも、他の事件のばあいと同様、かれらは破壊計画は持っていたが、その後の具体的な建設計画は持ち合せていなかった。かつて、プロシアの政界にビスマルクが指導権を握り、モルトケ将軍が軍部の統制を把握していた限り、かの国に軍閥の結集される余地はなかった。ところが前記の巨星たちが姿をかくして以後、ウィルヘルム二世の治下に典型的な軍閥が、内治、外交に権勢をふるった。

我国においては封建の遺風が明治の中年まで尾をひき、軍人は市民に対して、多かれ少なかれ優越感を抱いていたけれども、軍が国民の信頼を得たのは、一八九五年の日清戦争と、一九〇五年の日露戦争に大捷《たいしょう》を博して、乃木大将、東郷元帥等の国民的英雄を産み出した後のことであった。

日露戦争は一躍日本を世界の一流国家にのし上げる大きな出来事であったが、この間に軍人が重要な役割を演じたにかかわらず、軍の巨頭として山県元帥、山本権兵衛、加藤友三郎等が軍政を司掌する地位にある間は、軍閥とおぼしき徒党は存在しえなかった。それは他面政界において伊藤博文、桂太郎、西園寺公望等が軍を抑止する実力を発揮しえたからであった。

ところが明治以来の政界の巨頭、軍の巨星が影をひそめる時代に入って、政党の勢力も次第に両党対峙の議院内閣に移行した。民主主義的思潮の盛り上るにしたがって政党内閣は世論を背景として権力を掌握し、軍人と官僚の地位は次第にこれに抑えられる形に見えた。

かくして藩閥官僚内閣が次第に政党内閣に移行し軍備拡張の主張は、必ずしも軍人の希望を満す如く実現されず、武力による大陸政策は顧られない情勢にあった。ここに民主主義的思潮に対する軍人の反抗が激発する原因が横たわっていたのである。

満洲事変以後歴代の政府が軍部をコントロールしえなかった最大の原因はなんであったろうか。その根源を成すものは明治憲法の性格と、その運用に伴って形成された慣行であったといわざるをえない。

欽定憲法においては、主権者たる天皇は行政、統帥の両面において「統治権を総攬」し、一応三権分立の建前の上に民意を代表する議会は「大政」を「翼賛」するのであって、国政に関与する権能は限定されていた。天皇の国法上における性格について機関説をとった学者(例えば美濃部博士)は、軍国主義的風潮がさかんになるにつれて迫害を受ける有様であった。明治憲法では大元帥たる天皇のみが統帥権を行使するのであるから、内閣といえども非常有事の際の作戦用兵については、一言も挿むことを許されなかった。それだけならば、まだ救済の途はあった。例えば、日清、日露の両戦役においては、統帥と政治との関係が一体不可分の立場で活躍することができた如きその例である。

ところが大正、昭和の時代に入って、元老重臣等の帝王学は、日本の天皇をイギリスのキングの如く「君主は統して治せず」との原則に準拠して、政治軍事に深入りしないことを君主の心構えなりとして教育した。従って内大臣はつとめて天皇が親しく内政と軍事に支配権を行使されないことに焦慮して、事実問題の処理は臣下を信頼されて然るべしと助言するのが常であった。

その場合政治については、議院内閣の制度が漸次実行に移される限り、議会と世論とに従う内閣の進退は天皇の指令を必要としないけれども、統帥権については、天皇自らこれを行使しない限り、参謀総長、陸軍大臣等が、天皇の名において代行することとなる。宮中の重臣たちは、かようなやり口が君主の徳を全うするゆえんとさえも考えたのである。その他陸海軍大臣は常に軍人が任命され、内閣一体を原則とする責任政府内において特異な存在をなしていたことは軍部の力を強くした有力な原因であった。

以上の点は大正、昭和に入って軍閥の力が増大したことを物語るものであって、日清、日露の両戦役における大本営会議には内閣総理大臣は当然の職責としてこれに出席する職権をもっていたし、外務、大蔵の両大臣もしばしば会議に列した。ところがこの法制はその後改められて、大正年代に入ってから大本営の職員は厳に軍人に限られることとなった。すなわち、大正、昭和に入って、軍閥の力が急激に拡大され、政府はしばしば軍部に圧倒される情勢を馴致したのであるが、一九三六年(昭和十一年)五月、陸海軍大臣が現役の将官から選ばれることを必要とする規定が制定され軍部の地位は確固不動のものとなった。

四　日本軍閥の特異性

日支事変から太平洋戦争の期間を通じて、日露戦争当時のような厳正な軍紀——あるいは武士気質——が全く地に堕ちたことは、もっぱら軍の教育の変質的な傾向から生じたものである。太平洋戦争において香港、マニラ、シンガポール等の戦闘に際し日本軍の残虐行為が指摘されたことは、日本二千年の歴史を通じてほとんど例の無い事件であって、これもまた軍の教育方針の誤りを端的に示すものである。第一次世界大戦以後において我国の幼年学校、士官学校の教育、それに伴う軍隊の訓練等、すべてが偏狭に流れ、ヒューマニズムを軽視したことは争うべからざる事実である。軍は日本の青年に常識をさずけることを忘れて、軍人としての職責を重視するあまり、目的のために手段をえらばない風習を養った。従って政治経済等に関する常識に乏しく、部内の指導者としても、占領行政等の担任者としても不適格な人間にしてしまった。

その上に陸軍においては皇道派、統制派等の派閥争いを生じ、それが人事の上ばかりでなく、深刻な感情の対立から陸軍の政治関与の方向にまで影響を及ぼし、軍の統一に少なからざる支障を与えていた。

ことに軍紀の弛緩として指摘されたことは、軍閥の横行時代における下剋上の弊風である。いわゆる青年将校が徒党を組んで上長の指揮命令に服せず、逆に自己の意思を強要して軍政軍令を左右した。これらの事実は公然と表面に現われなかったけれども、一皮剝げば、その裏面はまことに百鬼夜行とも形容すべき混乱を生んだものである。この弊風は軍以外の行政各部でも広く伝播したが、一つには各省の吏員の中に青年将校と結託して、上司をないがしろにする者が生じたこともその理由であった。

五　軍閥の主張した大陸政策

ヴェルサイユ機構に対する軍部門の反対が、幣原外交と称する国際協調政策に不満を抱き、中国革命政権の日本排斥運動やソ連勢力の東漸に不安焦燥の念を抱く軍の青年将校は、日本政府と軍の首脳に諮ることなく、多年鬱積した不満のはけ口として対岸の満洲をえらんだ。しかしそれにはもっと深い原因が存在していた。見のがしてならないことは陸軍が多年ロシアを叩くことに心血をそそいだという点である。日露戦争以来、日本がロシアを仮想敵国として防衛計画を立てることは当然であるとしても、それが陸軍の教育方針となり、作戦部においては、いつの間にかロシアを攻撃することを主たる目標とするようになった。それはいきおい外政の指導者と間断なく摩擦を惹き起し、日本の外交上の立場を甚だしく困難にした。

我国が海外に市場と原料とを獲得することの方針についても陸軍は常に実力に物をいわせて押しまくろうとあせり、文治派は武力衝突をさけて平和的発展を図ろうと考えた。具体的にいえば陸軍の満蒙経略は、この地域を足場としてシベリアにまで延びることを目標とし、これがために中国政府をして日本に協力態勢をとらせようとの不可能に近い夢を抱いていた。

こういった観点からすれば、ロシアの東方経営は常に日本に対する脅威として陸軍の頭痛の種となった。シベリア鉄道の完成、東支鉄道沿線の守備隊の増強、東部シベリアの開発計画等はきわめて鋭敏に神経を刺激した。よって早くから対露戦争のためのあらゆる準備を進め、満洲における四鄭、洮昂、奉吉の三鉄道を建設したこともシベリアへの輸送幹線たる役割を考えてのことであった。その目的のために最初の内は張作霖の地位を強固にして満洲統一をたすけ、かれの反露政策を指導することに努力を惜まなかったのである。

一九一七年にロシア共産党が政権をとった直後、陸軍はあわよくば、極東シベリアに手懸りをつかもうとして、シベリア出兵を考案した。しかしアメリカ軍の派遣によってこの企ても水泡に帰したばかりでなく、ソ連の支配権も次第に東漸する情勢となって、陸軍の北進政策は一頓挫を来たした。しかし今度は反共政策の具体的手段としてソ連を極東から追放するというのが、陸軍首脳部の不抜の方針として採用されることになった。これはある期間、西欧に対しても通りのよい政策であったことは間違いない。

北進政策に対する一大障害は、中国の排日である。シベリア、蒙古に対する跳躍の背後を安泰にする意味からも排日の気運を苅り取らなければならぬ。しかるに中国人の排日は、日露戦争以降、盛んにこそなれ、毫も衰えを見せない。そこで陸軍は実力を用いて排日を抑止しようと考えた。その手懸りとして利用したものが、日露戦争直後の北京条約の付属文書(満蒙の治安に対する日本の重大関心を記載した)であった。これを口実として満蒙に中国本部の内乱が波及したり、またはそのおそれの起った時には、関東軍司令官の名をもって強硬な声明を出した。奉直戦に際し、あるいは郭松齢叛逆事件の機会に、これを繰り返した。けれども「日本の領土に接壌せる地方における日本の特殊権益を認容し」た石井・ランシング協定でさえも、「中国の独立を毀損しない範囲」と「中国の門戸開放、機会均等の主義を確認する」という二つの条件が付いていたことは閑却したのである。

満洲事変にスタートを切った軍部の大陸進攻は一九三七年の七月、日支の全面戦争に拡大したが、まだその頃の軍閥は、多少とも枢密院や帝国議会に遠慮しつつ、一進一退の潮時を見はからって行動した。

ところが第二次近衛内閣(一九四〇年七月)において松岡外相が就任して以来、文治派の勢力は一層後退したのであった。

この頃から三国軍事同盟、対米外交交渉を中心に、四相会議、五相会議に代った連絡会議、御前会議が盛んに開かれたが、これらの会議において直接間接に支配権を握ったのは幹事として出席する軍務局長であった。そして彼らに側面的圧力を加えたのは参謀本部の佐官クラスであった。太平洋戦争の激浪に突入する直前の東條内閣においては、首相の陸相、内相、対満事務局長の兼任によって文官の勢力は完全に失墜し、さらに一九四四年、陸相、軍需相、参謀総長の兼任によって初めて国務、軍政、戦略の完全な統制が行われるかに見えたが、時すでに遅く、相次ぐ敗戦から文官の勢力は再び擡頭して和平達成の方向に動くようになった。次いで小磯内閣当時最高戦争指導会議が設立され、既存の連絡会議は廃止することとなったが、事実は連絡会議が再登場したと同一の内容であったから統帥権を抑えることはできなかった。結局、軍部文官の抗争とその統制の要請に終止符をうったのはポツダム宣言受諾に関する御前会議の聖断であった。

六　政党および世論の無力化

話は五・一五事件当時に返る。犬養内閣が倒れると、次には、斎藤実を首班とする挙国一致内閣が成立した。そして、これ以後、戦後まで政党内閣は出現しなかった。かくして、昭和初期から数年つづいた政党政治の時代は、ここに幕を閉じることになったのである。しかも軍人の直接行動がそのきっかけになったのだから、日本の立憲政治の発達から見れば、きわめて重大な意味をもつ事件であった。

その頃ただ一人の元老として首相候補を推薦する資格をもっていた西園寺公は、時代の潮流について深い憂いを抱いていた。西園寺の意中は『原田日記』(『西園寺公と政局』)その他によって知りうる限り、大体つぎのようであった。いまの政党にも困ったものだが、政党政治は維持しなければならぬ。いまは少壮軍人が熱にうかされているから、しばらくかれらを刺激しないで時期を待つより仕方があるまい。そのため、できるだけ政党政治に理解をもつものを政局に立てると同時に、いわゆる宮中の側近をかためて内閣の後楯になり、軍の進出を防ぐことを考えなければならぬ。犬養総裁が殺された時、政友会の内には、その蛮行を世論に訴えて憲政擁護を叫ぶことを主張したものもいたが、政友会は一応つぎの政権を担当することを予想し、鈴木喜三郎を総裁に選んだけれども、軍は政友会の単独内閣に強く反対した。そして、結局、政友会としても挙国一致内閣の線を呑まざるをえなかった。このとき、政友会の幹事長として主導権を握っていたのは軍に近い森恪であったことも政友会が軍と結びつく挙国一致内閣に、抵抗することができなかった一つの理由であったろう。

他方、民政党は、政友会内閣の登場に反対したほか、何も積極的な動きをみせなかった。政党内閣制に対する軍の攻撃に対して、このように二つの有力政党が、もはや正面から抵抗するだけの気力を失っていたことは否定できない事実であって、このことはその時代の風潮を示すものというべきであろう。

東京の国際軍事裁判は、その判決の中に次のようにいっている。

軍部とその支持者が、日本政府部内で非常に有力な地位に段々のし上っていったので、他の政府機関は、国民の選んだ代表者にしても、内閣の文官大臣にしても、枢密院や天皇の側近者のなかの文官補弼《ほひつ》者にしても、その後期においては、軍部の野望に対し効果的な抑制を加えることは不可能であった。

この判決文のいうが如く政党の有力者または有能な官僚の一部は、あるいは故意に、あるいは心ならず、軍部に阿諛《あゆ》しないまでも協力に熱意を示し、よって権勢の地位につくことを心がけた。これは満洲事変から降伏に至る十五カ年間の日本の政治風俗として特筆せらるべき点である。五・一五事件直後の斎藤内閣から降伏時に至る東久邇内閣まで十三カ年間次々に組織された政府には、ほとんど例外なく政党を代表して数名の領袖が参加し、また行政事務に練達した官僚も数名ずつ抜擢されて台閣に列した。しかしこれらの閣僚は戦争指導にはツンボ桟敷にあり、外交の根本政策についても、軍の方針に盲従するほかに途はなかった。政党も官僚も挙国一致態勢という名目の下に軍閥の思う存分の行動を裏書きして甘んじてその責任を分担したのである。戦争が次第に苛烈となるにしたがって戦時体制が強化され、言論、思想、経済その他国民生活一般に対する軍官による統制が強化されていったのは必然の傾向であった。

昭和十三年初めの第七十三議会には、総動員法案が提出されたが、結局、二つの付帯決議をつけただけで無修正で可決された。これは実に広範な委任立法であって、この可決は日本がファッシズムに本格的に踏み切った転機を示すものともいえるものである。戦時および戦争に準ずる事変に際しては、総力戦の立場から、勅令によって、人的物的資源を統制運用する権限を政府に与えるという内容のものであった。これによってほとんどすべての物資と業務とが、勅令一本で政府の統制下に入れられることになったのである。

この法案が提出されると、社会大衆党と、東方会とは、全面的にこれを支持した。社会大衆党は、社会主義政党ではあったけれども、二・二六事件前後から次第に国家社会主義の色彩を濃くしていた。それは一応反資本主義、反共産主義、反ファッシズムを唱えていたが、事変勃発後は、積極的に戦時体制の強化に即応する態勢をとり、昭和十二年末には「わが党は国体の本義に基づき、日本国民の進歩発達をはかり、もって人類文化の向上を期す。わが党は勤労大衆を代表して資本主義を改革し、もって産業の計画化と国民生活の安定を期す」といった綱領を採択している。そして日支事変を積極的に支持し、軍の唱える高度国防国家の建設の意義を認めたから、国家総動員法案に対しては、軍の意向に迎合して、審議無用論をさえ唱えたのであった。戦後発表された『岡田啓介回顧録』によると、二・二六事件後の衆議院議員の総選挙には、内閣がこのような社会大衆党に政治資金を出していたというが、その真偽はともかく、社会大衆党の動きはこのようなものであった。

政友会と民政党は、この法案の提出を事前に防ごうとして政府に交渉を試みたが、これも軍の反対で押し切られた。大体五・一五事件以来、政友会の中にも、民政党の中にも、軍の出方に迎合して、その擡頭を歓迎し、その力によって自分たちの政治的立場を有利に展開しようという、いわゆる親軍派が相当にあった。これと同時に、少数ながら両党の中には軍に幾分でも批判的な立場をとる者もいた。しかし議員の大多数は、心中ひそかに軍閥の専横に憤りを感じつつも、これを表示することが一身の安危や議員としての地位に影響を及ぼすことを惧れて、大勢順応の態度をとったのである。したがって少数の反軍派は、多数から相手にされなかった。

軍と提携して、自己の地位の保全をしようと考えた人々は、昭和十五年の政党解消までは親軍政党の方向に政党をひきずってゆき、やがて翼賛政治体制にうつると、その幹部になったのであった。

翼賛会が一国一党として動き始めてから、衆議院内には同交会という議員倶楽部が出来て(それが東條内閣前半時代の唯一の野党であった)一九四二年の翼賛選挙までは四十名近くの議員をもっていたが、推薦選挙で多くは叩き落されて、当選しえたものはわずかに八名にすぎなかった。この点はのちに詳述する。

もしこのファッショ時代を通じて政党政治家や官僚が軍部を支持しなければ、軍人ばかりで内治外交の各般の事務が処理できる筈はなかった。

言論機関もまた、ときには進んで、ときには脅迫による辛辣な方法に屈して、「聖戦」を謳歌した。なかには投獄せられ、処刑せられた言論人もあったけれども、多くの人々は「言論報国」の看板の下に真実を報道する確信なくしてその文筆を弄んでいた。したがって国民は戦争の遂行についても真実を知らされず、いわんや健全な世論の形成などは、思いもよらぬことであった。

言論の自由を守ろうと出来る限りの努力をした僅少な人々も、従業員の立場と事業の存続に思い及んで遂に高度の弾圧に帰順した人もないではなかった。中央公論社長嶋中雄三、東洋経済新報主筆石橋湛山の如きたびたび特高警察の指弾を受けながら、その編集方針を維持しようとした言論人であった。このふたりをめぐるいわゆるリベラリストは、枢軸反対の論客として世間の注目を惹いた馬場恒吾、清沢洌、長谷川如是閑、芦田均等の面々であったことも検閲官憲の態度を硬化させる理由であったかもしれない。

さらに興味ある例は、信濃毎日新聞の主筆に桐生悠々と称する文人がいて、つとに、軍閥の横暴を批判して怯むところなき雄筆を揮った。ところが昭和八年八月十一日の論説に「防空演習を嗤う」という一文を草して、その頃隣組が防空演習と称してバケツのリレーによって敵弾を防がんとする時代遅れの措置を批判した。それがかねて注目されていた悠々生の一文なる故を以て長野連隊区司令部、在郷軍人会の憤をかい、桐生はついに信濃毎日を追われて名古屋に引退した。かれは毎月『他山の石』と題するささやかなパンフレットを発行して同志に配布したが、ついに戦争の終局をまたずして死んだ。かれが死の直前その知友に送った辞世の書簡の中には「祖国を誤まった軍閥の潰滅をみず、命を終るこそ無念である」と記してあった。

これと似た一例は東京の弁護士正木旲《ひろし》が毎月発行した『近きより』と題するパンフレットであった。東京都が大戦災にやられるまで数年間毎月の如く当時の政治を批判して同志に頒布した。この二人の如きはもとより生命の危険をも覚悟しつつ、軍閥の風潮に反抗の斧を揮ったものとして特記すべきであると思う。

七　軍部に引きずられた近衛の告白

一九三七年七月に北京の近郊盧溝橋で日支の武力衝突が起った。この事件は日を経るに従って拡大し、容易に解決の見込がつかなかった。その当時の政府と統帥部との関係がいかに奇怪なものであったかを近衛首相が次のように物語っている(近衛手記(『平和への努力』)、七―一三ページ)。

(イ)　日支戦争について

一体どの辺まで行ったら軍事行動が止むだろうか。われわれとしては、およそここいらまでで止めるという大体の目安を知っておかないと、口に不拡大をとなえても、実際は適当な手を打つことができない。ことに外交方面が困る。しかし軍部大臣以外の者は、私はじめ各閣僚とも、この点について、なんの報告も得られないのであるから、毎日ジリジリしていた。

閣僚でさえも、確かな事は分らないので、不安、不満の気分が閣内に漲《みなぎ》っていた。とうとう拓相の大谷尊由が、院内閣議で発言した。それは事変後二十日ほどたって開かれた特別議会中のことであった。「大体どの辺で軍事行動を止めるのか」と質問すると、杉山陸相は黙ったまま一言の返事もしない。それを見かねたのか、海相米内光政は「それは永定河と保定の間の線で止める予定だ」と答えた。すると杉山はたちまち顔色をかえて「こんなところで、そういっていいのか」と海相をどなりつけたので、一座は白けわたり、話はそれきりになってしまった。……

そこで私は、この日のことをつぶさに上奏した。そして総理大臣が将来の計画を立てる上にぜひとも必要であると認められる件に限り、たとえ統帥事項であっても、あらかじめ内閣にお知らせを願えないものであろうかと謹んで伺った。

その時、陛下から、しばらく考えさせてくれとの、お答えを頂いた。総理の申出は、もっともである。しかし陸軍が、政党出身大臣の同席する閣議において、報告することは困ると申すことであるから、今後は陛下御自身、総理と外相のみに、必要の事柄を話すことにおきめになったのであった。

以後その通りになったが、しかし、これはただお伝えいただくというだけのことであって、その事項についていては、われわれから意見を申し述べるわけにはいかないのである。

だから政府、統帥部間の連絡というものは実に困難な問題といわなければならない。ロンドン軍縮会議の際軍令と軍政と対立し、ついに、統帥権干犯というやかましい問題が起ったことは誰でも知っていることである。

さて、盧溝橋の事件が突発した時はどうであったかというと、軍部から、北支に叛乱が起きた、居留民保護のため派兵する、この程度の報告で、出兵費用の要求を受けたのである。なんといっても居留民の生命財産の保護という名目であるから、これに対しては一応反対はできない。

つづいて、上海に戦火が及んだ時も、やはり同様であった。これでは困る。大蔵省としてもやり切れないし、その他の各省にしても不安である。どうしてもある点までの方針は打明けてもらわなければならない。しかし、こと、軍機に属している以上、なんとしても打明けられないというなら、どうもやむをえないともいえるが、それならそれで、軍にしっかりした計画が立っていなければならない。遠大な計画と、充分な用意とがあって、ことを進めているというなら、われわれは黙ってそれについて行くというのも一つの道であろう。しかし事実は、必ずしもそうではないのである。

中支最高指揮官の松井大将が出発する際、私は東京駅まで見送りに行ったところ、大将は、同じく見送りに来ていた杉山陸相をとらえて、南京まで行けるよう、陸軍をまとめろとしきりにいっていたし、また私に向っては、自分は南京まで行く。総理もこの点了解していてほしい、といって出発した。そこで陸相の杉山にその点をただしてみると「松井はああいうが、とても南京までは行けない。せいぜい蕪湖くらいで止るだろう」という返事であった。ところが実際には南京はおろか、漢口までも行ってしまったのである。南京をどう攻めるかは、軍の作戦であって政府のくちばしを入れるところではないが、軍の大体の方略が分っておらぬと、外交をはじめとして諸般の政策が立てられない。しかるに軍の方で、この日支事変に対してどうも確固たる大計画が立っていなかったのではなかろうか。松井、杉山両将の言葉から推してみても、情勢に引きずられて、段々伸びていったもののように思われる。軍として、別段われわれをだます意味はないだろうが、実際のところ、こういう風に、はっきりした見通しがついていなかったようである。そこに軍の無計画性がうかがえる。

つらつら考えてみるに、私が内閣を組織した頃、陸軍部内の空気はよくなかったように思われる。軍の中堅へ一番やっかいな連中が坐っていた時である。すなわち「皇道派」と代って「統制派」が乗り出してきていた。皇道派の荒木、真崎などが追放されずに、当時表面に出ていたら、日支事変はあるいは起らずにすんだかもしれない。もっとも、当時の参謀本部第一部長石原莞爾は、統制派の一人だが、この事変のときには満洲事変の折とは、がらりと態度が変って、中国では事を起したくないという意見だった。板垣征四郎もやはり不拡大方針だった。

ここで支那事変をめぐり、拡大、不拡大方針の両派別にして、陸軍を眺めると、石原莞爾と、その親分多田参謀次長らの参謀本部派は、不拡大派。杉山陸相、梅津次官らの陸軍省派は拡大派。この中でも多田と杉山は、対立がはげしかった。昭和十三年六月、杉山が退いてその後に板垣が陸相となったのは、多田、石原の計画であり、したがって杉山は、このことからかれらに対して不満を抱いていたらしい。このほか拡大派の巨頭としては、陸軍は南、小磯、海軍では末次などが控えている。あるとき、この末次（当時内相）と多田とが連絡会議の席上で大衝突をしたことがあった。

一体、盧溝橋事件というものが、いまもって真相がはっきりしない。米内もわからないといっていた。一度まとまりかけた交渉をぶち壊したりしている。どちらが先に手を出したかといえば、どうもこちらの方が怪しいと思う。元来北支においては、絶えず何事かを画策している者があり、日支間にごたごたをくり返していた。そのつど、いわく梅津何応欽協定、いわく何々協定、と新たに協定を結び、解決に当ってはいるが、しかしそのこと自体が、それぞれ一つのもめごととみてよいであろう。

事変拡大のあとをふり返って、石原莞爾がいった。自分はだまされていた。徹底したはずの不拡大命令がいつも裏切られてばかりいた。「面従腹背の徒」にしてやられたのだ。こう後から嘆じていた。……

いままで雑然と述べたことを改めて考えてみよう。この日支事変というものは、私の第一次内閣の時に起ったものではあるが、組閣後わずかに一カ月して突発した事件ではあり、しかもそれが軍機に関係しているので、政府といえども立ち入った意見を述べることができない。そういう事情にあった為、非常にやりにくかった。そのうえ陸軍の内部には統制派、皇道派というような派閥があり、また陸軍省と参謀本部との間にも意見の対立があって、一方は思い切り中国を叩こうとし、一方は中国よりも他の国に力点を置いているというようなわけで、軍の方針がまちまちであったこともさらに事変の解決を困難なものとした。

軍がこれだけの事変を起すつもりならば、事前にしっかりした計画をたてて、万全な準備を整えた上でやるべきであるのに、そういう計画もなしにずるずると事件に引きずられていったことは、なんとしても残念なことである。しかし、私としては事変当初に不拡大方針を決定したのだから、できるだけ早く支那とは手を握り、東亜の安定をはかると同時に、国内の強化に当り他日の国難に備えんと、最後までこの努力を捨てなかった。日支事変以来自分のとってきた対支交渉をごく大まかに簡単に見直してみよう。

事変当初は不拡大方針をもってできるだけ現地的解決をはかろうとしたのであるが、どういうわけか実際においては、拡大するばかりであった。これでは心配でたまらないから、南京攻略の機会をつかみ、ドイツのトラウトマン駐支大使を通じて南京との交渉に当ってもらった。これはむろん日本からドイツ政府に斡旋を頼んだものだが中国側が思うように交渉に乗って来ないので不成功に終った。そこでやむをえず翌年(一九三八年)一月十六日に「爾後国民政府を対手とせず」という声明書を発表して様子を見た。しかし事態は少しも好転しないので「対手にせず」という声明を緩和して「国民政府が改替更生して新秩序建設に参ずれば拒まず」と云いかえた。このときはじめて「東亜新秩序」という言葉をつかった。これは十三年の十一月三日の声明である。

次いでこの声明に具体的内容をあたえた「対支国交調整方針」を十二月二十二日声明した。これがいわゆる近衛声明である。この声明に呼応して汪兆銘が重慶を脱出して来た。

さて汪兆銘の脱出と、十二月二十二日の声明——日支平等の原則に立ち領土も賠償も求めないという寛大な国交調整方針の発表によって、しばらく重慶側の出かたを見ることにした。ところが汪に続いて出て来るはずの何応欽も誰も一向出て来ず、この見通しは当らなかった。

世間では「対手にせず」の声明で重慶との交渉を打切ったように見ているが、こちらはそれ以後日支の全面和平のためいろいろ手をつくしていたのである。……

米内内閣の頃から始まった日米間の了解工作は、第二次近衛内閣の時に最も熱心に推進せられ、その交渉の行詰りが近衛内閣の辞職となり、間もなく日米の開戦となった。その間もっぱら第一線に立って交渉を推進した近衛公が開戦後に書き記した日米交渉の難航記は、同じように国務と統帥との不一致に嘆声をもらしている(近衛手記、一〇一―一〇三ページ)。

(ロ)　日米交渉について

日米交渉難航の歴史を回想して痛感せらるることは統帥と国務の不一致ということである。そもそも統帥が国務と独立していることは歴代の内閣の悩むところであった。今度の日米交渉に当っても政府が一生懸命交渉をやっている一方、軍は交渉破裂の場合の準備をどしどしやっているのである。しかもその準備なるものがどうなっているのかはわれわれに少しもわからぬのだから、それと外交と歩調を合せる訳に行かぬ。

船を動かしたり動員したりどしどしやるので、それが米国にもわかり、米国は我が外交の誠意を疑うことになるという次第で、外交と軍事の関係が巧く行かないのは困ったものであった。

日米戦うや否やという逼迫した昨年(昭和十六年)九月以降の空気の中で、自重論者の一人であらせられた東久邇宮殿下はこの局面を打開するには、陛下が屹然として御裁断遊さるる以外に方法なしと御言明になったことがあるが、陛下には、自分にも仰せられたことではあるが「軍にも困ったものだ」ということを、東久邇宮にもなんべんか仰せられたと拝聞する。その時、殿下は陛下が批評家のようなことを仰せられるのは如何でありましょう。不可と思召されたら、不可と仰せらるべきものではありますまいかと申上げたと承っている。

このように、陛下が、御遠慮勝ちと思われるほど、滅多に御意見をお述べにならぬことは、西園寺公や牧野伯などが英国流の憲法の運用ということを考えて、陛下はなるべく、イニシアチーヴをおとりになられぬようにと申上げ、組閣の大命降下の際に仰せられる三カ条——憲法の尊重、外交上に無理せぬこと、財界に急激なる変化を与えぬこと——以外は御指図遊ばされぬことにしてあるためかと拝察される。しかるに日本の憲法というものは、天皇親政の建前であって、英国の憲法とは根本において相違があるのである。ことに統帥権の問題は、政府には全然発言権なく政府と統帥部との両方を押さえ得るものは陛下御一人である。しかるに陛下が消極的であらせられる事は平時には結構であるが和戦いずれかというが如き国家生死の関頭に立った場合には障害が起り得る場合なしとしない。英国流に陛下が激励とか注意を与えられるとかいうだけでは、軍事と政治外交とが協力一致して進み得ないことを今度の日米交渉においてとくに痛感したのである。

しかしながら、最後に一言する。立憲君主としての陛下の御態度はかく消極的ではあらせられたが、陛下の御意図はあくまで太平洋の平和維持にあり、何とかして前途見通しのつかぬ戦争に突入することを避けて二千六百年の国体を無瑕《むきず》のままに護持したいという御念願と御苦慮の御有様は、御痛々しきまでに拝せられたのである。

第六章　外交低迷時代の日本

一　枢軸外交と平沼内閣

日中開戦の責任者として、事局の収拾に苦慮しつづけた近衛内閣は、蔣介石に対抗して汪兆銘の新政権を組織し、比較的に開明的な妥協条件をもって一時を糊塗せんと試みた。この点において陸軍の支持を受けたけれども、近衛新体制と称する看板倒れの政策は、末次内相等が指揮する右翼陣営のために攪乱され、閣内不統一に悩まされて政権の地位に嫌気がさした。近衛は周囲の反対にもかかわらず一九三九年一月四日に辞表を提出した。元老西園寺公をして云わしめれば「近衛が総理になってから何を政治していたか自分にもちっともわからぬ」(原田日記、第七巻、二五一ページ)と嘆かしめたものであった。

近衛の後継者として枢府議長平沼騏一郎が新しく登場した。平沼は国本社と称する右翼団体の親分であり、これによって軍人や財界人とも通じていた。この点が国内の右翼を抑える実力あるものとして買われたわけである。しかし近衛の後を受けて混乱した内政と、紛糾した外交とを爕理《しょうり》して行くことは容易な仕事ではなかった。

右翼に属する一群は対ソ、対英の強硬外交を主張し、国内においては金融国営、庶政一新の標語を見栄にした青年将校の外廓団体のような一群もあった。そうかといって財界はおしなべて外交に慎重な施策を要望し、英米との関係が悪化することを極度に惧れていた。しかし平沼は外交と経済の問題には全くの門外漢であった。平沼が就任の直前に池田成彬に語ったところは、「英米を敵にまわすことは、日本としてよくないが、しかしただいたずらに英米と合同する外交は面白くないから、多少こわもてで行かなければいかん」と平沼がいった。そこで池田が「そんな馬鹿なことはない。日本の実力を考えて外交をしなければ、いたずらにこわもてで行って、万一誤った場合に国をどうするか」と話したところ、平沼は黙っていた(原田日記、第七巻、二五〇ページ)。

以上の寓話は平沼の外交に関する感覚として要を尽したものである。この言葉を頭において彼の施政の跡を眺めれば、多くの場合に判然と釈明されるであろう。

中国問題の処理に次いで、最も多く平沼内閣を悩ましたものは、ドイツ側からもたらされた日独伊三国の同盟の申入れをどう取扱うかということであった。近衛内閣においては一九三八年八月二十六日の五相会議において、防共協定の単純な強化としてこれを承認し、政治的軍事的義務条項は見合わせることに了解が出来ていた。それを陸軍側から、了解がちがうといって平沼にねじこんで来たのである。

二　防共協定強化の経緯

陸軍の首脳部は、防共協定をやがて日独の軍事同盟に切りかえることを初めから画策していた。最初にその口火を切ったのは、陸相板垣征四郎であって、一九三七年の夏、近衛内閣の外相宇垣一成に対して条約の要綱を示した。その当時のいきさつとして原田日記(第七巻、一九三ページ)には、近衛首相の直話として次のような事情を書き記してある。

宇垣さんの外務大臣時分に、大島とリッペントロップの間に日独伊の攻守同盟の話合があった。これはちょうどチェッコのズデーテン問題の前である。今度の話は単にソヴィエトを目標とするのでなく防共協定を英仏にまで伸ばそうというのである。その時に板垣陸軍大臣は宇垣外務大臣に逐一事情を述べたが、宇垣はすぐ賛成はしなかった。結局板垣が宇垣に対して「それじゃ趣意は賛成なのか」ときいたところ、「趣意においては賛成である。ただ辞句文章の改訂を要する」と言ったので、板垣はすぐそれを大島に伝え、大島はそれを既にもうリッペントロップに伝えている。この問題は非常に重大で近衛自身は困っているんだが、まあいい案配にイタリーの方はムッソリーニから、「この問題は三月までは出来上っちゃあ困る」といって来た。いま辛うじてイタリーの申出によって停頓しておるようなわけだけれども、五相会議ではすでに防共協定は、単に反コミンテルン――すなわちソヴィエトに対してのみの問題であるとはっきり決めてあるに拘わらず、外務大臣と陸軍大臣との間にこういう話が進んでいたということは、非常に意外で困った問題である。

一九三九年一月に近衛内閣が辞職して、平沼内閣がこれに代り、外相有田、海相米内、板垣陸相はそのまま留任した。するとまた板垣陸相は、日独軍事同盟の問題を持ち出して、強行突破を試みた。政府は五相会議を開いてこの問題を討議したが、この条約の適用をソヴィエト以外の国に拡充することには、政府内外に反対の空気が強かったし、さりとてドイツの提案を全然拒否することは、今後外交上の立場を不利にするとの懸念からある程度ドイツの要望を容れる必要もあるものとして、一九三九年一月十九日の閣議において、折衷案が決定された。その問題について、一月二十二日、有田外相が陛下に奏上した文書には次のように記載されている。

日独伊防共協定強化に関する有田外務大臣内奏要旨

日独伊防共協定強化の問題は客年五相会議に於てソ連に対するを主とし英仏等はソ側に参加する場合において対象となるものにして英仏等のみにて対象となるものに非

ざる主旨を決定し宇垣外務大臣より内奏を経たり。

しかるに五相会議決定の主旨充分に出先に徹底せざりし結果今回独伊側より日独伊三国同盟案を正式に提案(提案内容内奏す)し来りたるに依り先般来関係各大臣に於て熟議に熟議を重ねたる結果本月十九日別紙の通り政府の方針を決定せり(方針内容内奏す)。

そもそも今次の日本案は前回の五相会議決定の主旨に変更を加え「コミンテルン」の破壊工作と関係なき場合にも共同の利益を擁護する必要ある場合にはソ連以外の第三国をも対象とすることとしたるものなるが、もし前回の五相会議決定の主旨を貫徹せんとすれば従来の経緯に顧み独伊側に対する日本の不信行為ともなるべく、その結果は折角樹立せられ居る右両国との親交関係にも悪影響を及ぼすべきことを考え独伊案の主旨を取入れたるも、実質的に出来得る限り我国の蒙ることあるべき不利を少なからしむることに努むる一方、外部に対しては防共協定の強化に外ならざるよう説明して第三国より来ることあるべき悪影響を少からしめたるものなり。

なおソ連以外の第三国と「コミンテルン」の破壊工作に対する以外の理由にて独伊が交戦する場合に於ては現在はもちろん近き将来に於ても武力的援助は実際に於てこれを与えざる方針なり。

以上のような内閣の決定にもかかわらず、陸海軍の少壮連中は、防共協定がソヴィエトを対象とするばかりでなく米英仏等にも同様の軍事共同動作をとるものと解釈して、板垣陸相にせまってくる。ベルリンの大島大使はドイツと通謀して勝手な解釈を下していた。しかし外務省の見解は、現在のところ軍事的に日独伊が相互援助を行うのではなくてむしろ経済的援助の意味に解すべきだと主張して譲らない。そういった紛糾について天皇陛下も御心痛になり一九三八年十二月初旬、近衛首相辞職の直前に侍従武官長をお召しになり、次のように御下命になった（原田日記、第七巻、二八〇―二八一ページ）。

そんなに近衛総理の辞めるのが困るのなら、近衛総理を引留める代りに、例の防共強化の問題を最初の五相会議で決定した通りにきめて、今日陸軍が主張している、いわば五相会議の全般と喰違いのあった点を取止めたらどうか。最初の五相会議の決定通り、ソヴィエトのみに対する純然たる防共協定ということにしてはどうか。参謀本部に行ってそう言え。

という意味のことを陸軍に伝えさせられたけれども、陸軍は「それは困ります」といって、陛下の思召に従おうとしなかった。それやこれやがあるので、この前、参謀次長が内大臣のところに言訳をいいに来た。そこで内大臣（木戸侯）は、

元来陸軍はけしからん。一体大島大使のとった態度も全くけしからん。陛下の外交

大権を干犯しているといってもよい。中央ではどうかといえば、中佐、大佐のところでいろいろ決めてそれを大臣に押しつけ、参謀総長に押しつけ、しかも陛下に強要し奉る。なんたる態度だ。まことに不信行為である。また忠誠において欠くるところはないか。よく考えたらいいじゃないか、と、ずいぶんひどく参謀次長に云ったので、参謀次長が先刻言訳に来た……。

その頃政府の綱紀が全く弛緩していたことは、出先の外交官吏の不服従の例をみても明らかであった。防共強化の問題については、ベルリン駐在の大島大使、ローマ駐在の白鳥(敏夫)大使が参謀本部と連絡していつも独伊の立場を支持し、本国政府の意に反した行き過ぎの措置をとった。

有田外相は一九三九年三月下旬、前記の内閣の決定を独伊両国政府に通告するよう出先の大使に訓令した。この訓令に対して白鳥、大島両大使はローマで打合せを行い、四月二日に相手国にこれを通達したところ、両政府とも「そういう程度のものでは駄目だ」といった。イタリー外相チアノが白鳥大使から通告をうけた際、「そんな弱いことでは困る」と述べて、いろいろ問答をしたあげく、チアノ外相は結局「日本は参戦するのか」ときいて来た。そこで白鳥が「参戦する」と答えると、「それなら根本問題はそれでよろしい、もう一つは、第三国に対する説明は一般的にやってもらいたい……」と要望した。

一方ドイツの方は三日に（大島が）リッペントロップに会って、こちらからやはり同じことをいった。独伊両国間には打合せがあったと見えて、大体同じことをいって、最後に「参戦するのか」ときかれたので、大島も「参戦するだろう」といったら「それならそれでよろしい。なお秘密協定事項（前の防共協定の）を大部分協約の方に移すことを要求した（原田日記、第七巻、三二七―三二八ページ）。

前記のような出先機関の行動は閣議の問題となり、政府は窮地に立った。有田外相は四月八日の午後参内して五相会議の決定を奏上し、次のように申し上げた。

大島、白鳥両大使が独伊に対し、英仏と交戦の場合は参戦すると自分限りの意思で帝国の態度を闡明《せんめい》いたしましたことは、中央の意思を顧みない分限超越の言動としてこれを取消さねばならないものでありますが、強いてこれをすることは、大使の面目もあり、かついろいろ紛糾を来たすところもありますので、参戦の意味をむしろ有効適切なる武力行為以外の行為として、強いて広義に解し、この際は両大使の行為を分限超越の言動としてあまり追及しない方がよいように思います。と申しあげたところ、陛下は「両大使の行為は、天皇の大権を無視したものではないか」と仰せられた。この時自分はただ下を向いて恐懼《きょうく》しておって、なんら奉答を申し上げ得なかった。

越えて五月二十五日、平沼内閣は五相会議を開いた上、次のように決定した。

東京駐劄《ちゅうさつ》の独伊両大使を通じて、総理は総論的にヒトラー、ムッソリーニに呼びかけ、外務大臣は各論的に両国の外相に申入れ、最後まで成立に努力はするが、それでも先方と日本との見解に懸隔があれば、この問題を打ち切る。不成立になってもやむをえない。

平沼総理のメッセージと入れ違いに、ドイツ外務省の条約局長フリードリッヒ・ガウスが宇佐美参事官に対して私案と称するものを出して来た。内容はさきに日本が拒否したものを復活しようとするものであって、その出所を調べてみると、日本の駐在武官からドイツ外務省へ持込んだものであることが判明した。その頃大島大使から電報が届いて、「ドイツが第三国と交戦状態に入った場合、それと同時に、日本は武力援助をしなくとも、直ちに交戦状態に入ったと見てよいか」とリッペントロップが電話でたずねて来たから、大島大使は即座に「然り」と答えたとの報告であった。有田外相は「直ちに五相会議にかけて相談するけれども、会議の模様は直ちに陸軍から向うにいっているに違いない。これでは外交の責任はとれない」と原田に語っている。

五相会議の席上、平沼総理は、大島大使の措置に賛意を表した。そこで有田外相は初めて辞意を表明したが、米内海相も反対の意向であったから、適当の時期に総辞職に持ち込む外ないという、肚をきめて単独辞職を思い止まることになったのである（原田日記、第七巻、三五三―三五四ページ）。

こういった情勢のうちに五月九日、参謀総長閑院宮が参内されて、陸軍側の意向を奏上された。その時に天皇陛下ははっきりと「参戦ということは自分が許さない」とおっしゃった。その後で参謀本部と陸軍省との意見に相違が生じ、海軍側はなお陸軍に同調を肯じなかった。米内海相と山本次官等は一様に陸軍案に反対であった。それは三国同盟条約は、「下手にいけば国運を賭ける問題で、海軍としては地域的の問題でもなんでもない。実際に国防の責に当れるか、当れないかの問題である」（原田日記、第八巻、六ページ）という考慮からであった。

東京政界の空気は三国同盟で紛糾をつづけ、内閣の運命もいつ倒れるかわからない状態で、後継首班の噂も出ていた。

三　アメリカは通商条約を廃棄す

その間にも平沼内閣は、南西太平洋にある西欧諸国の領土を攻撃するのに、格好な基地となりうる場所を占拠した。一九三九年二月十日、日本は、香港とシンガポールとのあいだのインドシナ海岸に面する海南島を占領した。三月には日本は、マニラ西南約七百マイル、スプラットリー群島(戦時中、新南群島と称した)の散在する広大な海域にたいして主権を主張した。この珊瑚礁諸島は、小型海軍力の投錨港および空軍の中継地としては役に立つものであった。こうした勢力拡張はいずれも、中国で戦争しているという理由によっては説明しえないものであった。これら二つのことはいずれも、海軍の想定を示していた。これらは、日本が南西太平洋において争覇戦に乗り出そうと考えている兆候と受けとられた。

このような前進は、枢軸に接近する計画に関連があると推測された。二月八日にグルーは、当時進行中であった日独間の交渉についてかなりくわしい報告を送っているが、ハルの回訓は、外交の陥穽にかからないように、まだ慎重そのものであった。グルー大使は、日本がドイツと結びつかないように日本政府に警告する権限を与えられた。しかし同時にかれは、どこまでもアメリカだけの立場から申入れをしている態度をとり、アメリカの立場がイギリスの立場に密接につながっていると見えるような言葉を絶対に避けるように命じられた。個人的意見のような体裁で、グルーはハルの言葉を有田外相に伝えた。会見をおわったときにグルーは、日本政府がはっきりした態度に出るまでには、いままでよりも慎重に考えるだろうとの感じをうけたと書いている。それゆえにグルーは、もしアメリカが日本に対して重要原料を禁輸し、あるいは禁輸すると威嚇して、一挙にことを決しようとするなら、日本はわれわれに盾つくであろう、と警告した。この勧告は、紛争の渦中に入りたくないというアメリカの支配的な意向に合致していたので、注意ぶかくワシントンで守られた。

その頃中国に交戦中の日本軍の行動は米英の世論を刺激する如き事件をつぎつぎに惹起した。あるいは天津のイギリス租界に打撃をあたえ、これを追い立てようとしたり、あるいは重慶を爆撃していた。そして爆弾の一部は、アメリカ外交官の住宅や揚子江に停泊中のアメリカ砲艦テュテュイラ号の近くに落ちた。

しかしながらアメリカ政府は、太平洋において、またはヨーロッパにおいて、アメリカを戦争にまきこむ可能性のある措置をとることには、なお慎重であった。

このような態度保留の一つの理由は、ローズヴェルトが議会に要請して中立法を修正し、アメリカで製造された武器を交戦諸国に売却することがふたたびできるようにしたいと思っていたから、こうした修正は、かえってアメリカの安全を増すものであり、アメリカが平和を維持する機会を大きくするものであることを、国民に納得させねばならなかった。この問題が論議されているあいだ、ローズヴェルトは、危険なことをして国民を驚かすことを慮って、日本と紛争を醸すような措置をあえてしようとはしなかった。

あらゆる苦心にもかかわらず、ローズヴェルトの議会への要請は承認を得られなかった。これまでと同じく、この修正は、外国への武器の売却がアメリカの参戦の糸口になるという主張にぶつかってしまった。ヨーロッパ戦争勃発六週間まえの七月十一日、上院外交委員会は、次の会期の一九四〇年一月まで決定を延期することを十二票対十一票で可決した。ハルはその回顧録のなかで、この事件の叙述に、いみじくも「中立政策の大打撃」という見出しをつけた。この事件は、日本に制裁を加える共同計画案をもたたきのめしてしまったのである。

そうはいってもアメリカ国民は、心中ひそかに二つの対策(中立法の修正と日本にたいする共同制裁案)に好意をよせていた。そこでハルは、枢軸側の同盟国としての日本の価値をおおい減らすことになるような手段に訴えようと考えて七月二十六日、日米通商航海条約の廃棄を通告したのである。六カ月たてばアメリカは、日本との輸出入貿易を自由に統制または停止しうることになった。

これをするまえに、ハルは随分長く考えたのであるが、その後の議会における反日感情の様相が、もっと重大な手段に訴えようという気をハルにおこさせたのである。

その直前六月および七月中に、日本との貿易を統制または停止するために、議会ではさらにいろいろな提案がおこなわれたので、意見の紛糾はさらにひどいものになっていた。これらの提案のうち、七月十八日に上院議員ヴァンデンバーグによって提案されたその一つは、アメリカはこの条約を廃棄するつもりであることを日本に通告すべし、と決議していた。混乱のなかに、一筋の道を見つけようと手さぐりしていたハルは、この決議案とともに進もうと決心したのであった。
条約廃棄の通告は、日本にとっては寝耳に水であった。日本政府は、条約が失効した後で、どういうことになるかを知ろうとして、懸命の努力をした。日本側の反応について、ハルはのちに次のように書いている。

私は日本側にどんな暗示もあたえないように注意した。私の考えでは、わが方の最善の戦術は、日本側が勝手に臆測するのに任せることであった。こうすれば日本側は、中国におけるわれわれの権利や権益の言語道断な蹂躙《じゅうりん》が、かれらをどういう立場に置きつつあるかについて感ずるに至るかも知れなかったからである。

日本政府の内部では枢軸との全面的同盟に反対する人々が、なおその主張を維持することができた。ことに海軍の反対意見が影響力をもったのである。しかし、同盟の提唱論者らはなお力をもり返そうとして、同盟を結ぶために直接のあるいは遠まわしなあらゆる手段を用いていた。条約廃棄の通告は、論争にさらに油をそそいだだけで、勢力関係を変化させなかった。
八月五日の五相会議で平沼総理は珍しく明白な態度を表明した。その内容を原田日記から摘記すると次のような経緯であった。

この場合陸軍の主張は、情勢の変化は攻守同盟を必要とするが、しかし第一段としては既定方針で行く。これができない場合は第二段すなわち攻守同盟を結ぶということになるのである。そこで平沼総理が板垣陸軍大臣に対して、「一体陸軍大臣自身はどう思うか」ときいたところ、陸軍大臣は「自分は一面において国務大臣であると同時に、他面においては陸軍大臣である。既定方針で行くことについては自分は国務大臣としてむろん賛成であるけれども、他面陸軍の総意を代表する意味において、第二段で行くことにも自分は賛成である」と答えた(どうも自分の思うのには、陸軍も無条件同盟までにはまだ多少余裕があるように見える。或は板垣の追出しかとも考えられる)。次に石渡大蔵大臣は「この際日本としては事変の収拾、生産の拡充を第一に考えなければならない。であるからアメリカの向背は非常に注目を要することであって、アメリカが悪くなると日英会談にも影響する。いろいろな点から考えて日独伊の同盟ということはよほど考慮を要する。生産拡充や時局収拾のためには、アメリカを向うにまわすことは非常によくないから、自分は同盟には反対である」との意見を述べた。また海軍大臣は「自分は五相会議のメンバーとして総理が先刻言われたことには全幅の賛意を表するものである。陸軍は国際情勢が大いに変化したと言うけれども、自分にはそう思えない。ノモンハンの事件も、日米通商航海条約廃棄の問題も、ある程度まで予想されていた問題である。情勢の変化については専門の外務大臣はどう思うかをきいたらいいじゃないか」という話であった。そこで有田は「独伊と同盟すれば英米の結束をますます固くして、日本に不利である。既定方針をまげて独伊の言うようにする必要は毛頭ない。陸軍は孤立云々を言われるけれども、今日の場合孤立になるということは決して不利な孤立ではなくて、むしろ有利な孤立であって心配はない」と言った。総理はまた「陸軍案の中にある善処ということは、既定方針をまげてやる意味か」と陸軍大臣にただしたところ、陸軍大臣は「然り」と答えたので、総理は「自分としてはいやしくもいったんお上の御允裁《いんさい》を経ている既定方針以外のことを申上げることはできない」とはっきり言った。

四　独ソ不可侵条約で平沼内閣倒れる

平沼内閣の五相会議がかように往きつ戻りつ三国同盟という迷路に踏み迷っている際に、独ソ不可侵条約の締結と称する爆弾が八月二十三日に叩きつけられた。東京の空気は愕然自失と評して間違いのないほどにみじめなものであった。陸軍にとっては、ドイツと提携してソヴィエトにあたるという基本的な大黒柱が倒れてしまったし、前後七十数回にわたって五相会議で論議された参戦、不参戦の論議はむだになってしまった。その一週間後の九月一日にドイツはポーランドに対して一斉に攻撃の火蓋を切った。

独ソ不可侵条約の交渉が進行中であるとの報道は有田外相の耳に入らないではなかった。六月十六日に白鳥大使がリッペントロップと会見した際、ドイツ外相は日本が速やかにドイツと同盟を結ばなければ、ドイツはソ連と不可侵条約を結ぶことになろうと語った。そのことは外務省に電報されたから、有田外相は直ちにベルリンとモスコウにいる両大使にこの情報を送って両国の態度をさぐらせた。ところが大島大使はこれをリッペントロップのブラッフだとして真実とは考えなかった。東京駐在のイギリス大使クレーギーはポーランド大使と同じように有田外相に独ソ接近の可能性を話したけれども有田外相は必ずしもこれを信じようとしなかった。ということは、ドイツのかような措置は日独防共協定の秘密条項に違反する行為であり、まさかドイツがそれをあえてするとは思わなかったからである。

いずれにしても日本の願望は、ノモンハン事件の最中でもあったから独ソ協定の成立にきわめて不快の感を抱いた。木戸日記にもそのことは記されているし、新聞の論調もそれを証明している。

東京駐在のドイツ大使は八月二十五日に有田外相を訪問して、独ソ協定による日ソ関係の打開についてドイツの発言権は強化されるであろうと弁明したけれども、有田外相はドイツ政府に対して抗議を申入れるよう大島大使に訓令した。ところが大島はドイツの外相と次官とに説得されて、「この抗議は正式のものでないから回答はいらない」と答えて日本政府の抗議書を葬ってしまった。

ドイツがロシアとの不和を清算すれば、日本が見棄てられたように感ずるだろうという ことは、ドイツ政府ももちろん承知していた。モスコウ駐在ドイツ大使シューレンブルグが外務省官房長官ワイツゼッカーにたいし、六月五日付書簡のなかで書いたように、「……日本は、わが国とソ連とのあいだにどんな小さな協定でも結ばれるのを望まないであろう」ことは明らかであった。しかしこのことが、好機をまえにしてヒトラーを一瞬間も躊躇させなかった。日本が置かれる窮境については、全く何の考慮も払われなかった。ヒトラーとリッペントロップとは日本が喉もと過ぎれば熱さを忘れて、いずれドイツの跡を追うことになるということを、かなり強く信じていたようである。そして事実その通りになったのである。

ロシアがドイツに期待したことは、ドイツが日本の味方になることをやめるとともに、日本をしてソ連に友好的態度を示させるように斡旋するということであった。別の言葉でいえば、八月十四日にモロトフがドイツ大使に明言したように、ドイツが日本の「侵略行為」のあと押しするのをやめることが根本であった（シューレンブルグからワイツゼッカーへの書簡、一九三九年八月十四日付）。翌十五日とさらに十八日に、取引の条件が確認されてから、モロトフは、日本の問題に話を戻した。かれは、ドイツが日本を反ソ条約に引入れよ

う と画策していたことを回顧したが、そのときドイツ側はこれを否定しなかった。ドイツ政府はいまでは、「ドイツが日本に圧力をかける」という思いつきに全く賛成であるというのであった。ドイツは日本に働きかけて、日本の対ソ関係を改善させ、国境紛争を解決させる、という了解がついた。

日本政府部内の苦悩に満ちた論議が、もはやどんな結果を生んだとしても、ドイツとの同盟の主目標は、いまや無断で修正されつつあった。当時までは、日本の主目標は、反ソヴィエトの同盟国を獲得するということであった。この時以来この目標は、日本がロシアを味方と認めて、ドイツとともに西欧列強にくってかかる計画に加わるかどうかという問題に変っていったのである。

注目さるべき点は、このような事態の逆転は、つきつめれば最後に日米間に戦争が起るというほとんど完全な確実性を包蔵していたことである。なぜなら、日本とソ連が結びつけば、日本の膨張政策は南方にしか向うことができなくなる。南方に向えば、日本は、アメリカにとってきわめて重要な原料源や連絡路を脅し、かつフィリッピンを包囲することになるからであった。

いずれにしても日本にとってドイツの措置は不信も甚だしいものであった。日本は、敵の眼前で愚弄されていたのである。平沼は陛下に(内大臣を通じて)次のように申し上げた。

今日のような情勢では国政を処理することはできないと存じます。独ソ不可侵条約の締結により、帝国の外交は事実上裏切られた形になりました。陸軍が無理押ししたために、こんな外交の失敗を招いたのであります。わが国固有の忠節を尽すの本分に背かぬためには、私は陸軍の再考を要求することによって一つの範を垂れるとともに、陛下に対し申訳ないと存じますのでお詫びを申上げ、辞職するつもりであります。

新聞も今度ばかりは、愚弄されていたらしいことを認めた。新聞は、無制限な同盟についてはいくぶん疑問をもっていたが、折衝中の三国同盟そのものについてはさかんに書きたてていたからである。陸軍でさえ憤慨していたドイツとの条約締結は、ソ連にとって満洲国境に大軍を維持することを、また共産主義者にとっては満洲および蒙古を侵略しないまでもこの地域に浸透することを、より容易かつ安全にするであろうからであった。

第七章　失望をかった阿部内閣

一　欧洲大戦の勃発

日本国内では、国内治安を維持するとともに、日本の外交政策を調整しうるようななんらかの新党の結成を求めて、あわただしい動きがはじまった。有識者たちは、この運動から陸軍を閉め出す勇気をもたなかった。ドイツとの同盟を大いに憂慮していた人々でさえ、新首相は陸軍の要求にそう人物でなければならないと考えた。それは、国内の混乱を怖れていたからである一方、陸軍の首脳部は、ここしばらくは日本も慎重に行動せねばならぬという意見であるからであった。しかし陸軍首脳部は、もし将来戦局がドイツにとって好都合に運んでいった場合に、枢軸との提携を拒絶しないような新首相が選ばれるように全力をつくした。

宮中における数次の会議の末に、大命は陸軍大将阿部信行に降下した。陸軍は、阿部ならば頼みにすることができると考えた。陸軍以外の側では、阿部は陸軍に睨みを利かせて、陸軍の意志を抑えるだろうと思った。天皇陛下も「阿部は陸軍の事情を知っているから、陸軍も協力するだろう。阿部にしっかり陸軍をおさえさせるがよい」と申された。

陸軍大臣には相応の人物を選びたいというお考えも表明された。陸相が首相に協力して、陸軍を徹底的に粛正しなければ、外交交渉も国政もできなくなるとのお考えからであった。そして畑俊六大将が陸相の任に就いた。

外相には、親米英派といわれる穏健な野村吉三郎大将(海軍)が選ばれた。一時は、外務省でも粛正の鉈を振って、有田外相たちを苦しめた白鳥一派の追放を行うだろうと見られていた。白鳥自身は、自分の考えを国内で都合よく運ぶために、自ら求めてローマから召還された。大島はベルリンに留まることを許されたが、その後、白鳥と同じ目的で、かれも東京に帰って来た。

新内閣の顔ぶれがきまると、八月二十八日に平沼は辞職した。辞任にさいして平沼は次のように声明した。

今回締結せられたる独ソ不可侵条約により、欧洲の天地は複雑怪奇なる新情勢を生じたので、わが方はこれに鑑み、従来準備し来った政策はこれを打切り、さらに別途の政策樹立を必要とするに至りました。これは明らかに不肖が屢次《るじ》奏聞したるところを変更し、再び聖慮を煩わし奉ることとなりましたので、……臣子の分としてこのうえ現職に留ることは、聖恩に狎るるの惧があります。

阿部大将は八月三十日に就任したが、その翌々日ドイツがポーランドに侵入した。九月三日、イギリスとフランスがドイツに宣戦した。新内閣は中立政策をとるというどんな声明をも避けた。内閣はその所信について、含みのあるいろいろな意味にとれる説明をした。

今次欧洲戦争の勃発に際しては、帝国はこれに介入せず……。

そして、九月十三日に新内閣が出した施政方針には、「国防上の見地より自給自足体制の実現のために」総力をあげねばならぬといい、この努力の一部は日満華を一丸とする経済計画によって達成されねばならぬとも書いてあった。

日本は、独ソ協定の成立によってその前進を阻まれてしまった。しかし新内閣も、中国を徹底的に屈従させる意図は棄てようとしなかったし、東亜新秩序の完成という目標を手ばなすつもりはなかった。

東亜に新秩序を建設する努力は独力でやらねばならず、またその構想も萎縮していた。八月二十六日、ワシントン駐在日本大使堀内謙介はハルを訪問した。それは独ソ不可侵条約の調印の三日後であった。堀内は日本政府が独伊とのあらゆる交渉を打ち切る決意をしたこと、日本がおそらく従来とは異なった外交方針をとらねばならないと予想されるむねを述べた。

ハルは、アメリカ側の不満の原因をくり返して述べ、アメリカの態度は既定の原則に立っており、日本側の政策の消長に応じてこれを曲げるわけにはゆかないと付言した。彼はさらに簡潔にその言明を結論して、「日米関係の将来は、主として日本の手中にある。アメリカの政策は、万国にたいする友好と公正な交渉の政策である。これは今後も変らない」と述べた。

欧洲戦争に介入しないという九月三日の日本政府の声明は、アメリカにおいてもある程度満足をもって迎えられた。大統領と国務省は、最近の対日方針が効果をあげたことを喜ぶ様子であった。イギリスとフランスは、少なくともすぐには、その軍隊を割いて極東にあるその植民地や航路をまもる必要はなかろうとの考え方もあった。

この種の政策はハル国務長官の性格ならびに技倆に甚だ適していた。かれは、一つの問題を微小な分子にまで分析し、また緊迫状態にながく耐える才能をもっていた。こうして、彼は、当時休みなく微妙な手際で紛争の糸をたぐり、自分の思うままにこれをほぐしていった。これらが、以後のアメリカ外交を形づくる要因をなしたのであった。アメリカ政府は自己の所信を堅持しつつ待機していたので、どんな事態が起ろうともこれに対処する有利な立場を維持していた。このような時期は、翌年六月にアメリカが決断を迫られるときまでつづいた。

二　経済制裁の可否に迷うアメリカ

アメリカ政府部内での主な論議は、それ以前と同じく、日本に軍需物資を供給しつづけるべきかどうかという問題であった。この問題は九月になって、戦術上の見地から、前面にあらわれてきた。アメリカ政府は、中国から手を引くようにという日本からの「好意的勧告」にたいする英仏の抵抗を支持しようとつとめていた。九月七日には、ハル自身が駐米日本大使に次のような質問をよせたのであった。

わが国の議会や国民がわが国と貴国との通貨、金融、通商上の関係を問題にして、これを諸般の情勢に照して貴下も十分想像しうるような仕方で処理しようとした場合、われわれが努力をするとしても、これを阻止しうると貴国政府は考えておられるのであろうか。

この質問をつくり上げるのに用いられた技術は、注目に値する。国務長官がこの質問で脅迫をおこなったと主張することはできなかった。日本政府に頭を働かせるように要求しただけであった。

アメリカ政府としては、中国に派遣してある軍隊や艦船を引揚げることなどは考えてもみなかった。アメリカ政府は、アメリカの在華権益が中国における戦闘行為のために蒙りつつある一切の損害にたいし、日本に補償するように要求しつづけた。かくて、ハルが堀内大使にきっぱり明言したことは、次のようなものであった。すなわち「アメリカ政府が申立ててきた正当な苦情の根拠が除かれ、アメリカ政府をして進んでこの種の申入れをせねばならぬなどと感じなくなるように、日本政府が具体的証拠を示すことを」アメリカは望むものである、というのである。

当時において大統領とハルはこう考えた。アメリカと日本との問題は成りゆきにまかせる、そしてそれに従って世論がつくられていくのを待とう、というのであった。したがって、やがて一九四〇年一月二十六日になって日本との通商条約が失効したときに、何をすべきか、あるいは何をしなければならないかを、前もって言おうとはしなかった。日本から帰国していたグルーは、このような態度は困ったことだと考えた。グルーは東京に帰ると(一九三九年十月)自分の日記に以下のように書いた。「二度にわたる大統領との会見で私は、ひとたび対日制裁に手をつけたら、それを最後までやりぬかねばならないが、そうすればおそらく戦争になるという私の意見をはっきりと述べた。私はまた、もしアメリカが日本の石油供給源を断ち、かつ日本がその国家の安全を保障するに足る量の石油を他の通商関係から確保しえないということにでもなれば、日本は必ずや艦隊を派遣して、蘭印を取るであろう、とも述べた。すると大統領は、意味ありげに〝そのときには、われわれは容易に日本艦隊を途中で阻止することができる〟と答えた」。

グルーは、アメリカ政府がもう一度日本との和解を求めて、予想される事態の進路を転換させ、また、アメリカがなお日本の友人でありたいと望んでいることを示す一手段として、暫定的に条約に代るものを提案するように政府に要望した。当時の日記のなかで、かれはその信念を次のように要約している。

私は、われわれが日本側にいまや仮条約――名義はそうでなくても実質上はその意味をもつもの――の締結を提案すべきであると考える、つまり、新しい条約の交渉をはじめて、その批准を至当とするような好ましい事態があらわれるまでは、批准を保留する、というわけである。

私の意見では、武力を使用することは、国家主権を保衛する場合を除けば、善意と機智縦横な独創的政治との欠如を告白することにほかならない。こうした性質が一方の側にあるだけではだめだと主張する人々にたいしては、私はこう答える。即ち、こうした性質は潜在的な形では日本にも存在しており、それを表面に引き出すのが外交の役目であると。幣原外交はかつて存在した。それは今後も再び存在することができる。

右の日記の最後の一節に表明された希望は、大統領も国務長官も同じく持っていた。しかし、ただ単に忍耐や善意を見せれば、こういう変化があらわれると信ずる理由はどこにもないと思った。だから日本が目的や手段をかえたという証拠がまず前もって欲しかった。そこでグルーの案はしりぞけられ、反対にグルーは、日本へ帰任したらすぐに、日本の朝《ちょう》野《や》によくわかるような仕方で、もし日本でその政策を改めないならば、やがて紛争が起こるということを言明するように命ぜられた。

これを言明すべき演説の原稿は、国務省で慎重に検討された。この演説は重味のあるものであると同時に、威嚇的であってはならなかった。グルーは、アメリカの政策が自分の考えに一致しないなら、それが今後どうなりそうだということを率直に日本に通じておくのが一番よいと考えることによって、みずからを慰めた。かれは、このような方法により、少なくとも知らないための誤解から起る戦争の危険だけは減ずることができる、と思ったのである。

グルーは、アメリカ政府が決して退かないこと、したがって、紛争を回避するためには、日本陸軍が譲歩しなければならぬ、と日本側に申入れた。その後の数週間、アメリカ政府はある程度の効果があがっているように思った。日本政府が中国におけるアメリカの権益や活動を従来ほど手荒く扱わなくなるのではあるまいかという兆候——結局、それはつかの間のものにすぎなかったが——があった。たとえば日本政府は、揚子江の外国船運航を再開することを約束した。しかし、こうした小さな配慮は、南京に傀儡《かいらい》政権を樹立し、合法的中国政府である蔣介石一党を否認することによって帳消しにされた。ワシントンは南京の新政権をその真実の名称で呼び、これを承認することを拒否した。グルーの申入れた警告は、全く無視されることになった。

しかし、ハルはまだ思案していた。意見は分裂し、不安定であった。十一月六日に上院議員ピットマンは、議会は対日経済圧迫の行使を承認するだろうと予言した。上院議員ヴァンデンバーグは直ちにこれに反駁して、こういう威嚇そのものが戦争への第一歩であると警告した。

このようなアメリカ側のさまざまな態度も結局アメリカの単独の表現にとどまらざるをえなかった。イギリスもフランスも、ヨーロッパで戦闘に従事せねばならなかったので、極東において事を構えたくなかった。英仏は極東における自国の権益をまもるのに必要とあれば、すぐにでも日本と妥協する用意があった。駐米イギリス大使ロシアン卿が、十一月二十日およびその後に、説明したように、イギリス政府は、「日華双方にとって公正妥当な基礎にもとづいて、しかし双方の側がそれぞれ譲歩しなければならないという自覚に立って」日華間にある種の和解をもたらすことに賛成した。フランス政府も、同じ方向に傾いていた。

しかるにアメリカ政府は、まるで反対の方向を向いていた。当時国務長官代理であったウェルズは、ロシアンにたいして、アメリカ政府は、公正でない講和、あるいは日本に中国国内における優先的地位をあたえるような講和を結ぶように中国に圧力をかけることなどは断じてできないし、またそんなことをしようとも思わない、と語った。その後、ハルも十二月十五日、ロシアンに同じ趣旨のことを説いた。アメリカ政府はこれまで全力をつくして極東での公正な解決をはかってきたが、自分の見るところでは、日本は中国全土を広大な満洲国にしようとしている、アメリカ政府はこんな政策を認めることはできないし、日本が初めてアジア征服を開始して以来、アメリカ政府が守ってきた立場や原則から離れようとも考えない、とハルは強調した。

英仏両国政府はアメリカ政府の見解に服したが、事態がまずくなれば、第一撃を加えられるのはイギリスとフランスであって、アメリカではないという点に注意を喚起した。両国は依然不安の気持であった。グルーの気持も同様に不安であった。グルーは、日本が圧迫に屈するだろうなどと判断する誤りにアメリカ政府が絶対に落ちこまないように再び懸命の努力をつづけた。そこで、十二月一日発の深い考慮をはらった長文の電報のなかで、かれは次のように述べた。

一つの点について、日本人の意見は明らかに一致しているということができる。それは、いわゆる東亜新秩序がすでに永続的なものになったという考え方についてである。この言葉はひろく解釈することもできるが、最もせまい解釈でも、日本による満洲、内蒙、華北の永久的支配を予想している。

グルーの信ずるところによれば、制裁を加えても、日本は中国における計画を断念せずに、かえって必ずや戦いに奮起するであろう。なぜなら、日本は、倒れて後やむという不屈の精神をもった勇敢な武士の国であるからである。

この観測は、国務省筋で行われていた観測とほぼ一致していた。しかし、グルーの進言は、国務省の意見に歩調を合わせるというよりも、むしろ彼自身の「倒れて後やむ」式の職業的本能から出ているように思われる。しかし、かれの意見にもかかわらず、日本がアジア全域にわたる新秩序の建設を頑強に固執している以上、外交というものが如何にして、また何故に当面の事態を克服しうるものかという点については、依然疑問がのこった。ここしばらくの間の最善の道は、単にこの不明確な状態をそのままつづけることにあるとハルは心にきめた。危機をまねくかもしれぬ制裁の行使をさし控えて、しかも、アメリカが今後の行動についてどんな保証も日本に与えないようにするというのである。十二月十四日に、大統領はこの方針を承認した。

予期された通り、グルーはこの決定に異論をさしはさんだ。英仏でもやはり異議があった。ハルは、自分も阿部内閣にいろいろ機会をあたえて、この内閣の陸軍にたいする影響力を強めたいとは考えているが、根底においては阿部内閣も、旧来の大陸政策については陸軍に劣るものでないと思われるとグルーに回答してよこした。阿部内閣は、危険の可能性をおそらくよりよく知っていたので、より慎重ではあったが、それは陸軍の線を著しく逸脱することは許されなかった。十二月十五日、ロシアン英大使にたいし、ハルは、アメリカ政府としては、日本に勝利をあたえるような講和の成立は考慮できないとくり返して言明した。

三　阿部内閣行詰る

年が改まって一九四〇年になるまでにはアメリカは条約を更新も復活もさせないという方針を決定した。アメリカは、日本の死命を制する諸物資の船積みをいつでも停止する自由を保留することになった。そう決ったことを聞かされると、野村外相は失望落胆した。グルーは、会談後に野村が自分を階下まで見送らなかったのは、これが初めてであることに気づいたと記している。

重大な新年、一九四〇年がはじまったが、ドイツに見棄てられた衝撃の時期に成立した阿部内閣は、進むことも退くこともならなくなった。換言すれば、阿部内閣は、はじめから不可能なことをするように要求されていた。つまりイギリスおよびアメリカを刺激せずに大東亜新秩序を造り上げることを求められていたのであった。

しかし、しばらくのあいだ日本陸軍は中国におけるアメリカ権益の取扱いを少し慎重にやるように説得され、揚子江の外国貿易再開にも同意するように因果を含められた。野村は日本をドイツに結びつけようとする計画が出てくるたびに、それを一つひとつ踏みつぶしていった。というのは、リッペントロップは、ドイツがロシアと結んだ条約がかえって好都合なものになるということを新内閣に信じこませようとしていたからである。リッペントロップの説明によれば、この条約は、ドイツのイギリスにたいする戦勝を早く実現するためのものであり、ドイツが勝てば日本は南太平洋に出ることができる。日本には、偉大な提携の道が開かれている、もしお望みならば、日本とソ連とのあいだを斡旋して、この条約を完全なものにしたい。これが、一九四〇年十一月の、ヒトラー・モロトフ会談まで、ドイツ側を支配した考え方であった。つまり、持たざる国々の集まりは非常に大きくなるから、アメリカは尻ごみするだろうというのであった。しかし、野村はこれに冷淡であった。

にもかかわらず、大島のような同盟結成論者らは、断念しなかった。かれらは陸軍をあてにしていた。蔭にまわって、中国との和解を妨害する道は残されていた。かれらは、中国との和解に失敗すれば内閣は倒れるだろうと計算していた。遠からず陸軍は再び日本政府の支配権を握るだろう、そうすれば枢軸との同盟も結成されるだろう、事がこう運ぶのには、若干の日時を要するけれども、いずれそうなるだろうと、かれらは固く信じていたのである。

日本国内においては中国との戦争遂行のために、陸軍の要求する軍需物資の量は次第に増大した。米その他の生活必需物資は、だんだん欠乏し騰貴していった。政党は米英等の政策とは関係なく、国内の不平に刺激されて阿部内閣への不信を表明することになった。

第八章　帝国議会のささやかな抵抗

一　斎藤隆夫の除名処分

米内内閣の成立直後に起った内政上の波瀾は、衆議院における斎藤隆夫の除名問題であった。万一その当時の二大政党（政友会と民政党）が斎藤の立場を支持して、陸軍の圧迫を蹴飛ばしたならば、軍閥はあるいは政治から手を引くことを顧慮したかもしれなかった。しかもこれが政党にとって失地回復の最後のチャンスであり、絶好の機会でもあったと思う。

満洲事変以降、日本の政権が次第に軍部の手に収められ、その内治外交も急激な軍国主義と官権統制に偏することを憂え、政党政治家の中にも、軍に反対して失地回復の挙に出ずべきであるとの論者は少なくはなかった。しかし何分にも先頭に押立てるべき実力者に乏しく、軍と抗争して勝利の見通しもない状態であるために、衷心の不平はやる方ないながら、行動として表面に現われた事実は何事もなかった。しかしその鬱憤は時として政党の宣言や演説の中に陰見した。

阿部内閣を倒した政党の動機は、もっぱら内政上の不満であった。満洲事変が始まってから八カ年余、中国との戦争は行詰って、いつ収拾される見通しも立ち兼ねた。その上に戦争の影響によって国民生活の不安は助長せられ、予想しない欧洲戦争の勃発によって内外の情勢は、いやが上に緊迫を感ぜしめた。

第七十五議会開会の直後、一九四〇年二月三日の衆議院本会議において、民政党の斎藤隆夫は、国務大臣に対する質問に名をかりて、軍部の独裁を痛撃した。この攻撃は米内内閣に向けられたものではなく、第一次近衛内閣、阿部内閣を通じて鬱積していた軍部独裁への反感が爆発したものであった。

かれはこの演説において心中深く期するところあった如く、日本政府の対支政策の矛盾を指摘し、速やかに事件を収拾して、和平克復を促進することが政治家の責任であると述べ、さらに次のように過去のやり口を攻撃した(もっともその中の軍部攻撃に向けられた後半の部分は速記録から抹消されたためいまでは残っていない)。

近衛声明は㈠中国の独立主権の尊重、㈡領土や償金を要求せぬ、㈢経済上の独占はやらぬ、㈣第三国の権益尊重、㈤防共地域外日本軍撤兵、この五つがその要領であり、これは世界に対する声明であるから変更はいまさら許されぬし、かりそめにも変更する如きことあらば我国の国際的信用は全く地に墜ちる。汪兆銘氏もこの声明に呼応して立上ったのである。

昨年十二月になってようやく近衛声明が出たということは、それまで日本は侵略主義であったがこの声明によって初めて侵略主義を抛棄したということになる。これまで我国の政治家は国民に対し日支事変は、中国より欧米列国の勢力を駆逐し、植民地搾取から中国を解放して、これを中国人の手に戻すのであると叫んで来たが、これは近衛声明と全然矛盾する一場の空言であったことになる。

事変処理について近来東亜新秩序建設という言葉がさかんに繰返されているが、こういう言葉は数年来ヨーロッパにも現われている。ヨーロッパでの意味は、持たざる国が持てる国に領土の分割を要求する、すなわち一種の弱肉強食である。ヨーロッパにおける新秩序建設の意味は支離滅裂であるが、東亜の新秩序建設とは果していかなるものであるか。

斎藤は更に続けていう。

われわれはすでに数年間戦って来た。一度戦争となれば、問題はもはや正邪曲直、是非善悪の争いではなく、徹頭徹尾力の争い、優勝劣敗、弱者に対する征服なのであって、したがって「八紘一宇」だとか、「東洋永遠の平和」だとか、「聖戦」だとかいってみても、ことごとく空虚な偽善である。

かく突きこんだ後、かれは近衛声明や、汪政権や、国民精神総動員運動などをこきおろし、未だに支那事変の目的すら判然せず、いたずらに国民生活に犠牲を強いているとして次の如く結んだ。

畢竟するに政府の首脳部に責任観念が欠けている。身を以て国に尽すところの熱意が足らない。……立憲の大義を忘れ、国論の趨勢を無視し、国民的基礎を有せず、国政に対してなんらの経綸もない。しかもその器にあらざる者を拾い集めて、弱体内閣を組織するが、国民的支持をもたないから、なにごとについても自己の所信を断行する決心も勇気もなく、姑息偸安《とうあん》の一日を弥縫《びぼう》する政治をこととしている。

この演説は国内の自由主義者がいわんとするところを大胆に述べたものとして、ひそかに痛快を叫んだものもあったが、陸軍は支那事変処理に関する悪質の批判だとして憤り、斎藤を除名すべしといきまき、米内内閣がその処置を政党に要求しなければ、陸軍大臣を引き下げると脅かした。

政友、民政の両党内にはかなり反対論があったにかかわらず、斎藤を懲罰に付し、これを除名処分に付した。本会議における懲罰の採決に際し、これに反対した議員はわずかに七名であったが自由主義の闘いとして除名問題は世間の注目を惹いた。

(注)　除名反対の投票者は政友会で名川侃市、宮脇長吉、牧野良三、丸山弁三郎、芦田均、民政党の岡崎久次郎、中立の北浦圭太郎。

除名反対の青票を投じた政友会所属議員の五名は直ちに党から除名せられた。政党はまたしても軍の圧迫に屈したけれども、まもなく斎藤が補欠選挙で当選したことは、一般の人気が軍に反抗の気分を抱く証左であるとして注目の的となった。

この機会に少しく遡って満洲事変以来、帝国議会に現われた軍部反対の言論を載録して、立法府が必ずしも衷心から軍閥の行動を支持したものでなかったことを想起したいと思う。

二　浜田国松の爆弾演説

二・二六事件の起った際には、天皇陛下が最も勇敢に断固たる処分を希望せられた。東京に勃発したクーデターに対して「叛乱軍」という名を以て呼ぶことは陛下自らが発せられた言葉であって、その時まで誰一人として叛乱軍と呼びうる者はなかった。もしあの際陛下が毅然たる態度をお示しにならなければ、首都の治安は容易に回復されなかったであろう。陸軍の首脳部それ自体が躊躇逡巡して毅然たる対策を樹て得なかったからである。海軍首脳部は艦艇の一部を芝浦沖に入れ、若干の陸戦隊を市内に配備したけれども、軽々に行動することをさけて推移を見守っていた。

こうした情勢は国民の意中に深刻な不安と、軍の無統制に対する憤りの念を抱かしめた。けれども、多数の国民は政治行動を起すだけの勇気と組織とを持たないまま、沈黙を続けていた。

しかし、広田内閣は陸軍の要求に押されて、現役軍人でなければ、陸海軍大臣に就任できないとの規定を設け、陸海軍備拡充のために、三十億四千万円という未曽有の厖大予算を編成し、寺内陸相は国家総動員法と称する非常大権を行政府に与える法案を準備した。それに加えて日支事変の行詰り、日独防共協定に伴う国際関係の悪化など庶政全般にわたる国民の不満を高からしめ、これが政党の態度に反映するようになった。

そこで一九三七年一月の国会開会直前には、政友、民政ともに強く政府の態度を非難する宣言を採択した。政友会の宣言にいう。

外交多元に発して責任の帰趨を惑わし官僚独善の秘密外交を金科玉条として近代国家の国民外交に徹せず……濫《みだ》りに準戦時体制の独断的推論の下に編成せる諸案が産業の振興を沮喪《そそう》し国民生活の脅威を現実するに至らば逆まに国民怨嗟の声と化して延い

て国民精神の弛緩を来さん……官僚は独善に泥《なず》み軍部は優越感に溢れ他を排除して国家機能の万般に関与せんとす。この弊漸く増長せんか遂に民意の暢達を阻止し名は立憲的政治というと雖も実は寡頭専制の風を導入せん……。

一月二十一日、衆議院の開会第一日に政友会を代表して浜田国松が国政一般に関する質疑演説を行った。かれはまず

……軍部は近年自ら誇称して我国政治の推進力は我等にあり、乃公出でずんば蒼生を如何せんの概がある、五・一五事件然り、二・二六事件然り、軍部の一角より時々放送せらるる独裁政治意見然り、議会制度調査会における陸相懇談会の経緯然り、満洲協和会に関する関東軍司令官の声明書然り、要するに独裁強化の政治的イデオロギーは、常に滔々として軍の底を流れ、時に文武恪循《かくじゅん》の堤防を破壊せんとする危険あることは国民の均しく顰蹙《ひんしゅく》するところである。

と前置きして、軍部に対する相当猛烈なる攻撃的質問の火蓋を切った。果然この演説は議場の空気を白熱化する効果があった。この質問に答えるため寺内陸相は「我国の政治は欽定憲法に準拠してその精神で運用さるべきだと思う。このことは常に我々が言明している。

しかるに未だ疑っているのは何かある種の幻影に眩惑されているのだろう。先刻来の浜田君の所説中、軍人に対して聊か侮辱するような言辞のあったのは遺憾である……」と反撃の態度に出た。この答弁はたちまち議員に衝動を与え事態はますます悪化した。浜田は再度登壇して「……いやしくも国民代表者の私が、国家の名誉ある軍隊を侮辱したという喧嘩を吹きかけられて後へ退けませぬ」と火の手をあげれば、陸相また矢表に立って「侮辱するが如く聞えるところの言辞はかえって浜田君のいわれる国民一致の精神を害するから御忠告申上げる」と応酬した。この突発的な軍部と政党との正面衝突に怒声罵声に沸きたつ議場は、三度浜田に登壇を求めた。「……速記録を調べて僕が軍隊を侮辱した言葉があったら割腹して君に謝る。無かったら君割腹せよ」と陸相に詰め寄り、囂々《ごうごう》たる喧騒裡に散会、ひとまず再開第一日の議事を終った。かねて成行を憂慮されていた七十議会は、かくしてその再開第一日において政党対政府、ことに陸軍との正面衝突を惹起してしまった。

政府は議院内で閣議を開き、その善後策を協議したが、寺内陸相は衆議院の解散を主張し、政党は解散に反対を唱え、広田総理は閣内不統一の責任をとって辞表を提出した。

この事件はいわば一つの偶発的の椿事であったけれども、国民の一部には、立憲政治を守る気魄の現われとして快哉を叫ぶものも少なくはなかった。

近衛第二次内閣が、いわゆる政治新体制と称して、大政翼賛会を組織した当時の状況は後に第一五章において詳述する。その頃政党はすべて解散して、翼賛政治会に統一され終ったのであるが、近衛第二次内閣が本格的に一国一党の制度——大政翼賛会を樹立しようと企てた際、衆議院の有志八十余名が尾崎行雄を中心として帝国ホテルに集合し、明白に翼賛会の違憲を糺弾してその予算の通過を阻止しようと企てた。この一群は後に至って東條内閣の総選挙に際し、非公認候補者として弾圧せられ、議会活動は、一層困難を極めた。それ以来この一派に属した著者自身の行動について本書に記述することは衷心忸怩たるところであるけれども、一言これにふれることは必ずしも咎められることでないと思う。それは満洲事変が勃発して間もなく、衆議院において問題となった芦田均の演説に関する反響である。

国際連盟総会が満洲事変をとりあげて日本の行動が侵略であるかどうかについてジュネーヴで論議を闘わしていた一九三三年一月のことであった。

斎藤実内閣は高橋是清を蔵相とし、内田康哉を外相に、荒木貞夫を陸相に据えて事変の善後措置に当っていた。日本政府は全権として松岡洋右をジュネーヴに派遣した。ちょうどその折、一月二十三日の衆議院本会議において、国務大臣の演説に対する質疑の行われた際芦田均は政友会の代表として外交に関する質問を行うよう幹事長から求められた。時が時であるから、外交問題は国会でも世間でも関心を惹く案件であった。

芦田の質問はまず満洲に対する政策、ついで対支政策、対米、対ソ政策にわたって政府の意図するところをただした。ここには質問の内容を詳述する必要はない。単に代表的な

二、三の質疑について記述する程度に止めようと思う。

芦田はまず満洲問題を取り上げた。

（昭和八年一月二十四日官報号外衆議院速記録第四号）

日本外交の重点は、いうまでもなく満洲問題である。事件の善後措置が、よろしきを得ると否とは、日本の興亡の岐るるところであり、日満関係をいかなる形に調整すべきかは、日本の大陸政策の根本を成すものである。しかるに政府は、対満政策について、なんら具体的の方針を示さないのみならず、昨年九月満洲国を承認して以来の施策を見ると、果して現政府に確固たる対満政策がありや否やを疑わしめる。

現内閣は、満洲国をして満蒙三千万民衆の安住の楽土たらしめると宣言している。荒木陸軍大臣は、常に、日本は、満洲国の独立によって、一糸半銭も利益を求めるものでないといっている。それにもかかわらず、満洲国に対する我が施策は、外国においても、現地においても、幾多の批評を招いている。本員は、一々これを指摘することは、我国の利益でないと考えるから、差控えるが、一言でこれをいうならば、満洲国指導の実績は、多くの法律と規則とを制定し事務は日に月に繁忙を極めているけれども、その根本に政治がない。政治のないところに政策がない。したがって、恩威並び行わるべき満洲においては、武威は充分に及んでいるけれども、恩は未だしという結果になっている。一昨日外務大臣は東洋の平和は日支満三国の提携親善にあるといわれた。その通りである。

しかし、山海関には今なお砲声が轟いているし、諸外国は日本軍が遠からず北平に進出するであろうと見ている。我国民はこの紛争がどこまで拡がるかということに、多大の不安を抱いているのである。政府が現在の如くただ手を拱《こまね》いて見ているということであれば、中国の政治家をしてますます日本の真実を誤解させ、遂には絶望の極、何物を犠牲にしても日本に反抗する政策に転換させるおそれがある、中国の政治家を絶望の淵に追込むことはかれらを共産党の懐に追込むことを意味する。

芦田は、これより一転して、連盟問題に関して質問を行い、次に、対露問題と対米問題に言及し、戦争発生の危険を憂えている。

日本は、大陸において、なんら領土的野心を持たぬ――と、歴代内閣は声明し居るにかかわらず、北満の国境には今なお不安の雲行があり、太平洋には拭い得ない暗影が漂って居る。私の見るところによれば、ロシアの憂うるところは、満洲の独立がロシアを脅威することである。もし、日本、ロシア、満洲の三国が、互いに既存の権益を尊重し、胸襟を開いて善隣の誼《よし》みを尽すならば疑念の存するはずがない。しかるに、スターリンは、極東の情勢不安なりとの理由の下に、一月七日に、五カ年計画の一部を変更し、国防の充実を図って居る。この事実は外相が演説された楽天的観察を裏切っていることは明白である。

対米関係については、現在の日米関係が満足すべき状態でないことは、政府も充分承知のはずである。陰鬱なる日米関係を政府はいかにして転換されるお考えであるか。私の見るところによれば、現在の日米関係は、誤れる認識と、理由なき興奮の上に築かれている。この状態を打開しなければ、日米間に軍備競争が再開することは必至である。海軍大臣もよくお考えを願いたい。太平洋の軍備競争は、世界戦争に至る第一歩である。アメリカをして、日本を信用せしめるためには、最も、明白に、我国の公正なる政策を相手に了解せしめなければならぬ。ロシアにしても、アメリカにしても我国の動向に細心の注意を払っているのは必ずしも満洲問題にのみ執着しているのではない。日本が今後いかなる政治家によって指導せられるか、またアジア大陸においていかなる方向をとるかを見極めようとしているのである。

この際、政府は速やかに我国大陸政策の限界を明らかにして、この基礎の上に東洋の平和を確立する具体案を示すべきである。

さらにまた国内の政局を安定して憲法政治を確立し国民をして言論の自由に不安を感ぜしめる如き政治を改めなければ、日本の立つ国際情勢は容易に楽観を許さないものと覚悟しなければならぬ。

芦田の演説は政友会の席からの激しい野次と怒声とに乱された。しかし民政党の議員はしばしば拍手を送って芦田を声援した。ジュネーヴから松岡が憤りに満ちた電報を政友会の総裁に送って来たので、芦田除名論も唱えられたが、除名の理由となるような辞句は見つからなかった。

芦田の演説はその頃の対満、対支政策を議会で批判した唯一のものであった。軍部は直ちに芦田を望ましからざる自由主義者のリストに加えたけれども、この演説が軍の大陸政策に毫末《ごうまつ》の変化をも与えなかったことは勿論、政党の動向においても五・一五事件に発足した親軍的傾向は日とともに軌道に乗って進行を始めた。

第九章　常識的な米内内閣

一　米内への期待

阿部内閣の後を承けて、海軍大将米内光政が一九四〇年一月十六日に組閣し、とくに陛下から組閣に際して、陸海軍協力せよとの御言葉があった。陸相は畑俊六、外相は有田八郎が任命された。米内は前二代の内閣において海相を務め、有田は平沼内閣の外相として米内とともに、三国同盟に反対した一人であった。

有田は、基本国策要綱が起草された一九三六年当時にも外相であったが、この要綱には、東亜新秩序を実現しつつも、他方、アメリカおよびイギリスを敵にまわすことは避けねばならないという一項があった。かれは、まだ枢軸との結びつきを恐れていた。

米内内閣は中道主義に則り、アメリカ、イギリスとの友情の絆を撚り直そうと考えていた。これは米内光政の性格を反映するものとも見るべきであった（著者は一九一六年に、米内と同時に、ペトログラードの日本大使館に勤務していた。当時米内は海軍武官の補佐官であり、著者は外交官補として日夕顔を合せた。その後一九四五年秋、米内はまた海軍大臣として幣原内閣に列なり、著者は厚生大臣の職についた。著者は米内が不帰の客となるまで交友関係を続けたから、米内の性格はよく承知している)。かような内閣は、枢軸との接近を外交の主柱とする陸軍軍閥の一存でいつでも首を絞められる運命を背負って生まれたものであった。したがって陸軍の鋭鋒をかわすため中国との関係についてはしばしば心にもない強がりをいい、一時遁れの策として南進政策の看板を担がざるをえなかった。

ファイス教授が「米内内閣の行動は、平和を達成する決意も力もなしに、平和への希望を示すものと解釈された」と評しているのは、客観的には左様に見られても仕方がなかった。しかし米内、有田の置かれた当時の環境から見れば、あれで精一杯というところであったろう。

米内は平沼内閣に海軍大臣として在任中しばしば著者との会談において、日独伊三国同盟に反対の意見を交換した。その際、かれは一再ならず、ヒトラーがそのうちにきっと戦争を始めるとの観測を述べたことがあった。だから海軍としては早くから欧洲戦争の勃発を頭において計画を樹てたことは間違いないと思うし、米内が総理となって後もその見通しは狂っていなかったものと信ぜられる。それだけにまた陸軍軍閥やその外廓団体たる右翼からは、英米への阿諛《あゆ》追従として非難された。

こうした人々の就任について、グルーは、その日記に次のように記録している。「新しい健全な態度と立場が次第にあらわれつつあり、かような傾向は、もしわが方によってはねつけられなければ、大きな成果を挙げる可能性がある」。しかし、枢軸の監視人はそれに屈しなかった。オットは、日本をドイツの思う通りにするにはなお二、三代の内閣更迭が必要であろうとベルリンに報告していた。

この新内閣は、前内閣以上に暗殺の噂につきまとわれた。暴力——人殺しの武器の使用——の思想は、放射性のある思想であった。このような放射性ある暴力の思想が日本の内部に満ちていたわけであった。

二　汪精衛政権の成立

一九三八年一月十六日、近衛が「国民政府——蔣介石を対手にせず」と啖呵を切ったために、かえって日本は蔣介石から相手にされなくなった。

当時、日本側においても、内実、日支事変の長期化を避け、いたずらに泥沼の戦場で、戦力を消耗させるべきでないとの和平論があり、各種の和平工作も行われていたが、この声明で冷水をぶっかけられた。もっともこれらの和平工作は、あまりにも数々の特務機関により、しかもバラバラに重慶要人と連絡をとったため、存外効果は挙っていなかった。

同時にこの声明は、武力解決を呼号する軍部の勢に油を注ぐ形となり、和平派の宇垣等は閉め出された。とくに現地軍は、中央の命令をしばしば無視して行動し、事変は一路、深間に落ち込んでいった。そしてかれらは、現段階で、蔣介石は平和的な交渉に応ずる筈はない、かれが頼りとする中央軍主力の精鋭を撃滅して戦意を失わしむるところまでゆかねば事変は片づかないと考えていた。

かくて、徐州の会戦も、漢口の攻略も、ここをねらって敢行されたのだが、なにぶんにも兵力不足の日本軍であったため、攻略はできても、我に数十倍する中国軍を捕捉して潰滅せしむる目的は容易に達せられなかった。蔣介石は巧みに兵力の保存を計り、同年十月漢口が陥落したときにも、「漢口戦の戦略目標は達せられた、本当の戦争はこれから始まるのだ」と豪語し、「全国民に告ぐる書」を発表して最大級の強気を示し、長期のゲリラ戦をもって日本軍の疲弊を待つ戦略をつづけていった。

日本政府もまた「武漢三鎮を攻略していまや国民政府は地方の一政権にすぎず、これが殲滅《せんめつ》を見るまでは矛を収めず」と声明はしたものの、中国軍の戦意がいささかもくじけない状況を見ると、今後さらに湖南方面に攻め入ったとしても、武力の勝利による和平への期待は、軍部自身といえども疑わざるをえなくなり、外交工作によるほか、平和への道は拓けないだろうと考えるに至った。

反面、中国側においても、長期の戦争によって数億の民衆が塗炭の苦しみを嘗めている姿をこのままに打捨てて置くことはできないから、日本政府が妥当な条件を以て妥協を求めるならば、これに応じることも一策であると考える要人もあった。汪精衛を中心とする周仏海、高宗武、林伯生等がそれであった。とくに汪は国民党の副総理、中央政治会議主席、国民参政会議議長等の要職にあり、まさに蔣の片腕で、蔣に次いで国内で重きをなしていた。そして国民党苦難の道程にあって蔣は軍事、汪は政事と唇歯相たすけてきた関係にあったから、その汪が熱心に和平を奨めるので、蔣も頭からこれを否定しなかったが、結局は抗戦の志を変えなかった。それは一つには日本軍部に対する不信もあったが、同時に、この当時すでに国・共合作が深く進み、共産党の戦力を併用しての長期抗戦の勝利に対する胸算用が蔣にあったからだといわれている。したがって、終始共産党を否認してきた汪精衛の政治的立場からしても、早晩、この両者には訣別の運命が訪れたであろう。

十一月十六日、かれは蔣と二人で会食したが、「中国をここに至らしめたのは国民党の責任である、二人は連袂辞職して、罪を天下に謝すべきである」と激しく迫り、蔣も色をなして、「辞職のみで責任はとれぬ、責任を以て国を救い得るものは誰か」と、反駁し、三十余年、革命を戦ってきた盟友はここに、永《とこし》えに離れることとなった。

これより先、日本の軍部は汪が国民政府を脱退し、孫文の三民主義を旗印として、日支国交復活の中国代表となることを望んだが、汪は極力、政府部内に止って蔣介石を転向させるべく努力してきた。しかし十一月十六日の蔣・汪最後の会談でこれが絶望とみるや、遂に次善の策として、重慶脱出を決意するに至った。

そして十二月十八日、汪は敢然、重慶を脱出し、二十二日仏印に到着するや、これと相呼応して、日本政府は日支国交調整に関する新方針を発表した。これが後々まで問題となった「近衛三原則」と呼ばれる声明であり、(イ)善隣友好(ロ)共同防共(ハ)経済提携の三節を内容とするものであった。

もちろん、これは汪の和平論に対する日本側の声援であり、漢口を攻略しても中国側の戦意のくじけなかった違算に対し、次に考えられた方策であった。寛大に過ぐとも認められる条件を提げて重慶の和平派に呼びかけ、汪一派を動かして、終戦の基を拓こうと企図したのであって、軍部外交が選んだ窮余の策であったともいいうる。そして汪はこの近衛声明を受けて、十二月三十日長文の日支和平論を草して蔣介石と中央執行委員会に打電し、それに挺身する決意を表明した。

これに対し、蔣介石は一九三九年一月、臨時中央執行委員会を招集して、汪精衛を除名して追放、抗日戦の徹底を再確認し、汪の和平提案は陰謀であり、かれは日本に買収された、とまで罵ったのである。

刺客はすでに飛んで、汪の身辺に危険が迫った。三月二十一日には、その隠れ家において、腹心の曽仲鳴が暗殺された。かくて危険を避けて同年五月、汪は上海に逃れた。

上海において、汪は周仏海、梅思平等の同志とともに和平理想の実現に着手したが、さらに日本の真意を確めるため五月三十一日、日本へ飛来し、平沼首相、板垣、米内等の要人と会談して今後の運動のための誓約を得、六月末上海への帰途についた。かれはその途次、北京に王克敏を、南京に梁鴻志をそれぞれ訪れ、統一新政権の了解を得た後、南下広東に至り、七月十四日「日支関係に対する根本観念」と題する大演説を試み、蔣の抗戦を目して「卵を以て石を打つもの」と評し、和平を力説して同志を激励、新政権樹立用意の第一声をあげた。

以来、中国南北の現存政治勢力との連繫を計りつつ八月二十八日に至り、ようやく国民党六全大会開催の運びとなったのである。この六全大会には、汪を支持する代表二百四十余名が集まった。種々の決議が行われたが、要するにあくまでも国民党の正統を継いで、その規約や政綱政策は反共親隣の線を強化する建前で、中央執行委員を新たに選び、委員会主席には汪精衛が推戴された。

この日の宣言は堂々たる名文をもって起草されている。すなわちさきの武昌における国民党臨時大会が正義に基づく和平の要望を宣言したことから説き起し、一九三八年十二月の近衛声明を引用、孫文の大アジア主義に論及して十二月三十日の汪声明に及んでいる。そしてさらに進んで、蔣介石がこれらの精神を忘れ、いたずらにソ連の付庸国として、抗日を以て「中華ソヴィエト」実現の具とする中共と合作していることを痛撃し、全会一致、蔣同志の総裁の職権を解除、汪精衛にこれを授権する旨を明らかにした。さらに汪のスローガンは、抗戦建国にあらず、和平建国でありかつ反共であると述べ、外交における遠交近攻政策を斥けて、内政における三民主義を詳述し、マルクス主義と本質的に異なるゆえんを説き、個人独裁を排撃したものであった。

要するにこれによって、中華民国の法統を継ぎ、政府と党の正統を、汪派に取るという、名分と体裁だけは、一応整えたわけである。

汪政権が成立した暁に、締結されるべき「日華基本条約」の日本側の案は、十月初めの興亜院会議で決定されていた。それは、前年の日華協議事項と近衛声明に沿ったものと称していたが、実際は相当に逸脱した部分も多かった。たとえば、駐兵地域を著しく拡大し、その地域の鉄道、航空、通信等に対する軍事上の監督指導、上海の特殊地域化、新政府に日本人顧問、職員の配置等の主張のほか、経済面においても種々の特権を要求するものであった。

したがって現地の日本側責任者の間においてさえ、これでは汪の運動は進められないと見て、その伝達を躊躇したほどであったが、中央の指示である以上、やむをえずとして、一応、汪に伝達した。果して先方は「原案が近衛声明と相去ること遠いため、中国側では失望して落伍する者が出ている。事ここに至れば、むしろ交渉を打切り、政府樹立を断念しよう」とまで極言した。

しかし双方共に物別れとなることは、丸損であることを承知して、極力、妥協互譲につとめ十二月三十一日に至り、辛うじて意見の一致を見るに至った。

かくて一九四〇年一月二十四日からの青島会談(汪・王・梁)、二月十二日からの上海会談を経て、三月二十日より、中央政治会議が開かれ、この会議によって中央政府樹立に関する合法的手続が完了した。そして新中央政府は三月三十日、「南京還都」の形式を以て成立するに至ったのである。

日本はもちろん、これを中華民国正式政府として承認し、阿部信行を全権大使に任命、七月五日から汪と基本条約の折衝を行い、十一月三十日正式調印を終った。

すなわちこの汪精衛工作は、日本軍部——参謀本部作戦課がこれに着手して以来、満二カ年を要したものであった。軍部は、これを日支事変における画期的な進展なりと誇示し、言論を指導して、「堂々たる中央新政府が出来て、重慶の国民政府は一片の地方政権に成り下った」といわしめたが、その実、汪政府こそ無力にして地方的な傀儡《かいらい》政権にすぎなかった。軍部は当初、汪を引抜けば、重慶要人の半分くらいは獲得できるであろうとの目算だったが、完全に外れた。それほど汪の政治的支配力は、当時すでに落ちていたのである。

かくて、軍部が事変を終戦へ導くためにせっかく企図したいわゆる汪精衛工作なるものも、ついにその効果を挙げえず、結局は軍部の「独り相撲」に終った観がある(汪精衛の樹立した政権はかくして独立政府としての威力を備えるに至らず、また日支和平のためにも寄与するところ少なく、汪は一九四四年十一月名古屋において病死した)。

米内首相といえどもどれほどこれに期待をかけたかはしばらく別として、帝国議会においては、新国民政権と協力して東亜の和平達成に邁進すべき決意のほどを一応は述べたのである。

汪精衛の傀儡政権が南京に成立すると即日、アメリカ政府は、日本の行動を非難して次のように述べた。

　南京に新政権が樹立されたことは、武力によって自己の意志を隣国に強制し、世界の広大な一地域を封鎖してその地域と残余の世界との正常な政治的、経済的関係を断とうとする計画がさらに一歩前進したことを示すものである。

この非難と同時に、アメリカの輸出入銀行が蔣介石にさらに追加クレヂットを与えることが公表された。イギリスはアメリカの方針を鵜呑みにしてこれに追従した。

しかし米内・有田の内閣は、なんとかしてアメリカとの了解に到達したいとの念願を捨ててはいなかった。そこで米内は、平和を求める共通の願望という見地から、強圧措置をやめるようにアメリカ政府に要請した。三月二十三日、かれは議会において次のように述べた。

　全面禁輸の問題は、禁輸をする側としても禁輸をされる側としても重大問題であります。誤ってこういう手段に訴えれば、双方いずれにとりましても危険を招くことになります。私はアメリカが日本に全面禁輸をするようなことは万々あるまいと考えます。しかし、帝国としてはあらゆる事態に備えなければならぬことはもとよりでありますから、政府はこの点につき万全の考慮を払っております。

とかくするうち、次々に米英との関係を刺激する事件が起った。一九四〇年四月九日、ドイツ軍がノルウェー、デンマークに侵入したことは、敏感な反響を東京で惹起した。ひきつづいて欧洲の西部戦線でドイツ軍が勝利を得る情勢になった。早くも五月十日にスターマーは東京からリッペントロップに日本の情勢を次のように電報している。

最近のドイツの成功は、日本人に深い印象を与え、極東におけるイギリスの重要性は低下した。陸軍部内にも、一般国民の間にも反英感情が目に見えて強くなった。米内内閣は米英との了解に達するよう試みているが、アメリカの態度から見て、これは至難と思われる。米内内閣の経済政策が適切を欠き内閣は困難にぶっつかっている。したがって結局はドイツに有利な内閣が成立するであろうが、その時には近衛内閣が組織される可能性が多い。

スターマーの協力者であったドイツ大使オットは東京の親独派と連携して、参戦に反対する米内内閣を引込ませ、参戦賛成派の白鳥大使等と協議を重ねた。以上はオットならびにスターマーのベルリン向け電報の内容である。

三　蘭印についての折衝

オランダ、ベルギーの運命危しとみて、有田外相は四月十五日に、蘭印に関する声明を発表した。この声明は「帝国政府は欧洲戦争の激化に伴い、蘭印の現状になんらかの変更を来すがごとき事態の発生については、深甚《しんじん》なる関心を有するものである」というだけのものであった。しかしワシントンでは、この声明の根拠と目的には疑惑を抱いた。東京駐在オランダ公使パプスト将軍の意見は冷静であった。パプストによれば有田はただ、ドイツのオランダ侵入を予想して、そうした場合にオランダ政府が蘭印をイギリスに任せることのないように警戒しているだけだというのであった。グルー大使もまた、それ以外に目的はないと信じてその旨ハルに報告している。

しかし有田が使った言葉のなかには、特殊権益の要求を暗示するような言葉があった。たとえば、「日本は南洋諸地方、就中《なかんずく》、蘭印とは経済的に有無相通ずる緊密なる関係にあり」という表現が用いられていた。日本の大多数の新聞は直ちにこの表現を捉えて、日本が南洋の支配権を主張したものと解釈しはじめた。

このエピソードの以前、一月十二日に日本はすでにオランダ政府に対し、日蘭司法仲裁調停裁判条約の廃棄を通告していた。この条約によって両締約国は、あらゆる紛争を平和的手段で解決する約束をしていたのである。五週間後の二月二十二日に日本政府は、日本が蘭印に望むところを概略オランダ政府に通知した。主要な点は貿易制限の緩和、蘭印における日本人企業への便益拡張、日本人商人、雇傭者、労働者の入国緩和、新聞の互恵的取締等であった。オランダ政府はこれらの提案を検討したが、これをしりぞけたい気持と、拒絶した場合の恐ろしさとの間に動揺して回答はおくれた。そして八月五日に日本政府は、東京駐在オランダ公使パプスト将軍に手交した覚書のなかで、この要求を再び繰返したのである。

その頃東京に来たフィリッピン高等弁務官セイヤー等のアメリカ側高官はその後の二、三週間中に有田と会談してみて、このことをはっきりと知った。四月二十六日、有田はアメリカ政府が日本の東亜新秩序計画に対して物の分った実際的立場をとらねばならぬと説いた。有田は、現在または戦後に世界自由経済が再現するという見通しについては否定的であった(ハルは再現をかたく信じて、日本の説得に努めていたのであった)。有田にいわせれば、日本はボイコット、制裁、禁輸の脅威にさらされているというのである。したがって日本は原料入手の方法を講じて、自給自足諸国に対抗して戦争勃発の時にも安心なようにしておかなければならない。日本が中国で犯している経済的冒険、日本が確保しつつある機会の独占は、この目的に資するためである。アメリカ人の経済的活動が排除されているのは、商業的な貪欲さからではなくして自衛のための永続的理由からである。それ故に中国におけるアメリカの経済活動はこれに支障のない範囲においては許されるであろうと有田はいうのであった。

こうして有田は、日本外交がいつも着ている曖昧さの衣を脱ぎすてた。そこでローズヴェルト大統領は直ちにロシアン英大使を通じて、イギリス政府に、次の三つの方法で東京に対するアメリカの立場を強くしてくれるように申入れた。三つの方法というのは、第一に、イギリス政府が蘭印に干渉するつもりのないことを直ちに公式に確認すること、第二に、オランダ政府がイギリスの援助を求める必要も意図もないことを、直ちに公式に確認すること、第三に、西インド諸島の英仏軍隊が速やかに撤退するということを声明することであった。

ロシアンは翌日回答をもたらし、イギリスはアメリカ政府の要求したことをすぐ実行するとハルに通達した。東京駐在イギリス大使は、五月十三日に、これらの確認を有田に伝えた。有田は、日本が蘭印に侵入する考えのないことを重ねて述べてこれに応じた。有田は、日本の主たる関心はこれらの島から原材料をひきつづき入手しうることであると強調した。東京駐在イギリス大使クレーギーは、オランダ政府としてはこれら原料資材の貿易に干渉しないであろうし、イギリス政府もマレーからの輸出品に干渉するつもりはないという見解を有田に表明した。

このようにアメリカ政府は、日本の奇襲を避けるために、ここまでは進んでやったが、それ以上のことをしようとはしなかった。アメリカ政府はいざというときには行動を起すという素振りさえも見せようとしなかった。そういうわけで、大統領はチャーチルが五月十五日付個人書簡の中で、シンガポールにアメリカ海軍を派遣してくれるように要望したときにも、これに応じなかった。さらにまた大統領は、もし日本が太平洋のヨーロッパ諸国植民地を攻撃するようなことになったら、自分がどういう行動に出るだろうということさえ述べようとしなかった。

アメリカ政府はこのように、蘭印を救援する約束はしなかったけれども、蘭印の運命についてはその後も気を配っていた。なぜなら、他のいろいろな理由はともかくとしても、アメリカ自身のゴム、錫、キニーネの供給源が危殆《きたい》にひんしていたからである。これらの物資についてはアメリカはまだ、危機に備えての十分なストックを貯えていなかったのである。蘭印では軍人や役人たちは日本の軍艦がいつかは蘭印の港に現われるだろうと考えた。かれらは、日本軍の攻撃の第一目標にされると想定される油田や精油所を破壊するプランを急いで樹てた。そしてかれらは、アメリカが日本に石油の供給を拒否することが日本の攻撃を誘発するのではあるまいかと憂慮した。

五月十六日、日本総領事は、蘭印の経済局長ファン・モークを訪問した。総領事は、モークの言によれば「弔詞と、要求と、隠した脅迫とを、ほとんど一気に」述べ立てた。二日後の十八日に、日本は、その要求するところを文書で提示した。この文書は指定十三品目の原料資材の最低量の対日輸出を妨げる措置を講じないという約束を文書によって要求したものである。これらの品目のなかには、従来蘭印から入手していた量よりずっと多いボーキサイトと石油が含まれていた。しかし、これよりさらに無気味であったのは、蘭印はその経済関係において他の項目についてもあらたに広範な基本的協定を結ぶよう同時に要求されたことであった。その後まもなく、米内内閣はさらに多くのものを要求することになった。それでもなお、日本の支配者たちは、米内内閣の要求が十分でないという理由で、これを引倒そうとしていた。

ドイツ政府は、蘭印の地位に関するこうした計画については知らされていなかったが、五月二十二日にその通知をうけると、日本が要求していたもの以上に幅のある回答を申入れてきた。ドイツ政府は「蘭印の問題に関心をもたない」と言明したので、日本の新聞は、この言葉を大々的に取りあげて、日本が南西太平洋全域において何をしようとドイツが同意したものとしてこれを利用した。リッペントロップと東京駐在ドイツ大使オットとの間の通信は、このドイツの通告が日本に蘭印を取ることを促す意図をもったものであることを明らかにしている。しかし、日本は蘭印攻略にでなかった。五月が過ぎ六月が来て、スポットライトは移っていった。

四　日米間の経済交渉

ドイツ軍がフランスに深く攻め込むに従い、米英両国政府は深刻なヂレンマに当面した。極東においてはアメリカだけが、日本をおさえる実力をもっていた。しかし、アメリカがすぐに用いうる手段といえば、それは外交だけであった。イギリスが日本に大きく譲歩して、日本と妥協せざるをえなくなるかどうかまだわからないときに経済的な手段はほとんど効果がないように思われた。いわんや戦争をもって威嚇することは無謀至極であった。そこでグルー大使は、五月三十日、有田外相と会談を開始し、全力をあげて二つのことを外相に信じさせるように命ぜられた。第一に、ドイツの勝利は、日本に安全も繁栄ももたらさないこと、第二に、アメリカと提携して貿易を拡大し、平和的手段によって福祉を増進することが、日本を良くするのに役立つということであった。

アメリカは宥和政策をとる意志の全くないことも、この通告には次のように付言されていた。「アメリカは、日本の政策にせよ、どこの国の方針にせよ、国際関係において可能なさまざまの国家目的を、武力の行使によって達成しようとする努力を含むところの政策および方針に対しては、反対の立場をとる。かような立場を修正したとか、修正するであろうとかいう印象を与えたり、そういう臆測を生んだりしないようにアメリカは極力努めなければならない。これはきわめて重要なことである」。

六月三日および四日発の電文のなかで、グルーは「考え方や原則が、猫の目のようにぐるぐる変っている」と日本の事態を説明した。かれの報告は次のようであった。中国との和平の原則およびこれを実現すべき手段については、日本では大きな意見の相違がある。ある有力な一派は、ソ連と中国分割に関する協定を結ぶべしと提唱している。この派の人々はさらに、ドイツの最終勝利の前に蘭印を占領すべしとも主張している。別の一派はイギリスを敵とする固い対独同盟にその基礎をおき、ドイツの相棒になって、太平洋におけるヨーロッパ諸国の植民地を片づける協約を結ぼうとしている。しかもその両派がいずれも、政府を倒そうとしている。しかし、日本は民主主義諸国と協力して、中国における戦争を解決するように努め、他の地域では武力の行使を避けるべきであるという意見の主張者たちもまだ残っている。しかし、これらの人々には支持者がきわめて少ない。かような事態にかんがみ、日本がその意志を中国に押し付けるのを止めようとしているという具体的証拠があれば、アメリカとしてはすぐにでも日本に経済的利益を与えるといいうる権限がほしいとワシントンに要請したのであった。国務省内ではこのため、またまた論戦が起った。結局、グルーへの指令は変更されなかった。ハルは六月六日、「有望な経済的、金融的協力の可能性」についてはとくに述べない方がよいと考える旨をグルーに通告した。

当時、フランス軍は、南方に潰走《かいそう》しつつあった。イギリス軍は、ダンケルクの岸に追い詰められようとしていた。オランダは、ドイツの完全な占領下にあった。イギリス政府は再び、日本と中国とを妥協させるのがよいと提案しようとしていた。しかし、アメリカ政府は、満洲事変以来の一貫した対日政策を動かそうとはしなかった。グルー・有田会談がなんの結果も生まなかったことは、不思議ではなかった。有田外相は、世界を良くしようというアメリカの考えに「精神的および原則的に」同意した。そう言いながら有田は、世界が良くないために日本がうけた重大な幾つかの打撃を指摘した。過去において日本は、その自由な貿易の活動を求めたが、外国によって閉め出されたと有田は語った。要するに有田は、他国がもっているものの分け前を要求する日本の立場を強調して、アメリカから何ものかを供与させようと努めたのである。「アメリカは中国援助をやめるつもりはないか。アメリカは短期の新協約を結ぶ意向はないか。アメリカは東亜の新事態を認める考えはないのか。日本とアメリカとは、太平洋においてそれぞれの勢力範囲を保持することに同意しようではないか」。このような有田の申出に対して、グルーは、そういう明確な措置をとるためには、その前にまず、日本とアメリカとの間で基本的な政策と原則について一致がなければならないと答えた。グルーは、これらの問題について、従来よりもくわしく陳述した。そしてアメリカは、中国でもアジアの他の地域でも、またいかなる場所においても、日本に特権的地位を認めるわけにいかないと重ねて強調した。

右のようなグルーと有田の応酬は、六月中、主としてかれらの友人の私宅で行われた。主要な会談は六月十日、十九日、二十四日、二十八日そして最後は七月十一日に開かれた。グルーは六月末には、その日記に「悪循環は完全であり、これをどうして破るかは、智慧をしぼらせる謎のようなものである」と書いた。

有田は、日米が覚書を交換して、平和的変更による以外は、太平洋の現状を維持するという希望を相互に確認しようという六月二十四日付のアメリカ提案を拒絶した。それから五日後の二十九日に有田はラヂオで放送演説を行った。このころでは、有田はほとんど膨張論者らに負けてしまって、大東亜共栄圏思想のスポークスマンという形になっていた。

有田がいったことは、日本は蔣介石に対する一切の援助を停止させるために、あらゆる手段を尽すであろう。すなわち日本が、中国において抜いた剣は、「実に破邪顕正の活人剣に外ならない」といい、さらに言葉を続けて次の如くに述べた。

東亜の諸国と南洋諸地方とは、地理的にも、歴史的にも、民族的にもはたまた経済的にも、きわめて密接な関係にありまして、互いに相倚り相助け有無相通じて共存共栄の実をあげ、以て平和と繁栄を増進すべき自然の運命を有するのであります。……而《しこう》してこの思想は、それぞれの分野における安定勢力を予想するものでありまして、その分野内における諸民族が共存共栄と安定とを確保する……のであります(六月二十九日、有田外相の「国際情勢と帝国の立場」と題するラヂオ演説)。

有田は、日本の勢力圏のこのような拡張が「平和的手段によって」達成さるべきであると述べて、海外に衝動を与えるのを避けようと試みた。この平和的手段という言葉を、日本の陸軍は見逃さなかった。陸軍はこういう言葉を好まなかった。だから、有田がこの演説をしたのは、自分を斥けようとしている連中の裏をかいて、こうした連中が異議を挿む余地のないようにしようとしたのである。陸軍は、米内内閣が、なんの実質的な力の裏づけもなしに、こういう大胆な演説によってさらに居坐るつもりなのではないかと懸念した。この演説は失敗であった。それは米内内閣を救わず、アメリカを怒らせたからである。

フランスの崩壊が寸前に迫った五月二十六日に近衛公は木戸侯と相談して、新しい統一政党を造ることに意見の一致をみた。六月一日に木戸は内大臣の職につき、六月二十四日、近衛は枢密院議長の職を辞した。この時、ドイツ大使オットは、ベルリン政府に電報して、近衛一派の有力者は、明らかに自分と連絡しようとしていると報告した。

米内内閣に対する陸軍の反対は日を追って熾烈になってきた。その理由の第一は米内が三国同盟(日独伊枢軸)の結成に不賛成であること、第二は政党解消、大政翼賛会の設立に乗り気でなかったことである。

陸軍はすでに久しく政党の解消を要求していたのであるが、一九四〇年三月に武藤軍務局長の名で再びこれを内閣に要求した。「日本に必要なのは、全体主義的体制であり、それによって国家の総力が発揮できる」と主張したのである。国家総動員法の目的に関する陸軍の説明の中に（一九三八年五月）翼賛会は、国策の基準原則を完全に実行するために、国家の戦力を増強し、日本国民を組織し、統制することを説いている。米内は、公然とはいわなかったけれども、この組織に反対であった。

五　仏印へ日本軍事使節

六月の後半に米内内閣は、㈠日本の軍事使節団がインドシナで活動するのを認めるようにペタン政府に要求し㈡蘭印政庁に日本の必要とする原料資材の供給継続を保証することを求め、㈢イギリス政府に対しては、イギリス軍を上海から撤収させ、また香港と中国との国境およびビルマから中国に通ずる道路を閉鎖しなければ、戦争にうったえる考えがあるぞと申し入れた。これらの措置によって、中国はすべての外界から連絡を断たれ、アメリカのクレヂットはもはや役立たなくなるであろう。日本は、アメリカの圧力に耐えることができると考えていたのであった。

日本政府とフランス政府とは、インドシナと中国との間の交通問題をめぐって、ながくいがみ合っていた。最も大きい異議の対象たる貨物輸送は、すでに停止されていた。それでも日本空軍は四月には空中から鉄道を爆破した。インドシナ総督カトルー将軍は、最後の結末を見越して、あらゆる軍需品および戦争資材の中国むけ輸送を停止することに同意した。しかし日本政府は、この約束に満足しなかった。六月十八日——フランスがドイツに休戦を申し入れた翌日——東京の四相会議は、この輸送の中止だけでなく、これを確かめるために、インドシナに軍事監視団を設置する権利をも要求することを決した。フランスが拒否した場合には、武力を用いることが決定された。この要求はすぐにフランス側に提示され、二十日に受諾された。これは太平洋におけるヨーロッパ植民帝国に向けられた最初の威嚇であった。アメリカ国務省のおそれたことは、日本がさらに南進するための序の口にすぎないのではないか。あるいはさらに重大な意味——ドイツとの提携、および日本の対英戦争介入——をもつものでないかという不安が、すぐに頭に浮んだ。

もともとドイツ政府はこの問題の発端において、ヴィシー政府から即答をとってくれと依頼された。ドイツ政府がこの好意の代償に、日本に何を要求しようかと考慮しているうちに、日本政府は、ベルリン駐在大使来栖三郎(大島の後任)にドイツの勝利についてドイツ政府に祝詞を述べると同時に次のように陳述することを命じた。日本がインドシナの将来の運命に特別の利害関係を有すること、ならびに日本がこの植民地において自由行動を許されるようなドイツの声明を期待していること、また日本がこの機会を利用する権利を有するいくつかの理由をあげること、そうした理由の第一は、日本がアメリカ艦隊を太平洋にしばりつけておくことに貢献することであり、さらに日本はこの前進によって、その英米依存をやめることができるし、いままさに手に入れようとしている地域から、原料資材を供給してドイツをたすけることもできると説明した。

しかし、いまやパリに腰を下ろし、英仏海峡を睥睨《へいげい》しているドイツ政府としては、ただでは何ものをも与える必要を感じていなかったことがわかった。オット駐日ドイツ大使は東京から、どうすれば日本側の要請をもっと巧く利用しうるかということについて進言してきた。オットの電報は、日本の希望をかなえてやることは、ドイツにとっても好都合であるが、勝手に日本がアメリカと取引したり、かような取引の恩恵にあずかったりしない旨を保障させた方がよいと進言した(オットからリッペントロップへの電報、一九四〇年六月十九日付)。

蘭印政庁は、インドシナほどは威嚇に屈しなかった。しかし、ドイツ軍がフランスになだれこんだので、六月六日に蘭印政庁も、それまで無視してきた日本側の要求に妥協的な回答を送った。要求された蘭印の公約——指定原料資材の対日輸出に制限措置を講じないという——はあたえられた。日本の要求する石油量は、蘭印が従来供給していた量より遥かに多いものであったが、期限つきの契約ならば提供しようと約束した。蘭印の石油会社は、事態を考慮して日本側の買付申入れを拒否しないように命ぜられた。しかし、日本人企業の蘭印への進出と移民の入国およびその許容範囲に関しては、蘭印政庁はほとんど、あるいは全然譲歩しなかった。その制限は現地民ないしオランダ王国の基本的利益を守るために必要である、と蘭印側は回答した。要するにオランダ人は、従来より多くの重要物資を提供することには同意したが、日本人が蘭印の経済生活において従来よりも大きい地位、あるいは従来よりも大きい資源の支配権を占めることを拒絶したのである。

日本は、たとえ、アメリカが石油の対日供給を停止したとしても、蘭印には供給をつづける義務を負わせようとしているのであるとアメリカ政府は推測した。そういうことになったら、アメリカ側の措置は無効になり、さらに悪いことには、アメリカと蘭印とは連絡を切られることになろうと憂慮した。しかしアメリカ政府としては事態悪化の責任を負いたくなかったので、自己の考えを勧告の形では口に出さなかったが、自己の意見として、日本が武力をもって蘭印に迫ることはあるまいと一応はオランダに伝えた。

六　イギリスはアメリカにおぶさる

イギリス政府は、日本がこの好機を利用して、マレーおよび蘭印を征服することを心配した。イギリスとしては、アメリカの援助なしには、マレーと蘭印を防衛することはできない。アメリカの援助があれば、少なくとも、これらの地域の防衛を試みることだけはできるという考えであった。

これよりさき、六月十日に駐米イギリス大使ロシアンは、アメリカが太平洋および大西洋の艦隊移動に関するイギリスとの合同会議に参加してくれるかどうかと照会したことがあった。ハルは、そういう会議を開くのはこの際適当な時期であるかどうか疑わしいと回答した。この回答はイギリス側にとっておもしろくなかったにちがいない。三日後にオランダ政府が、アメリカの太平洋艦隊のアジア分遣隊が蘭印のオランダ海軍と連絡を保つようにしてもらえまいかと申入れた。ウェルズ国務次官は、そうした措置は日本の疑惑を招き、蘭印の地位を害するおそれがあるといった。

その後、六月二十七日に、イギリス大使は――オーストラリア公使を帯同して――ハルを訪ねて、日本に対して敵対政策をとるのか、宥和政策をとるのか、決めてくれるように求めた。日本は、イギリスが上海から軍隊を撤退させ、香港国境とビルマ・ルートとを閉鎖するように要求している。そうなれば、イギリスばかりでなく、アメリカの将来の安全までも害されることになる。しかし、単独にイギリスだけでは日本の要求に抵抗することはできない。ここに二つのやり方があるように思われる。日本に全面禁輸を課するか、あるいはシンガポールに軍艦を派遣して、日本に圧力をかけること。もう一つのやり方としては、極東情勢の解決に好ましい条件を提示して、日本をこちら側に引き入れることも可能である。イギリスは、アメリカがこの二つの政策のどちらを選んでも、これに協力するであろうというのである。六月二十九日付のオーストラリアの通牒では、日本と和解したいという立場がもっとはっきり出ていた。この通牒には次のように書いてあった。「米英両国がいま相互に妥協して共同して日本と交渉すれば、われわれが一緒になって与える譲歩は、おそらくは日本との戦争によって取得することができるものよりは少ないであろう」。

大統領もハルも、イギリスの必死な気持を察することはできた。しかし大統領もハルも、提案された方法のどちらをも採用したくなかった。イギリスに関するかぎり、この一九四〇年の夏には、極東における自国の地位を守るためにいかなる手段をとろうと非難を受けることはない。この地域から徴募しうる兵力、また補給品や海軍基地は、イギリスとしては今ヨーロッパにおけるドイツとの戦いにおいてはいずれも緊急不可欠である、一方、アメリカは、日本の要求を阻止する責任や危険を分担しようとしない。まもなくフランスはドイツに完全に追従する一派の支配するところとなり、イギリス艦隊はフランス艦隊と戦うことになろうと考えられていた時である。とすれば、日本が中国やインドシナでさほど大きくない収穫に満足するならば、どうしてイギリスは日本の要求をしりぞけて、その結果自ら破滅しなければならないのかと、このようにイギリス官辺が考えるのも当然であった。

右のようなくい違いは、英米両国民の著しい立場の差異から生じたものである。一は生きるか死ぬかのために戦っており、他はそうではなかった。一は帝国を失うかどうかであったが、他はそうではなかった。こうしたくい違いは数カ月もつづいた。その後、危険がイギリスから少し遠のき、アメリカに少し近づいたので、両国政府の対日政策はふたたび一緒になった。両国政府とも、同じ第一義的な要求と目的とを、すなわちその主要な努力を対ドイツ戦争から転用しないですむ範囲で、太平洋の現状を維持するという目標をもったのである(なお、七月十七日に外務大臣有田と、日本駐在イギリス大使クレーギーとは、ビルマおよび香港から中国への石油、トラックを含む軍需品の輸送の一時的停止を定める協定に調印した)。

七　米内内閣毒殺さる

米内内閣は、発足のときから一時的な借家住いの状態で生活していた。いつなんどき、政治、軍事両面の内閣の計画全体が、アメリカからの通牒によって攪乱されるかもしれなかった。しかも一方では、内閣をとりまいて陰謀が進行していた。

前述のように、アメリカとの友情の綱をなんとかつなぎ止めようと試みる間に、五月はすぎ、六月もすぎた。だがこの努力は徒労に帰した。アメリカ政府をして、日本の諸目的に同意させることは為しうべくもなかった。オランダとフランスが降伏したあとで、日本の国内には一脈の期待がおこってきた。世界の権力と富との再分割に日本が一枚加わるという浮きたつような希望が、目先にあるように思われたのである。米内内閣は、このような興奮した気持を抑えるように努めた。内閣はまだイギリスが敗北しておらず、アメリカも強大であることを国民に忘れさせないように努めた。米内内閣は軍隊をつかわないでインドシナと蘭印に入りこもうとした。こういう手段によってこの内閣は、より戦闘的な分子をなだめ、中国における戦争を終らせ、かくして、英米が発動するかもしれぬ経済圧迫を挫折しようとしたのである。

しかしながら、こうした努力は、より大胆な行動を要求する声を鎮めえなかった。目前の衝動ははなはだ切実であり、西欧は強制されないかぎり日本の欲するものを与えるようなことはないという考えは深く日本人に浸みこんでいた。有田外相はこのような傾向をなんとかして抑えようとして、一つの声明の発表を提案した。この声明は日本に参戦の義務を負わせないような条件で、枢軸と合作したいという内閣の気持を強調しようというのであった。陸軍は、有田が陸軍の望むような種類の同盟を結ぶとは信じなかったので、これに反対した。

すでに述べたように、有田外相がラヂオを通じて国民に訴えたのはこの時のことであった。有田は、情勢の圧力と武力行使の威嚇とを用いて、日本の要望に同意を得ようと考えた。このようにすれば、フランス、オランダ、イギリスは、日本の要求に応ずるようになるのではあるまいか。ドイツの同意は、これとは反対に、アメリカ艦隊を太平洋に釘づけにしておくという約束によって得られよう。これはいずれも「平和的手段」であると考えたのであった。

こうして、有田外相は一方ではアメリカが中国援助をやめるようにグルー大使と話合いを試みながら、同時にドイツから都合のよい約束を得ようとしていた。特派大使として元外相佐藤尚武がベルリンに急派された。七月八日、佐藤大使はリッペントロップに対し、ドイツが東亜を日本の勢力範囲と認めるかどうかを訊ねた。これには答えずにリッペントロップはいくつかの質問を出した。リッペントロップは、日本が対英戦争に参戦するかどうか、参戦するとすればどんな条件で参戦するかを知りたがった。佐藤大使は、何分の回答を約した。しかし、大使の言葉は、かような約束をたいして気にしていないようであった。

佐藤大使は詳細に説明した。日本は、自己の行動がアメリカに及ぼす影響を慎重に計算しなければならない。日米関係は、中国をめぐってすでにはなはだ緊張している。軍部の一部によって主張されている意見とはちがって、自分は、日本が中国を武力によって征服しうるとは考えない。自分はまた、アメリカ艦隊に深い関心をはらっており、日本の重要軍需資材の対米依存に憂慮を抱いている。「とくにスティムソンが入閣してから、日本は、アメリカを刺激して、対日強硬措置をとらせないように、アメリカについてはきわめて細心でなければならなかった」と大使は説明した。

リッペントロップは、こうした弁解に我慢がならなかった。一九四〇年七月初旬のこの当時には、かれとしては、日本が対英戦争の援助をしてくれるかどうかは、さして問題ではなかった。それというのは、かれは、ヨーロッパの戦が遠からず終ると確信していたからである。かれが欲したのは、アメリカをして欧洲戦争の結果と和平の方式とに干渉するのを思い止まらせるような協定を結ぶことであった。日本でいかなる事態が進行しているかを知っていたので、かれは、米内内閣の延命に役立つようなどんな約束をすることをも保留した。かれは、もっとアメリカと対立する心構えのある者に政権の移るのを待った(一九四〇年七月八日の佐藤・リッペントロップ会談のメモランダム)。

暗殺の風説は依然として行われ、天皇に及ぶものさえあった。米内首相は、襲撃のあったときには、ただちに天皇を宮城から軍艦に送りこむ肚であった。神兵隊は、七月一日に親英米派の指導的人物全部を殺害する陰謀を組織した。殺害の対象は、米内首相、大金融閥と政府との連絡にあたっていた池田成彬および、宮廷側近の数名、そのなかには、湯浅内大臣、松平宮相が含まれていた(原田日記および木戸日記、一九四〇年七月五日の項)。しかし、一味は捕えられ、その武器は押収された。

七月十一日、陸軍のスポークスマンである阿南陸軍次官は天皇側近の要人らに、外交および軍の行動を刷新するためには、内閣の更迭が必要であると語った。翌日、陸軍省軍務局長武藤章少将と興亜院総裁鈴木貞一中将とが同様な声明を行った。米内首相と畑陸相とはちょうどその頃、陸軍が南進すべきかどうかについて言い争っていた。陸相は首相に覚書をおくり、その中で、内閣は辞職すべきであると述べ、また、自分は辞任したいといった。陸相がそのような行動をするように、参謀本部が要求したのである(当時の参謀次長沢田中将によると、参謀総長閑院宮は畑に書簡を送り、そのなかで、日支事変を解決することは焦眉の急を要し、日支事変を解決するにはドイツの援助を得ることが不可欠であり、ドイツの援助を得るには強力な新内閣が必要であると述べて、陸相が「情勢に相応した態度で善処する」ように要求していた)。

米内首相の供述によれば、畑陸相は自分ではどうにもおさえようのない分子によって辞職を強要されており、かつ、これらの分子は、畑を退けるばかりでなく、内閣を倒したがっていると信じていた。有田外相も同じ意見で、畑陸相が一つには対独同盟案に反対した結果として、また一つには陸軍を政治の圏外において、蔣介石と穏当な講和を結ぼうと考えていたために軍の反対をうけたと信じていた(軍事裁判における有田八郎宣誓口供書)。

第一〇章　日支戦争以降の日ソ関係

一　盧溝橋事件の反響

一九三七年七月七日、盧溝橋事件に始まった日支戦争は全世界に深い印象を与えた。就中《なかんずく》ソ連が最も衝撃を受けたことは、七月二十二日のイズヴェスチアの解説によっても、その一斑は察知せられる。

この論文は、北支の衝突を柳条溝の事件に対比しつつ「日本はこれを局地的な武力衝突という形で隠蔽しようとしているが、実際には日本の帝国主義者が準備した徹底的な長期にわたる支那征服の第二幕目である」といい、さらにイギリスにおける反響に憂慮の色を示し「日本が満洲で成功をおさめたのは、西方諸国の消極的な態度の結果であった。一部イギリス政治家は、極東における実力関係の判断を誤り満洲事変は北支および中支に向けられたものではないと判断して案外にこれを軽視する傾向であった。不幸にして満洲事変の背景に対すると同じように、イギリスはまたまた一九三一年におけると同じ態度をとるがごとく見える。保守党政治家は極東ならびに中央欧洲で捏造されたブラッフと掠奪との脅迫に影響されているのである」と述べた。

イズヴェスチアは日本の北支における軍事行動がさらに広範囲に波及するであろうことを予想し、一九三一年の当時との異なる情勢は、(イ)ソ連の実力の増強、(ロ)中国における反日運動の浸透、(ハ)日本が包蔵する内部の弱点にあると述べた。そしてその結論としては、西方諸国が単に支那の将来についてのみならず、全世界の地位について、決然たる態度をとるべきであると強調した。

この論文は日英交渉によって、イギリスが動揺をつづけている点を悲観すると同時に、支那が次第に統一意識によって結束し、今後は帝国主義の玩弄物たる地位から、世界政策における積極的な威力に成長するであろうことに楽観の基礎があるとの意見を表明し、極東において太平洋地域の集団安全保障条約を結ぶことを主張したのである。

こういったソヴィエトの積極的な動向は、満洲事変のころにとったモスコウの政策と著しい変化があることは注目すべきであるが、その主たる原因は、(イ)日本の大陸政策がますますソ連の緊切利害をもつ地域に進出してきたこと、(ロ)国民党政権と中国共産党とが抗日の線に統一される傾向にあったこと、そして(ハ)極東においてもソ連の実力が漸次に自信をもつ程度に補強されたことによるものである。

たまたま、一九三七年五月にロンドンに開かれた英帝国会議においてはオーストラリアの代表が太平洋地区の安全保障制の樹立を示唆し、現在の世界における最も危険な二点のうちの一として、日本の侵略が、やがて大戦争を誘発するおそれあることを指摘した。この構想はソ連側でも歓迎されイズヴェスチアは全面的にこれを支持する論評を掲げた。

中国政府は、一九三七年七月十六日に九カ国条約の調印国ならびにソ連に対して通牒を発し、日本の条約違反に抗議した。それから二十日ばかりにしてアメリカの東洋艦隊は浦塩港を訪問し(ソ連革命後初めての出来事)、両国の親善と相互援助の象徴として歓迎された。

まもなく上海においてイギリス大使が日本の飛行機から射撃を受け、揚子江でイギリス軍艦レディー・バード号が橋本大佐の指揮する日本軍によって砲撃される事件が起り、国際連盟のブラッセル会議によって、九カ国条約違反の問題が論議される機縁となったのである。

ソヴィエト政府は一九三七年の八月二十一日に中国政府との間に不可侵条約を調印した。同様の不可侵条約は一九三三年に両国の国交再開の際すでに提起せられたのであったが、そのときは中国側の気乗り薄のため不成功に終った。ということはその後中国共産党が次第に抗日統一戦線の結成のため、一時中国国民党と接近する方向に転換したことを示すものであり、その裏面にモスコウの指導が与って力あったことも否定することができないであろう。

一九三七年の後半期に入って日ソ間には不快な出来事が続出した。東支鉄道の従業員に対する問題、樺太の石油および石炭利権に付随する紛争、ソ満国境に関する交渉の中絶等々であった。十月に入って荒木陸軍大将が新聞記者会見において、支那から共産主義を駆逐するためには、ソ連を攻撃することになるかもしれないと声明したことが、ソ連側のきびしい抗議のもととなった。満洲にあるソ連の領事館の閉鎖を機会として、ソ連側は、オデッサならびにノーヴォシビリスクにある日本領事館の閉鎖を要求することとなった。ついで九月二十五日、日本空軍が南京を爆撃した際には、ソ連大使館が率先して苦情を持ちこむという始末であった。

日本の抗議にかかわらず、ソ連は中国に対して飛行機その他の軍需品を供給し、概数一億元のクレヂットを与える契約を結んだ。

一九三八年一月モスコウで開かれたソ連最高会議においてアンドレ・ヅダノフは日本とその傀儡《かいらい》の満洲国が示している挑戦的な傲慢な態度に対して、ソ連政府はもっと毅然たる態度をとるべきであると論難した。

二　張鼓峰事件

一九三八年七月に起ったチャンクフェン(張鼓峰)の武力衝突は、ソ連政府のいうところによれば、日本参謀本部の命令によらず、関東軍と朝鮮軍の現地部隊が七月十一日に突如としてハーサン湖西方の高地を占領したことに始まる、とある。

そのころ、日本軍にはソ連の暗号の一部が解読され、第一線部隊の動静くらいはわかるようになっていたが、それによれば、参謀本部の目にとまった電報が二つあった。いずれもこの国境守備隊関係のもので、一つは第一線の弾薬が定数の半量にも満たないという請求電であり、一つは張鼓峰らしい日本側未占領の国境上の一高地を占拠すべしとの意見を具申したものであった。ところが七月六日、ソ連騎兵数騎が張鼓峰上に現われ、十一日にはソ連兵が山頂に工事を始めたことが、関東軍の前線で確認された。これが事件の発端となったのである。

東満国境の山々は、どちらということもなく先に来た方ががんばっているというのが適切な表現であったろう。したがって張鼓峰をソ連側がおさえたとして騒ぐほどのこともなかったのである。それなのになぜ事件が起ったか。

支那事変は当初からソ連の武力干渉を顧慮して、その指導がとかく明快を欠いていた。ところで漢口作戦を敢行しようと企図していた参謀本部としてはソ連は出てこないとの心証がなんとかして得たかったのである。そこで地形上たいして発展の心配のないこの国境紛争を利用したというのがこの事件である。目的は明確に限定してあった。ソ連の出方を見るための威力偵察であって、国境線の奪取が問題ではない。事態を不必要に拡大せぬため飛行機は一切使わない、使用兵力は一個師団以内、張鼓峰頂上を占拠すれば、国境外への一切の積極行動を禁止する。かくして並行的に外交交渉を進めて停戦に導く。国境劃定にはこだわらないで目的を達したら撤退する。実行は朝鮮軍司令官、関東軍には一切容喙《ようかい》させない、というのがこの事件に対する中央の処理要項であった。

中国方面の活舞台に現われず、髀肉《ひにく》の嘆《たん》を懐いていた朝鮮の第十九師団は歩兵四大隊山砲二大隊を図們江右岸に集結、一部を張鼓峰前面に派遣して攻撃準備を完了した。しかしモスコウでの外交交渉は埒があかない。七月二十日、いよいよ出撃という段になって、「いたずらにソ連に対して事を起すことは慎め」というので、部隊は原駐地へ帰れとの命が出た。ところが二十九日になって、ソ連兵がさらに進出してわが残置部隊と悶着を起したりしたのが動機となり、師団長尾高中将は七月三十一日独断で夜襲を行い翌払暁までに張鼓峰南北の山稜一帯の線を占領した。そして八月十一日、停戦協定がモスコウで成立するまで、双方は反復して砲火を交えた。

これよりさき、重光大使は政府の訓令により七月十一日にソ連兵の張鼓峰から撤退することをモスコウ政府に要求した。ソ連政府は七月十五日に日本の要求をしりぞけ、この高地は一八八六年の琿春条約により清国から譲り受けたものであるといって、日本の主張が根拠のないことを反駁した。

七月二十日、重光大使は、前回の要求を反復し、他の文献によれば同高地は満洲国の版図であり、祭礼の式典にこの高地に参拝する慣例であった。万一赤衛軍が要求に従わなければ、日本は力に訴えるほかないと主張したけれども、リトヴィノフ外相は逐一これを反撃した。

イズヴェスチアは、七月二十二日から数回にわたってソ連側の主張を強調し、地方各地の工場や農場においても祖国防衛を支持する集会が行われた。

七月三十一日には砲撃も一層烈しくなり、死傷者の数も激増した。八月四日、重光大使はリトヴィノフ外相を往訪し、日本政府は事件の平和的解決を希望するから、七月十一日以前の地点へ撤兵する方針であるが、国境線の劃定は国境委員会に付託することに同意されたいと申入れた。ソ連は国境の劃定には、条約に規定した地図を承認すること、日本側が撤兵した後に交渉に入ることをその条件として固執した。

ソ連の態度は日ましに強硬となる事態に鑑み、日本側はソ連の主張する地図のほかに日本側の提出する材料をも参考とすることを相手に承認せしめて、八月十一日にようやく停戦協定が調印された。

ソ連側の発表によれば、この衝突による将兵の死者二百六十三名、負傷者六百十一名にのぼるということであった。

ところが本事件におけるわが戦闘参加人員約七千人、死傷率二一%、その三分の一強は戦死である。ソ連側では日本軍との初めての戦闘らしい戦闘であり、問題の張鼓峰は結局その手にはいったのであるから、事件後、戦勝を大々的に宣伝し、にわか作りのハーサン湖(張鼓峰東麓)の英雄の功績をはやしたてた。

張鼓峰事件を、この程度にとどめえた真相については、かねてその成り行きを軫念《しんねん》されていた陛下のお力に負うところが多かった。それについて原田日記には左の如く記述してある。

七月二十日ころ、参謀総長閑院宮から、陛下に最初は随分激しい勢いで「問題の地点は天王山ともいうべき所で武力を行使しても取らねばならぬ」と申し上げたらしい。陛下は、大局からみて、いまソ連と戦争すべきでないとの思召であったらしく、その直後湯浅内大臣に「自分が許さなくとも、出先で軍が独断専行をやったらどうするか」と御下問された。内大臣は「かりにそんなことが起って、それを陸軍がおさええないで、戦争になれば日本の運命はどうなるでしょう、杞憂かもしれませんがはなはだ不安です」とお答えしたところ、陛下は「そうだけれども、そこまでいかねば、陸軍は目が醒めぬのではないか」と仰せられたという。

この話を聞いた西園寺公も「陸軍の今日の様子では目の醒めることは望めぬから、いまのうちに陛下は断固としてお許しにならないことが必要だ」と極言したという。

その後においても、参謀総長閑院宮と板垣陸軍大臣が、ともども参内してなにか奏上したいと申出でがあった。陛下はこれはまた例のソ満国境の実力行使の問題についての願い出であろうと推察せられ、直接面と向ってお許しにならぬということでは、面目にも関わるだろうからと「もし万一武力行使を許せということで来るなら、自分はどこまでも許す意思はない、そういうことで来るなら、来なくてよろしい」との御内意が、侍従武官長から一応伝えられた。しかし「どうしても拝謁したい」との願い出で、二十一日昼、遂にそれが行われた。

果して陸軍大臣から武力行使の問題が奏上され、そのお許しを願った。陛下から「関係大臣との連絡は」との御下問あり、陸軍大臣は「外務大臣も海軍大臣も賛成でございます」とお答えした。しかし両大臣とも武力行使絶対反対の意見を持っていることをすでに御承知の陛下は、ここでまた自分をだますのかと思召されたらしく、多少御興奮の面持で「元来陸軍のやり方はけしからん。満洲事変の柳条溝の場合といい、盧溝橋のやり方といい、中央の命令には全く服しないで、出先の独断で、軍隊としては、あるまじき卑劣な方法を用いて、まことにけしからぬ」とたしなめられ、陸軍大臣に向って「今後は朕の命令なくして、一兵でも動かしてはならぬ」と非常に語気強く仰せられたので、陸軍大臣も恐懼《きょうく》して退出した。

退出後、陸軍大臣は「とても再び陛下のお顔を見上げることはできない、ぜひ辞めたい」と云い、参謀総長宮も「陸軍の長老として、輔弼《ほひつ》の責に任じ得ない、恐懼に堪えないから辞めたい」とそれぞれ申出でがあった。

かくてこの間、近衛総理が斡旋につとめ、参内して、更に陛下の御内意を伺うなどのことがあって、ようやく無難に収まったということである(原田日記、第七巻、四六ページ以下)。

三　ノモンハン事件

張鼓峰事件は、我国にとって軍事的に大失敗であり、無名の軍であった。対外的には国の威信を失墜するほかに何物をも得るところはなかった。日ソ関係はますます悪化の一途を辿ったことを見ても明瞭である。

ソ連革命記念日の十一月七日(一九三八年)ヴォロシーロフ元帥とモロトフ外相は、張鼓峰事件について激しく日本の行動を攻撃した。モロトフはハーサン湖畔の事件は、東京で決定されたものでなく、どこか欧洲のある場所たぶんベルリンで決定されたものである。「日本軍部は、おそらくドイツにおける友人ファッショを支持することを希望したものと思う」(プラウダ、一九三八年十一月九日)と嘲笑した。

日ソ両国の間にはなお幾多の懸案がそのままに残されていた。そのうち、我国にとり最も身近かな問題は漁業問題であったが、この交渉は幾多の経緯を経てようやく一九三九年の十二月三十一日に妥結をみる始末であった。

その中で危険な問題としては一九三九年五月中旬に起ったノモンハン事件をあげなければならぬ。しかもこの事件は、日本軍にとって良き教訓となった武力衝突であった。ソ連軍の新兵器と電撃戦術とは、関東軍に痛撃を与えた最初のものであったからである。

ノモンハンというのはハイラルの南百六十キロ、興安嶺の西南麓から西北流して、ボイル湖に注ぐハルハ河東岸に近い小部落である。満洲側で国境と考えているこの河を渡って外蒙部隊がときおりいたずらをする。懲らしめのためと称して五月十三日に小部隊を派遣した。未開の広漠地、国境が少しくらいどっちに寄ったところでたいした問題でもないわけだが、コロンバイル地方の防衛担任官としては、土着民に対する威信保持のためにも放っておけないというのであった。

現地において若干の小競合いが続いた。五月二十八日東中佐以下二百名、軽装甲車十輛が敵戦車の蹂躙《じゅうりん》にあって全滅した。ソ連としては、モンゴルとの相互援助条約が結ばれて以来、最初の武力衝突であったから、関東軍をして一歩も蒙古領に脚を踏み入れさせない決意をしたことも首肯される。

関東軍が、この地域におけるソ蒙連合軍の配備について手にしていた情報は、全く間違った旧知識であった。それがこの事件において莫大な損失を招く原因となった。

六月十八日、さらにソ蒙軍はこの方面の要地甘珠爾廟《カンジュル》付近ならびに白温線の末端ハロンアルシャンを爆撃した。

この行動は新京を刺激し、血気にはやる関東軍若手の幕僚には去年の張鼓峰のやり口が一切気に入らない。これを一々東京の中央に報告して、万一抑えられたら手も足も出せなくなる。幕僚は独断で動くことをきめ、参謀長、軍司令官もこれを承認した。下剋上と権謀になれた関東軍幕僚の思い上りというべきであった。この辺から事変処理の調子が狂い始めたのである。

第二十三師団のほかにさらに第七師団の一部がノモンハン地区に増援され、第二飛行集団の主力を協力させ、使用兵力歩兵十三個大隊、対戦車火器百十二門、戦車七十輛、自動車四百輛、飛行機百八十機、その他、関東軍が全局上使用しうる最大限に近い兵力が集中されたのであった。これは単なる国境の小紛争ではない。戦略単位を使用する一作戦であった。

この報告に接した中央部において議論の生じたのもまた当然であった。本事件処理には、張鼓峰事件と異なり、始めから空軍が参加しており、わが戦闘機の性能ならびに操縦者の技倆は相手を圧倒していた。

しかしやがてソ連機は漸増するに反し、わが方は連日同機同人であり、ことに迎撃作戦では、疲労は著増する一方であった。地上攻撃開始予定日は六月三十日ごろと決定し、その直前にわが空軍はソ蒙軍の根拠を衝くべく、内々準備しているところへ、参謀次長から拡大防止、外蒙内地に進攻すべからざる旨の電報が来た。そして東京から作戦班長が連絡のため現地に派遣されることが明らかとなった。

それ急げとばかりに六月二十七日朝、関東軍空軍はタムスクを急襲して撃墜破百二十四機の戦果を挙げた。全く中央を無視したやり方であった。次長は大元帥に叱責され、作戦が一段落したら責任者を処分すると申上げねばならなかった。

独断の範囲を逸した擅恣《せんし》の態度であるとの怒りを秘めて婉曲に注意した次長電報に対し、関東軍は「現場の認識と手段において、貴部といささかその見解を異にする、北辺の些事は当軍を信頼し安心せられたし」と返電した。参謀本部を出先軍と同等以下に見做していたものである。

第二十三師団ならびに公主嶺その他から追ッ取刀で駆けつけた安岡支隊は、六月二十八日ころより行動を起したが、八月二十日に至り、熾烈な砲爆撃をうけ、戦場上空も敵機に制せられ、ソ連軍の本格的反攻が始まった。

第二十三師団長小松原中将は二十四日朝から同河南岸に攻勢をとったが、大損害を受け、二十六日ついに攻撃を中止するに至った。師団長は三十一日朝、将軍廟に帰還し、残兵を集結した。死傷八割、集めえた兵員はわずかに三千にすぎなかった。

ノモンハンの戦闘は、関東軍をして、ソ連軍の侮り難きを知らしめ、この事件の拡大はやがてソ連との本格的戦争に至らしめる可能性さえ憂慮された。内閣も海軍も、陸軍の動向に強く反対の意向をもっていた。

参謀本部もこの戦闘の拡大防止を決意して、強硬な命令を出すと同時に、外交交渉によって時局を収拾しようとの方針をきめた。

一九三九年七月十八日、五相会議で――外相に対し――陸軍大臣から、ソヴィエトとのノモンハン問題について、現在交戦中であるけれども、外交交渉に移してもらいたい、しかもそれは非常に急速を要すると、しきりに慫慂《しょうよう》された(原田日記、第八巻、二四ページ)。

九月十五日、モスコウで東郷大使とモロトフ外務人民委員間に停戦に関する取決めが成立し、現地においても両軍停戦委員の間で、やっと了解に達することができた。

この時、すでにソ連はヒトラーと協力して、ポーランドを席捲《せっけん》する準備が終っていた。ソ連は欧洲方面の国境において、蒙古問題に比し幾十倍か重要な問題に忙殺されていたのである。

第一一章　英仏戦線の崩壊

一　ドイツ軍の西部進攻

一九四〇年五月十日、ドイツは百九十個師団の兵力を仏、白〔ベルギー〕、蘭の正面に投じて一斉に火蓋を切った。連合側はガムラン将軍を総参謀として立案したD計画をもってこれに対決する予定であったが、ドイツは戦車と爆撃機との組合せによる電撃作戦によって、当初まずオランダとベルギーの国境を突破し、五月十五日には早くもオランダの首都を占領してしまった。

五月十日にドイツ軍がベルギー、オランダの国境を突破して、雪崩の如く西に進んでいるとのニュースは、イギリス議会に異常なショックを与えた。それはノルウェー作戦の失敗によって、下院は激しい焦燥と落胆に襲われていた直後であったし、五月八日のロイド・ジョージの演説で、チェムバレン首相は重傷を負わされていたのであるから、この重大な危機に際会して挙国連立内閣を組織するため、チェムバレンはようやく勇退する決心を固めた。そして十日の午後六時チェムバレンは国王にチャーチルを後継首班に推薦した。かくしてウィンストン・チャーチルが挙国連立内閣を組織する大命をうけたのである。よって、かれは即刻労働党との連立内閣の組織に着手し、ハリファックス卿を外相とし、イーデンを陸相に任命し、少数の戦時内閣を創設して、戦争指導に乗出すことになった。

話は再び西部戦場に返る。

フランスの東部戦線においては、防備の手薄なセダン地区がまず突破され、五月十五日にはもはや救いようのない敗北の色を示した。フランス政府はレイノー首相の下にガムラン将軍をしりぞけて、第一次大戦の勇将ウェイガン将軍をシリアから呼び寄せ、陣容の建て直しを図ったけれども、時期すでに遅く、英仏連合軍は多くの犠牲を払いつつ、退却を続けた。

ドイツ軍はベルギー国境において、第一次大戦の時と同一地点を突破して西南に進出し、ナミュール、リエージュの要塞も、首都ブラッセルも怒濤の如きナチス機甲軍のために併呑されてしまった。かくして、ベルギーと英仏軍の間の連絡も危険な状況に陥った。

ドイツ軍の猛襲に伴い、その新兵器と新戦術の威力とは交戦国ばかりでなく、アメリカに対しても深甚《しんじん》な印象を与えた。イギリス、フランスが敗退すれば、アメリカは最後にナチス・ドイツとの対決を迫られる。しかもアメリカはかような戦争に対してほとんど無準備ともいうべき状態にあった。国務長官コーデル・ハルはその回顧録の中に次の如く書き記している。

電撃的なオランダ占領やセダン突破に示されたドイツ軍の優勢が、アメリカの再軍備に関するわれわれの見積りの修正を必要としていることは明らかだった。大統領はこの年の軍事予算の事実上の倍加を要請する特別教書を議会に送る計画を立て、これを私にはかっており、私はこれに全面的に賛成していた。すでに五月十三日には、飛行機増産の重要性を強調した報告がブリットから届いていた。

そこで私は大統領に、特別教書ではアメリカは飛行機年産五万台を目標とせねばならぬと強調するように提案した。これには大統領もあっけにとられた面持だった。五万台といえば当時の年産の十倍だったのだ。だが私は、高いところを目標にし長期的な計画を立てるにしくはないと言い張った。それに私はこういう生産もあえて不可能ではないと思っていた。またこういう数字を発表するだけでも、われわれの巨大な生産力を全世界に知らせることになって、アメリカ国民を力づけ、連合国をはげまし、枢軸側には心配の種を与えることになるから大いに効果があると考えていた。結局大統領は私の意見に賛成した。

ローズヴェルト大統領は五月十六日、議会に教書を送って飛行機年産五万台の実現を要望すると同時に、十一億八千二百万ドルにのぼる軍事予算の追加を要請した。しかしこの措置は英仏を精神的に支持する意味をもっていたことはいうまでもない。

五月二十五日、フランスの軍事最高委員会は大統領ルブランの司会の下に敗戦に処する方策を協議し、パリの放棄、ドイツと単独に休戦条約を結ぶ案を決定した。

ベルギー軍は再起不能の打撃をうけ、次第に西方のリース河の線に向って退却した。ブラッセルは早く敵の手中に落ちたため、五月二十五日ベルギー首相のピエルローは、大本営と連絡をとり、国王レオポール三世に対して、隊列を離れて、その政府とともにイギリスへ撤退するよう勧めたけれども、王はこれを斥けて踏み止まり、五月二十五日より二十八日に至る間、リース河の線で侵入軍に対し猛烈な抵抗を試みた。この戦闘はダンケルクに集中しつつあったゴート将軍の率いるイギリス軍の退却を掩護し、イギリス軍の再建に多大の貢献をなしたものであった。五月二十八日、国王はこの上の抗戦が不可能であることを知り軍とともにドイツ軍に降伏した。

この降伏は純軍事的な行動であって、毫末《ごうまつ》も政治的な条項を含んでいなかった。しかしその当時の混乱状態においては確かに連合側にとり一悲劇であった。フランス首相レイノーはレオポール三世が同盟国に図ることなく、戦場で敵に降伏したことは、背信行為であると糺弾し、ベルギー首相もレイノーの圧力の下に「国王は敵との交渉に門戸を開いた」と責めたことは、理において正しいとしても、多分に酌量すべき情状もあった。そこで国王は政府に通告して、今後は一切敵軍との交渉を断絶する旨を告げ、五月三十日に面謁を求めたヒトラーの要望を斥けたのであるが、六月二日にはさらに憲法上の権能をすべて返上するむねベルギー政府に申入れた。それ以後レオポール三世は、ラーケンの王宮に蟄居して一切の公的関係を断ち、平和成立後も数カ年にわたってベルギー政局紛糾の中心問題となった。

ベルギーおよび北フランスからダンケルクに集中した英仏軍は、ドイツ軍の追撃に修羅地獄の苦しみをなめながら英仏海峡を渡ってイギリスに引揚げた(引揚げ作業は六月四日終了)。イギリス軍二十三万五千、フランス軍十一万五千はドイツの手に落ちることを免れたけれども、一切の軍需品は戦場に遺棄するほかに途はなかった。この敗退によってイギリスの失った軍の装備は次のような莫大な数量に達した。

弾　薬	七千トン
小　銃	九万挺
大　砲	二千三百門
車　輌	十二万輌
ブレン機関銃	八千挺
対戦車銃	四百挺

ダンケルクの撤退は、その後の戦局の上にも、軍事的の観点からも重要な出来事である

けれども、すでに多くの記録が発表されているから、ここにこれを詳述することをさける。ダンケルクの戦闘がまだ完結しない六月四日、チャーチルは下院において敗退の報告を行った際、その末尾で次のように叫んだ。

たとえ欧洲の広域がゲシュタポーにとらえられようとも、われわれは無気力になったり、屈服するものではない。最後まで闘う。高まる自信と高まる力をもって空と海と大陸とで闘う。われわれは海岸で、野で、街で、闘うであろう。万一にもこの島の大部分が征服され、飢餓に苦しもうとも、新世界がその絶大な力をもって、旧世界の救援と解放のために起ち上るまで、この闘争をつづけるであろう。

イギリスの窮境に際して、最も敏速に有効な援助を与えたものはアメリカであった。アメリカの国務長官ステッティニアスの記すところによると、ローズヴェルト大統領は、六月一日に陸海軍長官に命じて、イギリス、フランスに供給しうる武器の数量を調査することを命じた。その答申によると小銃五十万挺、百万発の砲弾、九百門の野砲、八万挺の機関銃等であった。アメリカ陸軍省はこの目録に掲げた武器金額を三千七百万ドルで一会社に払い下げ、会社はこれを英仏に転売することとし、七月には大西洋を越えてイギリスに運ぶことができた。これでアメリカには百八十万人分の武器しか残されない計算であったという。

二　フランスの死闘

ドイツと英仏との血みどろの闘いを洞ガ峠で眺めていたイタリーは、西部戦線の崩壊に乗じて六月十日フランスとイギリスに宣戦を布告した。しかしイタリーの攻撃軍は、国境でくい止められて、フランスに深入りできなかった。

ダンケルクの英仏軍が海峡を渡った後、フランスが維持している兵力は六十個師団にすぎなかったが、攻めるドイツは二百五十個師団と十一個の機甲師団とをもっていた。

六月十日、ダラヂエ内閣に代ったレイノー内閣は、パリを引きあげてツールに移ることをきめた。しかし戦局の日に日に不利となる情勢を憂えて、レイノー首相は、最高会議を開くため、チャーチルの渡仏を促した。

六月十一日午後、チャーチルは、イーデン陸相、参謀総長ディル将軍等を随えて、オルレアンに近いブリヤール（総司令部所在地）に到着し、夕七時から会議に臨んだ。フランス側からは、レイノー、ペタン元帥（国務省）、ウェイガン将軍（総軍司令官）等が出席した。

この席上チャーチルはフランス政府が、パリを守ることを力説し、大都市の戸別防禦は侵入軍に対して大きな吸収力のあることを強調した。これに対してペタンはきわめて静かに、パリを廃墟にしたとて、結果を変えることはないだろうといった。

チャーチルはまた、現在フランスに到着しつつあるのは、カナダの二個師団であるが、フランスが来春まで戦線を維持しうれば、イギリスは二十ないし二十五個師団を送ることができる。そのほかにも同盟国の援助は期待できる、と付言した。

レイノー首相は、フランス戦線の危機が充分に認識されていないようだが、イギリス軍のこの程度の協力では「あたかも砂漠の真中に迷っている旅人に、雨の話をするようなことだ」といった。

そこでウェイガン将軍は、現在の戦況をくわしく説明して、「われわれはいま、刀の刃の上を渡っている状態で、いつどっちに転落するかわからない」と切言した(ブリアール会談速記録)。そしてイギリスが戦闘機部隊を残らず直ちに戦闘に投入するようにと懇請した。「ここが決定点であり、いまが決定的瞬間である。ゆえにイギリスにこれを残しておくことは間違いである」と力説した。

これに対するイギリス側の意見は、「これは決定点ではない。決定的瞬間ではない。その瞬間はヒトラーがドイツ空軍をイギリスに投げつけるときである。イギリスが制空権をもち、海の自由を保っておれば、すべてを取戻してあげることができる。英仏海峡を守るためには、ぜひとも戦闘機二十五個中隊を維持しなければならぬ。われわれは何が起ろうとも戦争をつづける覚悟でいる。しかしこの二十五個中隊を手離すことは、われわれの生存の望みを破壊することになる」といった。そしてイギリスの対空抵抗力を保持することがアメリカ参戦の可能性からいって第一の要因だろうと付言した。

レイノーはなおせめてイギリスから飛立つイギリス空軍をフランスに移駐させるわけにいかないかと繰返して要請したけれども、ついにイギリス側の同意を得ることができなかった。

チャーチルの回顧録はこの会議の感想を次のように書きつけている。

　このみじめな討議を通じて、私は悲しみにつきまとわれ、心を掻き乱された。その悲しみは、四千八百万の人口をもつイギリスが、ドイツとの陸戦において、これ以上貢献することができず、現在死傷者の十分の九までが、そして戦禍の九割九分までがフランスに負わされ、フランスのみに負わされていたことから来る悲しみであった。

会議は午後十時ごろに一応幕切れとなり、チャーチル一行は付近の軍用列車の中に一夜を過した。

明くる六月十二日、会議は早朝から再開された。その日はレイノーからせめて九個中隊の戦闘機部隊をフランスに派遣するようにとの申出があったが、イギリスのバラット将軍はそれもきわめて困難だと答えた。ポール・ボードゥワンが書いていることは「フランスがイギリスに求めた唯一の援助は空軍であった。そしてイギリスはこれを拒んだ。潰滅しようとするフランス軍のために、犠牲を払う考慮をしないというのであった」と。

この会議の席上、チャーチルはことに荘重な口調で次のように述べた。


万一に事情が根本的に変化した際には、どうか最終的決定の前にイギリスへ通報してもらいたい。その節にはわれわれもどこへでも出向く用意がある。


別れるに当ってチャーチルは、何事が起ろうともイギリスは決してフランスを見捨てないことを信じて下さいといい残した。

六月十三日、昨日にひきつづいて英仏の最高会議がツールに開かれた。フランスの内相マンデルがアフリカに移って抗戦をつづけるとの主張の下に、緊張裡に事務を処理している姿がチャーチルに深い印象を与えた。

レイノー首相が最後に会議室に姿を見せた。最初かれは意気銷沈のていであった。ウェイガン将軍はかれにフランス軍は精根つき果てていると伝えていたのである。戦線は至るところで突破され、避難民は国中のあらゆる道路に充満し、多くの部隊は秩序混乱に陥っている。フランスの総指揮官は、講和が成立するまでの秩序を維持するに足る軍隊が残っている間に休戦を請うことが必要だと考えていた。それが軍部の勧告であった。それに対してレイノーは、当日さらにローズヴェルトに信書を送って、最後の時がきたこと、同盟側勝敗の決がアメリカの掌中におかれてある旨を伝えるつもりであるといった。ここにおいて休戦と講和の代案が出てきた。

レイノーは前夜の閣議において、多数はフランスの事態が休戦のほかに途なしと決心している事情に顧み「イギリスはフランスの直面している難局を了解してくれるか」とたずねた。この時チャーチルはすこぶる感動した面持で、眼に涙さえ浮かべて「フランスの苦境に際し、イギリスの与える援助がきわめて少ないことを悲しむ。しかしイギリスはどこまでも闘う。無降伏、無講和の方針である。やがてアメリカも援助に乗出すであろうから、フランスは必要ならアフリカにおいてでも抗戦することを希望する」と説いた。

レイノーはこれに対して、「フランスは早い勝利に希望がもてず、アメリカの援助にもたよれない。だから三カ月前に結ばれた厳粛な協定による結束を無言のうちに維持しつつフランスが単独講和に入ることを認めるか」とチャーチルに尋ねた。

チャーチルはレイノーがまずアメリカ大統領に親書を送り、その回答を待って決定をなすべきである。どんな形にせよ、イギリスとしては単独講和に同意はできないと述べた。

レイノーはこの案に同意し、その訴の結果のわかるまでフランスはがんばろうと約した。

英仏の会談に併行してフランスの閣議はカンジェで開かれ、大統領ルブランが例の如く主宰していた。ここでレイノー首相の報告を聴こうというのである。この席に列なっている軍司令官ウェイガン将軍は「軍の死闘にかかわらず空軍も陸軍も弾つき矢折れて、いたずらに損害を出す状態にあることはさきに閣議で報告したとおりである。大臣諸公はこの上の抗戦を主張されるけれども、現に戦線にある兵士、そして自分の良心はこれを許さない。仮にアフリカに政府を移して闘うとしても、本土を回復するに足る装備を整えるには数年間を必要とするだろう。ドイツはさらにアフリカに追撃を試みるかもしれない。自分としては、フランスの土を離れる決心はつきかねる」といった。

もっともウェイガン将軍は、早くから、これ以上の抵抗はすべてむだであると信じていたから、せめて軍が国内の秩序を維持するに足る実力をもっている間に、政府が休戦を求めるべきだとした。その点についてかれはレイノー首相と対立していた。首相はフランス本国での戦闘は終ったにしても、アフリカその他の領土から、海軍をもって戦争を続けることは可能である。だから戦闘を続けることが不可能になった部隊には降伏の自由を認めるけれども、国家としてはあらゆる手段によって戦争を続けるべきだと主張した(ペタン裁判においてのウェイガン陳述)。ウェイガン将軍の背後にはきわめて有力な勢力が顔を出していた。それは右往左往する議員の一群と、これを率いる敗戦主義のラヴァル元首相ならびにその頂上に立つペタン元帥(昔のヴェルダンの勇将であり、最近に副総理の職についた)の声望であった。

ウェイガンの報告の後、閣僚の間で次々に議論が沸騰して、大臣たちの神経は電気に打たれた如くになった。

そのときにペタン元帥は起ち上がって、そのポケットから原稿を取り出し、ゆるゆると意見書をよみ上げた。それは政府たるものが、遁亡して国土を放棄すべきでないこと、そしてかくなった以上は速やかに休戦を求めることが先決の要件であると結んだ。

ペタンの声明は内閣の立場を一層困難にした。よってレイノーは辞意を表明したけれどもペタン元帥は極力これをひきとめた。おりから窓外に爆発の音が響いて、一時騒然となったから、政府は明日ボルドーに移る決定を行ったまま なんらの結論を得ず、さらにチャーチルの来仏を求めて対策を協議することとして閣議は散会した。

六月十五日、フランス政府は、ワシントンの大使からローズヴェルトの返書を受取った。その内容は英仏の期待に反し、国会が戦争の決定を行わない限りアメリカの援助は不可能であるというのであった。これはフランスの抗戦派にとって致命的な痛撃であって、対独休戦を主張するものは刻一刻その数を増した。

閣議は午後三時からボルドー県庁内で開かれた。そして休戦に対する賛否両論がむし暑い空気のうちに闘わされた。ペタンの後に述べたように休戦論に加担する閣僚が十三名、反対論が六名という色わけであった。よってレイノーは内閣辞職を申し出たが大統領は取上げようとしなかった。

午後九時レイノーはイギリス政府に対して「単独講和はしない」とのさきの協定の義務

を免除されたいとの文書を送り、その中にイギリスがこれを承諾しなければ、レイノーは辞職のほかに途はない旨を書き添えた。

チャーチルは、戦争継続の主張者であるレイノーが内閣をひきずるための掩護射撃として、何か思い切った手を打つ必要があると考えた。そこへ持ち出されたのが英仏両国の永久結合宣言を行うという案であった。チャーチル自身はあまり乗気でなかったが、閣内の大臣やフランス大使コルバン、ド・ゴール将軍等の意見に押されて、さっそくこれを電報でフランス政府に申入れた。

この宣言は、

世界近世史における最も運命的な瞬間において、イギリス国王およびフランス政府は、永久の結合と、人類を人造人間と奴隷たらしめる体制への屈従を排し、正義と自由を共同防衛すべき不屈の決意とをここに宣言す。両国政府はフランスおよびイギリスが、もはや二カ国政府にあらずして、一つの英仏結合なることを宣言す。(下略)

を冒頭として最後までイギリス、フランスが闘いぬくことを声明したものであった。

これを受取ったレイノーも賛意を表し、閣議の席で二度朗読した後、つよく「この案を支持する」といった。ところが、敗北の無惨な打撃によろめいていた閣僚たちは、「意外」と「疑惑」の念に支配されて、反対の空気が圧倒的であった。レイノーは英仏結合の提議が他の閣僚に与えた不利な印象を一掃することに努めたが、所詮それは不可能であった。ペタン元帥とその一党は、この案を検討することをさえ肯んじなかった。ペタンやウエイガン等の将師は、イギリスの運命が一カ月の間にきまると信じていたから、英仏の結合は「死骸との合体」であるとまで批判した。

かくしてレイノー内閣はその最後の仕上げとして、即時に休戦協定を結ぶ問題を討議し、閣議賛成十四、反対十で休戦案を可決したため、レイノーはついに辞意を決した（六月十六日）。かくしてフランスは十万の将兵と八万の市民を失って降伏することとなったのである。

翌十七日ペタンは新内閣の組織をまってドイツとイタリーとに休戦を求めた。

三　ペタン政府と休戦条約

新しい内閣は六月十八日に組織されて、一日千秋の思いで休戦の協定に関するドイツ側の回答を待っていた。その当時のペタン元帥の意向は次のようなものであった（ウィリアム・ランガー *Our Vichy Gamble*）。

イギリスはきわめて少数の兵力しかフランスに送らなかったのであるから、フランスに多くを期待する立場にはない。したがってフランスがイギリスのために全滅の危険を犯すことを求めるわけはない。

イギリスはおそらく三週間ないし二カ月で屈服するであろう。アメリカの援助を頼みにするイギリスは夢を見るようなものだ。アメリカは他日あるいは欧洲戦に参加するかもしれないが、もう手おくれで休戦の成立を妨げるものではあるまい。

こういった観点からフランス政府は、数度にわたるイギリスへの口約をも考慮して海軍艦艇の措置をどうするかについては、十八日の閣議において、いかなる事情が起ろうとも、艦艇を敵手に引渡さないこと、もし敵の要求があれば、これを拒否することをとりきめた。

これよりさきフランスのドイツに対する休戦の提議は、スペイン政府の仲介によって、六月十七日の午前三時にドイツ外務省へ移牒された。よってヒトラーは急速にムッソリーニとミュンヘンで協議することとし、ムッソリーニは外相チアノを同伴して十八日の会議に参加した。

ヒトラーとムッソリーニは別室にはいり、その間リッペントロップとチアノは相対して話をすすめることになった。

チアノの記すところ(日記、第一巻、二六四―二六五ページ)によると、フランスとの休戦条約についてのドイツ側の通告を受けたときに、ムッソリーニは戦局が意外にも急激に変化したこと、そしてそれがもっぱらヒトラーの力によって成功したものであるが、イタリー軍は未だフランスに一歩も侵入していない有様であるから所詮有力な発言権を得られないこと等を考えてすこぶる不機嫌であった。ムッソリーニは戦勝国として発言権がきわめて弱いことを知り、イタリー国民に対して勝利を誇る機会のなかったことを残念に思ったのだとチアノが注釈を加えている。

ヒトラーは戦前からイギリスと妥協して、東方に発展することが有利だと考えていた。かれの計算では、フランスを第二位に置いていた。もともとフランス軍の真価については幕僚の意見よりも著しく軽視していた。それにしてもドイツの勝利が予期以上にすばらしいもので、休戦の申入れが思いがけなく早く来たことに我ながら驚きもし大いに喜びもした。しかしフランスに対しては深い興味をもたず、ことにその植民地については、ほとんど無関心ともいうべき態度であった。

これに反して彼の主たる関心はイギリスであって、できる限り新しく戦闘を交えないで妥結に到達することを希望していた(ランガー)。

他方ムッソリーニはどうかというと、フランスに宣戦してから一週間になるが、その軍隊は一向に戦果をあげていない。しかし戦勝国の仲間であるから、取れるだけ取り上げようと考えて、ミュンヘンに行く途中でその部下にイタリーの要求案を造らせた。(イ)フランスの復員、(ロ)武器の引渡し、(ハ)ローン河以東をイタリー軍の占領区域とする、(ニ)コルシカ島、チュニジア、ソマリーの占領、(ホ)フランス植民地ならびに委任統治領にある軍事要衝就中《なかんずく》アルジェー、オラン、カサブランカを占領すること、(ヘ)フランス海軍ならびに空軍の引渡しをもとめる等であった(イタリー参謀本部の報告)。

ところがミュンヘンに来てみると、これらの案はヒトラーによって一蹴されてしまった。ヒトラーは次に来るイギリスとの抗争を頭に置いて、フランスの敵愾心を刺激しないことを希望していたからムッソリーニの案には耳を傾けなかったのである(ランガー)。

ヒトラーはムッソリーニに対して次のようにいった。

フランスが私の条件を拒否すれば、ドイツ軍は十五日以内にピレネーの国境まで行く。しかし政治的にはフランス全体を占領しない方が賢明である。それはフランス植民地またはイギリスにフランス政府を樹立させないためである。むしろフランス内地に責任あるフランス政府を残す方がよい。だからドイツはロアール河の線までしか占領しない。但しスイスとの国境、大西洋の沿岸地帯は占領する。

フランスの艦隊は、フランス人の手で沈めさせるのがよろしい。これがイギリスに合流することが最悪。フランス海軍は多数の小艦艇をもっているので、これがイギリスと合体して船団護送に当ると敵に致命傷を与えて短期決戦に持ち込むことが困難になる。だからフランスに艦艇の引渡しを要求することは利口なやりくちではない。フランスはこれを拒否するだろうし、かえってこれをイギリスに送る可能性もあるとかれは主張したのである。

やがてヒトラーとムッソリーニは外相や軍の首脳を集めて休戦条件を協議したが、この席でもチアノの記すところによると、フランスの艦艇引渡しについてムッソリーニの強い主張があったにかかわらず、ヒトラーはこれに同意しなかった。この会議においてヒトラーが穏健な説をとり、眼さきのきく意見を述べたことは、大勝利直後の統帥者として驚くべきことで、チアノは「心から私はかれを礼讃する」とその日記（日記、第一巻、二六五ページ）に書いている。

ムッソリーニはヒトラーの説明を聞いて当惑しているかに見えた。チアノによればムッソリーニはそのとき皮肉と不快の念を覚えたといい、そのときからドイツ人は敗北の芽を抱いていたのだともいった。ヒトラーは一度国内から強烈なショックが起れば、すべては崩壊することになろうとの見通しであった。近く平和が成立すれば、ムッソリーニはかれが一生を通じての念願である戦場における栄光は、再びとりのがすことになるだろうことを恐れたのである。

休戦協定の交渉は、パリの郊外コンピエンヌの森のロトンド――それは第一次世界大戦の終結の休戦を求めて、ドイツ全権がフォッシュ元帥の面前で調印を余儀なくされた場所――で行われた。

六月二十一日の午後、ヒトラーは空相ゲーリング、外相リッペントロップ、カイテル将軍、レーダー提督等を従えてフランスの休戦委員を引見し、カイテル将軍をして休戦協定案を申し渡させた。条文は二十三カ条からできていたが、フランスの一番に心配した点は、㈠国の名誉にかかわる条項、㈡イタリーから過大の要求のでることであったが、その第一は解消した。フランス代表ウインチーヂェルは、直ちにペタン政府と連絡をとりつつ、フランス側の主張を、綿密に、執拗にカイテル将軍に叩きつけた。しかし独伊の要求が、予期されたほどに苛酷でなかったため、これを拒否する理由もなかった。他方、イタリーとの協定は困難なく進捗し、フランス政府は六月二十四日に休戦条項を受諾した。よって翌二十五日零時に休戦協定は効力を発生することとなったのである。

休戦条約によってフランスは二つの区域に区分された。一つはドイツの占領区域、他の一つはペタン政府の治下に渡る自由地域(?)であった。また俘虜とならなかったフランス軍隊の動員を解除し、軍需品を引渡し、占領軍の経費を負担するとの条件であった。フランスの艦隊については、ドイツの管理下に武装解除を行い、ドイツの使用にあてないこととする。さらにドイツ軍は植民地を占領しないが重要な基地は武装を解くとの約束であった。

フランスが休戦を求めた瞬間から、英仏関係は急激に悪化し始めた。ボルドーその他の都市には反英感情が表面化し、イギリス政府は公然とペタン内閣を批判した。六月十八日イギリス下院でチャーチルは戦争指導に過誤のあった事実を認め、フランスの戦は終ったけれども、イギリスの戦はこれから始まるであろうといい、国民の蹶起《けっき》を促した。これにつづいてド・ゴール将軍は例のような情熱をこめたラヂオ放送をもってフランスの抵抗の火は断じて消えてはいない。ペタン政府がなんといおうとも、自由フランスの戦いは続けられるであろうと叫んだ。

休戦条項の中で海軍艦艇についての規定はきわめて曖昧であって、有力なフランス艦艇がドイツの手に落ちるようなことがあっては、イギリスの戦争に一大痛棒を加えるものであるから、イギリスは北阿〔北アフリカ〕に集中されているフランス艦隊はイギリス、北米、もしくは仏領西インドに抑留せらるべきことをペタン政府に要求した。イギリスの海港にあるフランスの艦船は、七月三日イギリス官憲によって抑留され、ついでイギリス艦隊司令官ソマーヴィルは北阿ケビール港とダカールに停泊中であったフランス艦隊に最後通牒を送ってイギリスに回航することを求めた。しかし反英的感情と本国政府の訓令とによってチャンスール提督は、イギリスの要請を拒絶した（トインビー著書、二〇八―二一二ページ）。

ペタン首相は、直ちにフランス艦隊をイギリスとの戦争に利用しない旨を保証したけれども、もともとペタンを余り信用しないイギリスはこの保証のみでは不充分であるとして、ついに七月三日、前記の艦艇に砲火をあびせ、これを撃沈したのである。

この措置に激怒したペタン政府は、七月四日イギリスとの国交を断絶すると布告した。これを契機としてヴィシーに本拠を据えたペタン政権が、漸次ドイツとの協力に乗出すことになったのはやむをえない行きがかりというべきであろう。さりながらフランス内部にも多くの抵抗が現われた。

ヴィシー政権はその第一着手として上院と下院とを合せた国民議会をつくり、一八七五年の憲法を改正して、従来の議会政治から専政独裁に近い権力を国の元首(同時に首相)に賦与することとし、七月十日に両院の承認を得た。

ヴィシー政府は兵役関係者の中から百八十万人を俘虜としてドイツに、十四万九千人をイタリーに引渡さざるをえなかった。さらに閣僚級政治家、レイノー、ダラヂエ、ブルム、マンデル等を拘禁し、ド・ゴール将軍を叛逆罪に問うて死刑を宣告した。そのうえ、すべての政党を解消し、労働総同盟は解散を命ぜられた。ひとくちにいえばナチス流の政治方式を採用せざるをえなくなったのである。

ドイツ政府はフランスの版図からアルザスとロレーヌを併合し、カレー県とノール県とをブラッセル政府に合併する処置をとった。ナチスの占領軍憲は経済的にもフランスを搾取する政策をとり、占領軍の費用として一日四億フランを徴収し、すべての産業をドイツ軍の管理に移した。

フランスを去ってロンドンに行ったド・ゴール将軍は、ヴィシー政権と全く反対の方向をとり、自由フランスは最後の勝利を占めるまで、戦争を続行すると声明し、アジア、アフリカにわたってフランスの植民地を糾合して、新しいフランス軍の編成に着手した。イギリス政府は当初からド・ゴールの運動を支持し、一九四〇年六月二十八日にド・ゴールを自由フランスの総統として承認した。八月七日には、編成中のフランス軍をいかに配備するかについて、ド・ゴールとイギリス政府との間に協定が調印された。

フランスの植民地が次々とド・ゴールの運動に参加するに伴って、その中枢機関をつくる必要が生じた。十月二十七日に組織された「防衛会議」(Conseil de la Defense de l'Empire)はその任務を担当したものである。

第一二章　アメリカの武器貸与法

フランス軍がマジノー線に沿って陣を張り、これにイギリスの海空軍が後楯となってヒトラーに対峙している限り、アメリカは参戦しないでも、戦争は終結すると考えていたアメリカ大衆の世論は、一九四〇年の五月にフランスが撃破されて一瞬に動揺し始めた。大統領フランクリン・ローズヴェルトもあるいはその一人であったように見える。そのことはローズヴェルト自身の言葉として、一九四〇年度の Official Papers には次のように記載されている。

一九四〇年、フランスが、ナチの鬼神のごとき攻撃に屈服したときに、二つのことが完全に明白になった。その第一は、アメリカとして、近代戦のあらゆる兵器で、直ちに最大の速力をもって武装しなければならないということであった。第二に、アメリカはこの再軍備計画を遂行するのに必要な時間を稼がなければならないが、それにはイギリスがナチに対して抵抗を続けてくれることに希望をかける外はない。万一イギリスも屈服すれば、アメリカがただ一人でナチに対しなければならないことは明らかである。しかもわれわれには、その準備が実際にできていなかったのである。

もともとアメリカには中立法と称する法律があって、交戦国に対して一切の武器を供給することを禁止していた。よって一九三九年の九月三日に、イギリス、フランスとドイツとの間に戦争が勃発すると、アメリカ政府は武器の輸出を禁止することとなった。

しかしアメリカにおける世論の動向は、民主、共和両党の首脳部はもとより、一般大衆もその大多数が、ヒトラーに対する反感と英仏に対する同情から、武器を両国に供給する方法を考案したいと考えはじめた。その際にアメリカ国会で論議された方法は「現金支払、自国船輸送」と称する法律を以て、現行の中立法に代えようとするものであった。この法律は幾多の論議の後一九三九年十一月末に国会を通過した。この法律は表面上とくに英仏に限る武器の譲渡ではなくて、ドイツにも同じく適用されるものであるが、大西洋の制海権がイギリスの手中にある限り、ドイツは現実にその適用によって利益を受ける可能性はなかった。

残る問題はイギリスがどの程度まで現金払で軍需品を買入れうるかの点にあった。開戦当時イギリスはドル貨で、またはドルに換えうる金塊ならびに対米投資の形で約四十五億ドルを所持していた。ドル資金を増加する方法は、主として南阿〔南アフリカ〕の産金と対米輸出とによる外はなかった。そして開戦の初期十六カ月間に約二十億ドルを増加することができた。けれどもイギリスの艦船、飛行機、小型武器等の需要は莫大な数量に上り、これを賄う資金はイギリスの当時の財力では、補うことのできない厖大な額にのぼった。それはイギリスの購入使節団長パーヴィスがいったように「われわれはあたかも孤島にあって乏しい食糧をできるだけ食い延ばさなければならない」状態にあったわけである。

ところが一九四〇年五月、西部戦場でフランスが崩壊し、イギリスが空海の両面でドイツの激しい攻撃にさらされ、孤立無援の戦をつづけていく運命に立った時、アメリカの世論は急激に変化し始めた。イギリスに対する熱烈な同情と称讃の念とは、同時にアメリカの運命がイギリスの勝敗に結びついているとの信念によって具体的な政策を考慮するようになった。

一九四〇年の十一月まで、イギリスは現金支払で武器を買入れ、現金四十億ドルの外にアメリカの株券三億三千五百万ドルをも売り払ってしまった。すでにアメリカに注文した武器の数量を計算すると、イギリスの所有する金塊と在外資産の全部をもってしても半分の支払にもたりない状況であった。

こういった事情に鑑み、チャーチルは一九四〇年十二月八日付で、来るべき年における戦争の見通しと経済状態を詳述して、アメリカの大規模援助を待望する書簡をローズヴェルトに送った。アメリカ大統領はこの書面に深い考慮を払った後、十二月十六日の記者会見においてはじめて武器貸与法を考慮中であると述べた(チャーチル回顧録「最も輝かしい時」第十三章)。

ローズヴェルトの言葉によれば「アメリカの武器がどこに向けられるべきかを決めるものは、ドルではなくて、アメリカの国防」であった。しかしローズヴェルトは武器貸与法に反対する国内の分子を弱めるために、ときにはこみいった必要に迫られた。武器貸与法が四一年三月に成立するまでの間、イギリスはドル資金の欠乏や、武器補充計画にいろいろの困難を感じたのであった。

ローズヴェルトが大統領に三選された一九四〇年十二月、レンド・リース・アクトと称する法案がアメリカ議会に提出された。これは武器貸与法と訳されているが、その内容は、武器ばかりでなく、あらゆる軍需品、食料品等を、戦争が終ってから代金を払う条件で貸与できることになっている。チャーチルはこの法案を「史上未曽有の非利己的で無慾な財政的措置であり、新しい大憲章《マグナ・カルタ》だ」といった。

もっともこの法案は、当初イギリスを援助する目的でつくられたものであったが、後にはソ連や蔣介石政府にも適用された。かくしてこの法案の成立以来、終戦の年の九月までにアメリカから連合諸国に向けられた援助は、合計四百六十億ドルに上る。

対英　三百三億ドル　　対ソ　百八億ドル
対仏　十四億ドル　　対華　六億ドル

あろう」といったと伝えられる。

その他　八億ドル

スターリンはテヘラン会議に出席した際「武器貸与法がなければ、この戦争は負けたで

ローズヴェルトは、この法案を思いついた時、記者会見において次のように述べている。

隣の家から火事が起ったとする。そして私は火事場から四、五百フィート離れたところに、ある長さの庭園用ホースをもっていたとする。もし隣人が私のホースを自分のところの水道栓にはめることができるならば、私は隣人を助けて火事を消しとめることができるだろう。その場合私はどうするか。私はいまいった作業が行われる前に「隣人よ、私は十五ドルでホースを買ったのだから、十五ドル払ってくれ」とはいわない。それならどうする？　私は十五ドルがほしいのではない。火が消えたならば、ホースを返してもらいたいのである。

第一三章　枢軸軍バルカンを制圧

一　ドイツ軍バルカンを独走

ドイツがバルカンから中東へ通ずる地域に勢力を握ろうと考えたのは、十九世紀の末にトルコのサルタンを懐柔し、バグダッド鉄道の利権を獲得して以来、久しい沿革をもっている。ナチスが権力を握った時に、その生活圏として最初に眼をつけたものはハンガリー、ルーマニア以南のバルカン諸国であった。この政策は十八世紀以降のロシア東漸政策と真正面から衝突するものであったが、ヒトラーもリッペントロップも、バルカンからソ連勢力を追い出す点においては、毫末《ごうまつ》もモスコウの顔色を窺おうとはしなかった。やがてソ連をナチスの武力で締め上げる場合にはいちはやくバルカンをその勢力圏に入れることが肝要であると当初から考えていたのである。

そういう考慮からドイツは、一九四〇年の末期からバルカン工作を開始した。最初ハンガリーとルーマニアとスロヴァキアの三国は、他に先んじて日独伊三国の同盟条約に加入したため、のこるブルガリアとユーゴースラヴィアの動向が問題となっていた。

ところがルーマニアにおいては、一九四一年一月下旬にアントネスコ首相が軍人の閣僚からなる独裁内閣を組織し、枢軸の衛星国たる態度を明白にした。これと時をおなじくしてブルガリアの首相フィロフは国王ボリスと協議のうえ、厳正中立政策を強調しつつも、ルーマニアに対する友好的な態度を表明した。やがて一九四一年の初頭には有力なドイツ軍がハンガリーを経由して、ルーマニアに派遣された。これはひきつづいてブルガリア、ユーゴースラヴィアならびにギリシヤを占拠する先陣を承ったのである。

そのころ北アフリカのイタリー植民地から出発したイタリーのエジプト攻撃軍は、イギリス軍に機先を制せられて、リビア植民地自体が危殆《きたい》に瀕したばかりでなくギリシヤに対するイタリー軍の攻撃も阻止せられて、枢軸国の声望を失墜するにいたった。

イギリス政府はルーマニアにおけるドイツの外交攻勢に刺激せられ、二月十日になってルーマニアとの外交関係を断絶した。こうなるとドイツ軍がブルガリアに進駐することも時間の問題となり、ひいてはトルコ政府の態度が英仏にとっても、ソ連にとってもきわめて重大化することは必然であった。

ところがトルコはあくまで中立の地位に留ることを希望して、ブルガリアとの間に不可侵協定を結ぶこととし、その条約は二月十七日にアンカラで調印された。この協定が結ばれたということは、さきに成立していた英土軍事協定が無効となることを意味するものであるが、ソ連はバルカン全土の安定を熱望する立場から、トルコがイタリーとギリシヤとの戦争に巻き込まれることを回避しようとしてトルコとブルガリアとの不可侵条約を斡旋したことは隠れもない事実であった。

一九四一年一月七日、リッペントロップは日本に駐在するドイツ大使に次のように電報した。

　現在やや強力なドイツ部隊がルーマニアに送られつつあることを日本外相の内密の含みとして通知せられよ。この移動はハンガリー、ルーマニア両国政府の全面的協力の下に行われつつある。この移動は、もしイギリス軍がギリシヤに足がかりを得て、わが方の干渉が必要とならば、これに応ずる保障措置として実行されているものである。

ドイツ軍がバルカンに注入されつつあることは、モスコウ政府に焦慮の念を抱かしめた。その結果ベルリン駐在のソ連大使は一月十七日にリッペントロップ外相を往訪して、左のような趣旨を申し入れた。

　各方面からの情報によれば、多数のドイツ軍はルーマニアにあって、ブルガリア、ギリシヤおよび「海峡」の占領を目的として、すでにブルガリアに進入する準備が整っているとのことである。イギリスはドイツの機先を制して「海峡」を占拠し、トルコと同盟して、ブルガリアに対して作戦を始め、かくてブルガリアを戦場たらしめることは疑いを容れない。ソヴィエト政府はブルガリアと海峡地帯をソ連の安全保障地帯と考えていることからしても安全保障上の利益を脅かす事件には無関心でありえない。右の地帯に外国軍隊の出現することをもってソ連の安全保障上の利益を犯すものと見做す旨を警告する。

これに対しドイツ政府は一月二十一日にソ連大使を招き、次のとおりに回答した。イギリスが海峡の占領を企てているとの報道は、ドイツの承知しないことであり、またトルコもこれを許すであろうとは考えられない。ドイツ政府はイギリスがギリシヤ領土に足場を得んと企て、まさに獲得せんとしているようであるがイギリスがギリシヤに地歩を築くのを許さないのは、ドイツ政府不動の意向であり、かような事態が起れば、ドイツのバルカンにおける死活的利益は脅威をうける。ドイツ軍のバルカン集結とその行動は、イギリスがこれらの地域に足場をもつことに反対のソヴィエトの利益にも貢献することをドイツ政府は確信すると。そうして事件は一応終結した。

こういった状況を前にしてイギリスは一月三十一日チャーチルからトルコ大統領に宛て

た書簡をもって、トルコに対し有力な空軍と百門の高射砲を送り、両国同盟してドイツのトルコ襲撃に備えるよう申入れた。しかしトルコはこれに応諾の意向を示さなかった。

イギリスの意図するところは、急迫したギリシヤを救援するばかりでなく、次第に南下して来るドイツの攻撃に対してユーゴースラヴィア、トルコ、ギリシヤを連ねたバルカン戦線を結成しようということであった。しかしイーデンが二月二十八日に参謀総長を帯同してトルコの首相、外相等と協議した際、トルコはドイツから攻撃された場合には戦うとの堅い決心をもっており、ギリシヤに次いでトルコは、ドイツ攻撃の目標になることも心得ているが、現在のトルコの軍備が著しく微弱であるため、その欠陥が補われて、トルコが最も有効に参加しうるまで、戦争の圏外に立つほうが共同の利益に叶うものと考える旨を述べた。

その間にドイツ軍は日に日に南下して三月二日にはブルガリアを占領し、三国防共協定の加盟を強行した。

ユーゴースラヴィアはドイツの圧迫に不安を抱き、国内の政情も動揺していた。その際防共協定の参加をドイツから求められ、それがついに革命にまで進展した。

ユーゴースラヴィアは、セルビア人とクロアチア人との不断の闘争が政局を不安ならしめている上に、外からはファッシスト・イタリーの政治的攻勢とナチス・ドイツの経済的進出に悩まされていた。クロアチア人は宗教的にも文化の系列もセルビア人とは異なっており、そのうえハンガリーとイタリーとがクロアチアをセルビアと分離させる運動を煽動していた。セルビア人はスラヴ的本能からロシアに引きつけられ、クロアチア人はゲルマン文化へのノスタルジアに冒されがちであった。

南スラヴ人全体としては伝統的に友好の関係にあったフランスが、一九四〇年の夏、没落したことは、心の友と保護者とを失った形になった。そしてルーマニア、ハンガリー等の隣邦が世界戦争の渦中に投ぜられて不安におののいている現状は、ユーゴースラヴィアにも危惧と動揺とを与えた。

この国においては、ドイツの要請によって三国防共協定に参加する問題について、政府部内はもとより、軍にも政党にも強い反対があった。枢軸に参加すればセルビアは猛然と起上って政府に肉迫するであろうし、ドイツと戦えばクロアチア人の忠誠は期待がもてなくなる。そういった境涯において摂政パウル殿下はやむなくヒトラーに枢軸参加の口約を与えた。シモヴィッチ将軍はドイツへの屈服に強硬に反対して、セルビアはかかる決定を承服しないであろうし、王朝は危殆に瀕するであろうといった。

ユーゴースラヴィアの首相と外相は世間に知られない間にウィーンに行ってドイツとの協定に調印した(三月二十五日)。そして政府首脳がベルグラードに帰り着くとまもなく内閣は崩壊し、軍の青年幹部によるクーデターによって、パウル摂政は辞任し、弱年の国王ペーテル二世が即位した(三月二十七日)。

このニュースを手にしたヒトラーは大いに憤り、最後通牒も送らず、宣戦の布告もしないで、ユーゴースラヴィアを破壊するために軍の出動を命じた。いわゆる「指令第二十五」に従い、ドイツ軍は長駆してサロニカ港とディオス山を占領する命令をうけた。そして混乱と麻痺状態にあったベルグラードは四月六日の朝から三日間ドイツ軍の「懲罰作戦」によって徹底的に叩かれ灰燼《かいじん》に帰してしまった。

ドイツ軍のユーゴー攻撃によって、ギリシヤの地位はすこぶる困難となった。ギリシヤはその陸軍の約半数十五個師団をアルバニアに送りイタリー軍に拮抗していた。マセドニアとトラキア正面をまもる兵力はわずかに五個師団にすぎなかった。イギリスは三月五日に四個師団の上陸を終ったが、これを支援する空軍兵力は七個中隊(作戦機八十)であって、独伊側の方が圧倒的に優勢であった。

ドイツは十五師団をもってユーゴーとギリシヤに向った。四月十三日にドイツ軍はベルグラードを陥れ、ひきつづきユーゴー軍を圧迫しつつ南進をつづけた。ギリシヤ軍はいたるところでドイツ軍に撃破され、ついに四月二十四日に降伏のやむなきに至った。

イギリス軍は再びノルウェー戦の撤退に類する多数の犠牲を払いつつ、ようやく上陸軍の八割をエジプトに連れ去ることができた。かくしてバルカン半島は、わずかにトルコを残してことごとく、ドイツの制圧に帰することとなったのである。

二　イタリーの進攻芳しからず

日独伊三国の協定に伴い、イタリーは地中海の周辺に活躍する時機を待っていた。しかしフランスの崩壊が明らかになるまで中立を標榜して動かなかった。すでにフランスが没落し、イギリスがその島のなかに封じこめられた以上、ムッソリーニがローマ帝国再建の夢に躍り出ることは当然であった。

イタリーの出撃は二方面で同時に行われた。その一はアドリア海を渡ってギリシヤに、他の一つは北アフリカの植民地からエジプト征服の遠征軍を送ることであった。

一九四〇年十月二十八日、イタリーはギリシヤ人がアルバニアにおいて残虐行為を行ったとの口実の下に最後通牒をアテネ政府に突きつけ、対英戦争の遂行に必要な戦略地点の占拠を要求した。これよりさきムッソリーニは十月十五日に軍首脳部の会議を開いて、イタリーがギリシヤに対してとるべき行動の進路を説明した。この行動は一つには海軍の策戦行動であり、第二には領土の接収を目標とするものである。イタリーが占領しようとする地域はアルバニア海岸全部、イオニア群島、ならびにサロニカ港である。ギリシヤが戦闘不能となった暁には、いかなる場合にも同国をイタリーの政治、経済的圏内に置くためにギリシヤ全土を占領する。

この決定は直ちにヒトラーに通告され、十月二十八日(ギリシヤへの開戦の日)にヒトラーはフローレンスに来てムッソリーニと会談した。内心ではイタリーの冒険を好まなかったヒトラーもフローレンスでは既定の事実に承認を与えた。

イタリーの最後通牒は、二十八日にギリシヤ首相メタキサス将軍に手交されたが、彼は言下にこれを拒否すると同時にイギリスに対して、一九三九年四月十三日、チェムバレン首相がギリシヤに与えた保証の実行を請求した。イギリス国王はギリシヤ国王に対し、またチャーチルはメタキサスに対し「共同の敵に対して闘うであろう」との回答を送付した。

ギリシヤ救援の方針をきめたものの、イギリスは本土防衛に日夜苦労を重ねている際であり、その海軍力はドイツの潜水艦と海上ゲリラ艦隊に血闘を挑んでいる最中であるから、イギリス本国から有力な海空軍部隊を東地中海に派遣することは至難であった。

チャーチルの言葉によれば、イギリスは「わずかな航空隊、一つの英使節団、しるしばかりの小部隊以外に与うべきものがなかった」のである。しかもこのわずかばかりの部隊も、リビア方面でイタリー軍と対峙している部隊から引抜くほかなかった。イギリスは東地中海における基地としてクリート島の重要性に着目し、スーダ湾を給油基地と飛行場とに補強することに決定し、これをギリシヤとエジプトの防衛に利用した。

爆撃機四個中隊をマルタ経由でギリシヤに送り、空母イラストリアスと二隻の防空巡洋艦をアレキサンドリアに増強して万一に備えることとした。十一月十一日にイギリス空母がイタリーの海軍基地タラントを爆撃したことにより、イタリー戦闘艦隊の半数は、少なくとも六カ月の間活動不能に陥った。

イタリー陸兵約二十万はアルバニアから南下してギリシヤ国境を攻撃したけれども、ギリシヤ軍に撃退されてアルバニアに帰った。

ギリシヤの戦況は、ドイツがバルカン半島を横断して南下するに伴い、情勢は一転して英希連合軍は惨敗をなめた。その詳細は次に記すとおりである。

三　イタリー軍 北阿に惨敗

イタリーが一九四〇年六月十日に英仏に対して宣戦を布告したとき、北アフリカのイタリー植民地トリポリとキレナイカには二十一万を超える兵力が集中されていた。このほかに紅海の西、スーダンの南方、くわしくいえばエチオピア、エリトリア、ソマリーランドにも相当数の守備兵が配置されてあったのである。

これに対してエジプトにあるイギリス軍は、不完全な組織と装備をもつ五万にたりない兵力であって、そのうちの相当の部分は治安の維持に必要な部隊であった。

ドイツと英仏との戦争が始まってから、イタリーは数カ月にわたってその兵力をエジプト国境方面に移動しつつあった。一九四〇年の末には少なくも約三十万がエジプト作戦に用意されていた。イギリスもまたインド、オーストラリア、南阿の軍隊をエジプトに増強し、西国境のマルサ・マトルーに要塞を築いてイタリーの侵攻に備えた。

ウェーヴェル将軍のひきいるイギリス軍は一九四〇年十二月六日からイタリー軍に対して奇襲を敢行し、十二月九日シディ・パラニを襲って、イタリー軍を撃破した。これにひきつづきイギリス軍は地中海岸に沿って前進し、翌一月二十一日にはトブルックの要塞を陥れ、捕虜十一万三千、砲七百門余をえた。かくしてリビアはイギリス軍の占領に帰し、イタリーの軍事的勢力は一時姿を潜めることとなった。

イタリー軍敗退をみかねたドイツは、一九四一年の初めに有力な機甲師団と、いまは世界戦史にその名をうたわれるエルヴィン・ロンメル将軍とをトリポリに送った。そのころイタリーの希望は、トリポリを保持することに限られ、リビアを奪回する作戦を考慮していなかった。それを押し切ってイギリス軍を攻撃したのはロンメルであった。

三月三十一日から始まった独伊連合軍の攻撃はきわめて強烈に巧妙に行われ、イギリス軍はリビアの西方から漸次退却して、わずかにトブルックの要塞をドイツ軍包囲の下に維持する状態であった。砂漠の戦争はその補給の困難と空陸協力の必要から、双方ともに多大の辛苦をなめた。現実に戦場に現われる将兵は両軍各々十万を出なかったけれども、これを戦線に維持するには少なくもそれに二、三倍する人員と、莫大な物資とを必要としたのである。

イギリス軍は新司令官オーキンレック将軍の指揮の下に十一月十八日から独伊軍の正面を攻撃して、相当の戦果をあげた。それでもアフリカの砂漠戦は勝敗を決することができなかった。

この戦争は独伊の側からすれば、エジプトとスウェズ運河と、同時にまた東地中海から中東を脅威する遠大な策戦であった。したがってイギリスはきわめて不足勝の兵力をエジプトの守備に派遣し、辛うじてロンメルの攻勢を国境でくい止める姿であった。

一九四二年の夏、モンゴメリー将軍がエジプトにある第八軍の司令官に任命されて以降、ロンメル将軍の旗色は漸次に悪くなり、翌年夏ごろにはついにその基地のチュニジアも危くなり、おりからアメリカ軍の有力部隊がモロッコに上陸して、英米軍の作戦が始まるとともに、北アフリカ一帯はついに米英仏の連合軍に占拠される運命となった。そしてそのことは、イタリーの命運を決する重大な事由ともなったのである。

第一四章　日独伊三国同盟の締結

一　軍閥の走狗となった近衛 松岡

一九三七年の日支戦争以後政権は急速に軍閥の手に帰し、第二次近衛内閣に至っては陸軍軍閥のロボットとして新内閣が登場した如き形であった。

米内内閣が陸相のボイコットによって倒れた後、一九四〇年七月十七日の重臣会議は、挙国内閣を組織しうる唯一の政治家として近衛公を推すことをきめた。近衛は、現下の危機にそなえて、すでに熱心に準備してきたと思われるのに、この期に及んで重荷をひきうけようとしなかった。「自分は適任でない、だれかもっと陸軍に近い人が選ばれるべきである」とかれは言った。しかし、近衛はすぐに木戸内府から説得された。木戸の見解は、「近衛はなんとかうまく陸軍の同意を得、かつ政界とも近づくことができるだろう」というのであった。

そのあとで、元老のうちただひとりの生存者であった西園寺公爵に意見が求められた。

かれは、事情によく通じていないといって、意見を述べようとしなかった。かれの秘書原田が記録するところによれば、かれは、絶望の溜息とともに次のように言ったといわれる。「唐の太宗が善政を施き、国を改革しているときに、則天武后があらわれて、学者、文人を暗殺したり、残忍なふるまいをしたりして、ついには社会を完全に破壊してしまった。ある意味では軍部は、武后になぞらえられよう」(原田日記、第八巻、二九四ページ)。

宮中と重臣とが起ることあるべき事態に不安だったことは、かれらの談話の調子に現われている。同夜、近衛公は組閣の大命をうけた。後日、木戸内府のいうところによれば、その時天皇陛下は木戸に向って、「内外の情勢に鑑み、外相および蔵相の人選にはとくに注意を要する」むねを近衛に助言するようにと申された。この言葉にもかかわらず、外相には松岡(洋右)がなることになっていたのである。しまりのない話ぶり、いつも興奮した混乱状態にあって気のうつりやすい松岡は、西園寺老公のたとえ話を現実の世界につたえるためにえらびだされた人物のようなものであった。

近衛が政局に立つとすれば、

第一に陸軍が要望する国内の庶政改革、就中《なかんずく》自由主義による議会の運営を止め、政党を解消して一国一党の官製議会となし、いわゆる挙国体制を以て戦争の完遂に当るように工夫しなければならぬ。

第二に第一次近衛内閣の時に始まった日支戦争は爾後ますます拡大して、日本軍は南船北馬奔命に疲れている。この戦争を勝利によって終結することは近衛の責任である。第三に陸軍は、日本の孤立化をおそれて第一次近衛内閣以来、三国同盟の締結を要求している。これになんらかの解決をつけなければならぬ。第四に満洲事変から日支戦争に及び、米英との関係は、年と共に悪化しつつある。ここにアメリカとの了解の端緒を見つけて破局を防止しなければならぬ。

これらの難問を背負って政権の地位に立つことは、実に容易ならぬ責任である。近衛が大命を受けることに躊躇したのは、それだけの理由があったのである。

近衛公は内閣組織を命ぜられたその日に、瓢然と軽井沢の別荘に赴き、松岡洋右を呼びよせた。その時の状況は松岡の外交顧問として進退を共にした斎藤良衛の『日独伊三国同盟回顧』(昭和二十六年、外務省)と原田日記とに詳細に記述されている。近衛公は松岡洋右の人物について誤った認識をもっていた。彼はまもなくその過誤を悟って後悔したが、原田日記によると(日記、第八巻、二九三ページ)七月二十日の午後、原田が近衛と電話で話した時、「松岡は日米戦争でもやるような風にいい出すので、初めのうちは海軍大臣なども驚いていたようだが、結局は非常に穏健な論で安心したようだった。ああいう柄にないことを一応云って、人を驚かしたりすることは、どうも彼の欠点だ」と語ったとある。

著者自身はヴェルサイユ平和会議にも松岡と一緒に全権事務所で働いた経験もあり、近衛公もそのときには西園寺公の私設秘書としてしばしば松岡と接触した。上記の近衛の印象は、そのころの印象も手伝っていたものであろうが、これは確かに松岡の一面を物語るものである。しかし斎藤良衛がその回顧録に詳述しているように、それは彼の一面に過ぎなかったのである。「近衛公は松岡に外相就任の内交渉をすると同時に、軍人の外交関与を押えうる人物は、君をおいて無いとおだてたものだ。松岡はああいう男だから、〃私が外相を引受ける以上、軍人などに外交に口出しはさせません〃といい切って帰京した。それから三日ほど経って開かれたのが例の四頭会談だ。東條陸相、吉田海相(当時はいずれも米内内閣の閣僚)、近衛、松岡の四人が近衛の別邸荻外荘に会合し、新内閣の根本方針を討議した。その際松岡は外交一元化の絶対必要を力説し、東條、吉田の両人をして無条件に承諾させたのだった。これが空念仏であったことは、先ず四頭会議の第二日目に東條が二十カ条から成る協議要項を提出し、その大部分が外交政策に関するものであったことから立証され、その後も陸軍の外交干渉は依然として続けられた」(斎藤、同盟回顧、一五ページ)。近衛内閣結成の根本方針として荻窪会談で協議したものは、まもなく七月二十六日に「基本国策要綱」として閣議で決定された。

立ち位置

『広辞苑』に「停止位置」という項目はない。「停止」と「位置」の項目をそれぞれ引けば容易に意味の分かる言葉だから、というのがその理由。一方、「第七版」では「立ち位置」という項目を新しく立てた。これは、立つ場所という意味のほかに、人間関係や社会の中でのその人の立場や序列という比喩的な意味が生まれ、「立つ」と「位置」からだけでは分かりにくいため。

二　七月二十七日の時局処理要綱

翌二十七日開かれた大本営政府連絡会議で決定した「世界情勢の推移に伴う時局処理要綱」はかなり長文のもので多岐にわたるけれども、要するに新内閣が達成すべき二つの主要な目的は、(a) 中国における紛争の終結を促進することであり、(b) 他の有力国との戦争に導くことのないような範囲内で南方問題を解決することであった。これらの目的のために、日本は、次のような方法を採ることになっていた。すなわち (1) 一方ではアメリカに対し確固たる態度を保持するとともに、他方ではドイツ、イタリーとの政治的結合と並んで、ソ連と日本の関係の全般的な再調整を遂げること、(2) 仏領インドシナ(必要ならば武力を以て)、香港および中国内の外国租界に対し、蔣政権への援助を阻止するのを目的に、さらに強力な手段を採ること、(3) 必要不可欠の原料を得るために、蘭印に対しもっと強力な外交を実行することであった(正文は『日本外交年表』下、四三七―四三八ページ)。

連絡会議の決定が中国大陸における戦争以外に英仏両国に対しても武力を行使することを認め、アメリカについては開戦の避けえざる場合を予想し、これが準備を進めると規定してある。これは他日に至って軍閥の主張に内閣が屈服する陥穽となったものであって、端的に日本は英米仏蘭等を向うにまわして戦争を始めることを決定したとも解釈しうるものである。これは近衛として心にもない方向に重要政策を決めて、抜き差しならぬ破目に落込んだきわめて無責任な態度の例であった。

「そこで近衛は組閣早々軍を押えるか、それに服従するか、もしくは内閣を潰すか、いずれかを選ばねばならぬ羽目に陥った。しかるに第一は命がけの仕事だし、第二は面子や政治良心が許さないし、第三もそう容易に思い切れるものではない」（斎藤、一五—一六ページ）、「陸軍は……もしも近衛が思うように動かぬならば、平沼、米内両内閣を仆したのと同じ手口でこれを潰そうと決心してかかっている。しかるに近衛は松岡ばかりを陸軍の攻撃目標とするほどのいかにも公卿らしい狡猾さはもっていても、政治新体制はじめほとんどすべての内政を陸軍側の思う通りにさせられた」（斎藤、一六ページ）。

率直にいって彼の閲歴は、その性格についての噂以上に安心する理由となるものはなかった。かつて一九三七年、かれが首相であったとき、中国での戦争が始まった。かれは、陸軍がやっていたことにまじめに遺憾の意を示しはしたものの、決してそれをやめさせる威力はなかったのである。従ってまたはるかに深い惑乱と緊張の時期に当って、かれが断固たる手段をとると考えるべきなんの根拠もなかったのである。

近衛が職にあった運命的な期間に、陸軍は折りにふれてかれのごきげんをとったし、またときにはかれが陸軍のごきげんをとった。かれは常に、陸軍の道具の役はしたくないと言ってはいたが、その役をつとめなければならないような立場に置かれることになったのである。それは、陸軍と親密な一グループが政治新体制の計画について盛んに論じていたところである。近衛は原田に自己の見解を次のように語った。「もしこの計画が採られたら、陸軍は、内閣をゆり動かしひっくり返す手段にそれを利用するかもしれない。かれらはどうも自分を内閣を作るための道具として使いたいらしい。自分はそんなことはお断りだ」と。原田曰く、「かれらが相談に来たとき、あなたは決して当惑の様子は示されなかったでしょう」。

近衛「とくに困惑した様子は見せなかったが、かれらの考えに同意するつもりはすこしもない」。

これがアメリカ政府との交渉の行詰りに、またかれ自身の心のなかの最後の行詰りに近衛を追いこむことになるような心的要素をなすものであった。

近衛が就任した直後、グルー駐日大使はその日記にこう書いている。「一見したところ近衛政権は……枢軸と東亜新秩序の建設とに向ってしゃにむに進もうとし、アメリカおよびイギリスの権益や、原則、政策などを荒しまわろうとする一切の兆候を示している」と。

三　日独伊三国同盟の締結

陸軍が米内内閣を打倒した最大の原因は、その宿望とする枢軸同盟がこの内閣の手によって達成せられないことに業を煮やしたことであった。この目的のために、陸軍は近衛内閣の成立に努力した。七月二十七日の「時局処理要綱」にはすでに原則として三国同盟の結成がうたわれていたが、それは近衛ならば成功すると陸軍が初めから見込みをつけていたものである。

そこで松岡が外相に就任するとたちまち三国同盟条約の締結を軍から持ちこまれた。松岡の顧問、斎藤良衛の記すところによると、かれ自身で外務省を調べて見ると、かかる重要問題に関する資料はきわめて不完全であり、陸軍側に問合せても資料らしいものの持合せはなかった。何故に日本はドイツと結ばねばならないのか、ドイツと結ぶことによって、支那事変の解決にどう役立つか、同盟締結が米、英にどんな反動を惹起するかといった調査はなにひとつ無かったのである(三国同盟は第一次近衛内閣の宇垣陸相の時に初めて問題となり、平沼内閣の五相会議は前後七十数回にわたって協議を重ねた。それほどの問題に関する調書のない事は驚くべきことである)。

そこで斎藤顧問は松岡に対して至急予備的調査を進めるように助言したけれども「当時ドイツとの握手に反対していた松岡は、あまり気乗りがしていなかった」(この点は国際軍事裁判の判決書や英米の著書に、松岡が当初から三国同盟の締結を考えていたと記しているのは斎藤の記述とは異なる。おそらく斎藤のいうところが真実に近いと思われる)。

「ところが形勢は急転して陸軍の攻勢は激しくなり、支那事変急速解決への焦慮が高まり、米英の圧迫が強くなるという訳で、松岡はとうとう三国条約に傾き出した。そして一九四〇年八月末に条約を結ぶ決心を固めたのである」。

ドイツ政府はスターマーを条約交渉の特使として東京に派遣した。スターマーは九月四日に松岡と会見した際リッペントロップの伝言として英文で認《したた》めた文書を手交したが、それには日本が希望するなら、ドイツは日ソ国交の調節に努力するであろうという一節があった。「松岡としてはむしろ意想外なドイツの申出を受けた瞬間からドイツに好意をもち出したようである」（斎藤、六三ページ）。

松岡・スターマー会見は極秘の間に行われたが四日、八日、九日と前後三回の会談で双方の意見が一致した。この条約文はもっぱら斎藤良衛の手で出来上ったと回顧録に記してある。

松岡とスターマーとの会見第一日、九月四日に先方から切り出した案は、さきに決定した大本営政府連絡会議での要綱と不思議なほど符節を合せたものであった。

ドイツの提案は、「松岡・スターマー会談記録」によると次の通りである（斎藤、一六三―一六四ページ）。

一、ドイツは今次戦争が世界戦争に発展するを欲せず、一日も速かにこれを終結せしむることを望む。而《しこう》して特にアメリカが参戦せざることを希望す

二、ドイツはこの際英本国戦争に日本の軍事的援助を求めず
三、ドイツが求むるところは、日本があらゆる方法によりてアメリカを牽制しその参戦を防止する役割を演ずることにあり。ドイツは今のところアメリカは参戦せずと思惟するも、万これなきを期せんとするものなり
四、ドイツは日独間に了解あるいは協定を成立せしめ、何時にても危機の襲来に対し完全かつ動的に備えること両国にとり有利なりと信ず。かくてのみアメリカが現在の戦争に参加することまたは将来日本と事を構うることを防止し得べし
五、日独伊三国側の決意せる毅然たる態度、明快にして誤認せられざる底の態度の堅持と、その事実をアメリカをはじめ世界に知悉せしむることによってのみ強力かつ有効にアメリカを抑制し得。これに反し軟弱にして微温的なる態度を採り、もしくは声明をなす如きはかえって侮蔑と危険とを招くに止まるべし
六、ドイツは日本がよく現下の情勢を把握し、以て西半球より来ることのあるべき危険の重大性と現実性とを自覚し、以てアメリカはじめ他の列国をして揣摩《しま》憶測の余地なからしむる如き日独伊三国協定を締結することに依ってこれを予防するため、迅速かつ決定的に行動せんことを望む
七、先ず日独伊三国間に約束を成立せしめ、然る後直ちにソ連に接近するにしかず。日ソ親善につきドイツは「正直なる仲買人」たる用意あり、而して両国接近の途上に越

ゆべからざる障碍ありとは覚えず、従ってさしたる困難なく解決しうべきかと思料す。イギリス側の宣伝に反し、独ソ関係は良好にして、ソ連はドイツとの約束を満足に履行しつつあり

これは第二次近衛内閣成立早々から陸軍の連中が松岡に説いた三国同盟案そっくりそのままといってよいほどに酷似したものであった。

右のスターマーの口上書はドイツ政府が九月二十六日にモスコウにおいてモロトフに通告した三国同盟の趣意書とも符合するものであって、同盟の目的がもっぱらアメリカの参戦を牽制するにあったことは明白である(『大戦の秘録』二五八―二五九ページ――『大戦の秘録』とは一九三九年ないし一九四一年の独ソ関係に関する公文書をドイツにてアメリカ軍が押収し、国務省より出版したもの、邦訳は読売新聞社)。

そこで松岡とスターマーとの間の話はトントン拍子に進行して、会談第一日に早くも条約の大綱が決定した。この会談においてスターマーは「イギリス本国との戦争には日本の軍事的援助を求めない」と明言した。その時松岡は「日本が三国同盟の当事国であるとの理由をもって、戦争に引込まれるものと認めた場合、条約を一方的に廃棄する積りである」とはっきり申し入れた。するとスターマーは、これを無論のこととしてベルリンへも報告している。

もしアメリカがドイツとの戦争にまきこまれた場合、対米戦にはいるかどうかを、日本自身が決定することを、三国条約は日本にまかせたのだと、アメリカに納得させようとしたからである。

「日本は必要とあれば、武力に訴えることを含むいかなる行動をもとることを決意すべきである」とこの政策指針は言明した。なおそれは特に次のように述べている。

イギリスおよびアメリカに対するありうべき武力の行使に関し、日本は、つぎの原則に従って独自に決定を行なうであろう。即ち、(1)支那事変がほとんど解決した場合には、日本は、国内および国外に行きわたっている状況から生まれるような有利な機会をとらえて武力を用いるだろう。(2)支那事変が解決されなかった場合には、戦争を含まぬ限界内で行動するということが日本の指導的原則であるだろう。しかし、もし外交上の、また外国の諸条件が決定的に有利な転回を示すならば、我々の準備が完全であるかどうかに拘らず、国際的状況がもはやこれ以上の猶予を許さないと認められるならば、日本は武力に訴えるであろう。

欲求はするが、そのことを認めない。決定するけれども、なお余地をのこしておく。約束はしても、時期あるいは期日を誓約しない。こういうのが日本外交のこの時期の特質であった。

この会談中スターマーの述べた事項のうちで、特に注意を要するものは、(1)ドイツとイギリス本国との戦争に関する限り、ドイツは日本の軍事的援助を求めず、主として経済的援助、就中《なかんずく》東南洋からの軍需物資獲得に援助を求めること、(2)ドイツは極東の政治に容喙《ようかい》する意思のないこと、および、(3)ソ連を枢軸国に同調させる一段階として、ドイツが日ソ国交調整を斡旋すること、それがなんらの故障なしにすぐに成立する見込みであること等で、これらはいずれも日本に好感を以て迎えられ、交渉がすらすら進捗する動機となった。ことに(3)のソ連の枢軸国への同調は、世界のバランス・オヴ・パワーを枢軸側へ傾かせ、アメリカの参戦抑制を決定的たらしめるものとして、最も歓迎され、三国条約の世界平和保持的性格を完成するものとさえ考えられたものであった。近衛はその手記の中にこれを強調している。

その頃近衛は、野村、有田両外相の試みた日米関係の打開が困難となっており、日本孤立の危険は刻々に迫ると見て、これが「唯一の打開策はむしろアメリカの反対陣営たる独伊と結び、さらにソ連と結ぶことによりてアメリカを反省せしむる外はない。独伊だけでは足りない。これにソ連が加わることによりて初めて英米に対する勢力の均衡が成り立ち、この勢力均衡の上に初めて日米の了解も可能となるであろう。即ち日独ソの連携も最後の狙いは対米国交調整であり、その調整の結果としての支那事変処理であったのである」(近衛手記、一二二ページ）。

条約原文は短かいけれども意味深長だった。日本は、ヨーロッパ新秩序の建設におけるドイツとイタリーの指導的立場を承認し、そのかわり両国は、大東亜新秩序の建設における日本の指導的立場を承認した。条約第三条は、次のように明記している。

日独伊三国は、右の方針にもとづく努力に関し相互に協力することに同意する。三国はさらに三盟約国の一国が、現在ヨーロッパ戦争または日支事変に加わっていない一国によって攻撃された場合には、いっさいの政治的、経済的および軍事的手段をもって、相互に援助する責任を負う。

こうして、三国は、アメリカと名ざさずに、アメリカを対象とする方法を選んだのである。

日本は、単独では、広大な場面に広がっているアメリカの反対を押切ることができなかった。ドイツもまた、単独では、やはりそうだった。しかし、日独協力してやれば押切ることができるかもしれない。かれらを一緒に引きつけたのは、この希望であった。この共同の目的は、三国協定に最終的な承認を与えた。九月二十六日の御前会議において、松岡外相によって次のように簡明に述べられた。「ドイツはアメリカの参戦をさまたげようと欲し、日本はアメリカとの交戦をさけようと欲する」。

これは明らかに日本政府が、アメリカにおいても今後はその足どりを警戒して、ドイツ、日本の両国と戦うよりも、むしろ譲歩するだろうと確信していたのである。こういった打算をした人々がもし、九月三十日のハル国務長官と国務省首脳部との会合に出席してその協議を立聴きしていたならば、松岡等の確信はゆりうごかされたことであろう。

ハルの述べたところによれば、もし日本がこの地域に進撃するならば、アメリカは、シンガポール基地が日本の手におちて、オーストラリアとニュージーランドが侵略にさらされるのを坐視することはできないだろう、と。この点は、はっきりしていた。当面のところ、日独伊三国が自己の勢力を拡張しようという、共同の企図を拘束することはいずれの国もできないし、また、さればとてかれらに対して宥和政策をとることはできないと国務省は確信していたのである。

スターマーが申し出た日ソ国交調整のためドイツが仲介の労をとるとの腹案は、大いに松岡を動かしたことは前述の通りであるが、これに対して日本側からいかなる方法で約束を実現するのかとの質問を出すと、スターマーは的確な回答を与えず、ひたすらドイツを信頼してくれとの一言で深入りをさけた。この報告を聞いた近衛首相はドイツの態度に疑いをはさみ、かような約束をアテにして同盟を結ぶことの危険を松岡に説いた。しかし軍部はこれに耳をかさず、東條陸相は武藤章を近衛と松岡の許に遣わし、ヒトラーと在独陸軍武官との会見録などを持出して、ドイツの誠意を立証しようとした（斎藤回顧録、一五一ページ）。その文書によると、日ソ国交の調整には、

一、三国同盟にソ連を参加させること

二、独ソの勢力圏劃定によって、両国の紛争の原因を除き、重ねて三国の対米英措置にソ連を同調させること

であったが、ソ連がかような案に乗ってくるかどうかは、ドイツ自身も確かな証拠を持っていなかった。

しかしその後、条約成立ののちドイツは前後三回にわたって日ソ国交の調整をソ連に申出たが、ソ連がこれを受付けなかったことは、記録に残っている。この点ではヒトラーも松岡も当初から希望的な観測に囚われて、ソ連の態度についての判断を誤ったのである。それればかりではない、日本政府では、イギリスとの戦争には援助を求めないとのドイツの保証があるから三国同盟は平和的性格をもつと、近衛も松岡もその他の文治派も考えたのであろうが、この点はドイツの了解を取りつける前に、まず陸軍から一札取って置く方が重要であったわけである。

松岡がベルリン訪問の際、ヒトラーは日本軍のシンガポール攻略がイギリスに決定的打

撃となるといって松岡を説得しようと試み、松岡がこれは日本の自主的決定を待つべきだと答えたことは、のちに記す(松岡訪独の項)通りであるが、ドイツ側の前後矛盾した行動は、これだけでも必ず松岡によく解ったはずであった。

九月四日の閣議において枢軸強化の方針が採択された際の松岡の心境は、彼が斎藤に語ったところによれば、「三国同盟に世界平和保持の方法としての性格をもたせることによって陸軍と妥協した」というのである。枢軸強化の提案は東條陸相から出たものであったが、近衛公も及川海相も共に松岡の解釈に同調して、この案を認めたことは近衛の手記にも残されている。

近衛内閣は九月十九日の閣議において独伊枢軸に参加する条約案を採択した。

第一条　日本国ハ独逸国及伊太利国ノ欧洲ニ於ケル新秩序建設ニ関シ指導的地位ヲ認メ且之ヲ尊重ス

第二条　独逸国及伊太利国ハ日本国ノ大東亜ニ於ケル新秩序建設ニ関シ指導的地位ヲ認メ且之ヲ尊重ス

第三条　日本国、独逸国及伊太利国ハ前記ノ方針ニ基ク努力ニ付相互ニ協力スヘキコトヲ約ス更ニ三締約国中何レカノ一国カ現ニ欧洲戦争又ハ日支紛争ニ参入シ居ラサル一国ニ依テ攻撃セラレタルトキハ三国ハ有ラユル政治的、経済的及軍事的方法ニ依リ相

互ニ援助スヘキコトヲ約ス
第四条　（略）
第五条　日本国、独逸国及伊太利国ハ前記諸約項カ三締約国ノ各ト「ソヴィエト」連邦トノ間ニ現存スル政治的状態ニ何等ノ影響ヲモ及ホササルモノナルコトヲ確認ス

この条約は十カ年間有効のものとしてあった。

四　近衛、松岡の見込み違い

三国同盟の締結が果してアメリカの参戦を抑止しうるものであるかどうかについては、色々の議論があった。近衛首相もその見通しについては誤りのあったことは、近衛手記（二〇ページ）を読めば明瞭である。同手記にはこう書いてある。

締結直前の御前会議においても「アメリカは従来日本が独伊側に走るを阻止するため、日本に対する圧迫を手控えていたが、日本がいよいよ独伊側に立つということになれば、自負心強き彼らの事ゆえこれにより反省するどころか、かえって大に硬化すべく、日米国交の調整は一層困難となり、ついには日米戦争不可避の形勢となるべ

し」との説も出た。しかしながら松岡外相は「日米の国交は今日までの経験によれば、もはや礼譲または親善希求等の態度を以てしては改善の余地なく、かえって彼の侮蔑を招きて悪化させるだけである。もしこれを改善しこの上の悪化を防ぐ手段ありとすればスターマーの言のごとく毅然たる態度をとるということしか残っていない。その毅然たる態度を強めるために一国でも多くの国と提携し、かつその事実を一日も速かに中外に宣明することによりてアメリカと対抗することが外交上喫緊事である。しかし本大臣はかかる措置の反響ないし効果を注視しつつなおアメリカとの国交を転換する機会はこれを見逃さない積りである。それにしても一応は非常に固い決心を以て毅然対抗の態度を明確に示さねばならぬ」と主張したのである。

さらにまた近衛内閣では三国同盟が将来ソ連を同盟側に引入れるということを前提として締約したのであったが、この点もまもなく現実暴露の悲哀に直面した。近衛手記は次のように当時の経過を記している。

翌十六年三月松岡外相がベルリンを訪問するやヒ総統もリ外相も口をきわめてソ連の不信暴状を語り、前述のリッペントロップ腹案についてもモロトフは原則としてこれに賛成しながら、ドイツとしてとうてい承認できぬ三十何カ条の交換条件を提出したといい、ソ連に対しては一度打撃を加えざればヨーロッパの禍根はとうてい除かれないと称し、前年の三国条約締結当時の約束とは打って変った話であった。そこで松岡はリ外相に対し、もし独ソの間に事起らば日本としては非常な影響を蒙るから戦争にはにわかに同意し難き旨を述べ、さらに松岡は、「東京への帰路モスコウに立寄り日ソ国交調整の話を進める考えである」といったところリ外相は「ソ連は不信の国だからその話はむずかしいだろう」との疑念を洩したので、松岡は「しかしもし話が出来たらどうだ」と尋ねたところ、リ外相は「出来たらそれは結構である。がしかしとうていまとまらないだろう」と述べた。

以上は松岡外相帰朝後の報告談話として近衛手記に出ている(近衛手記、二二三―二二四ページ)。松岡外相は帰路モスコウに立寄りソ連当局と交渉の結果、日ソ中立条約がドイツの予想に反して成立した。大島大使の電報によればヒ総統はすこぶるこれを意外としたらしく、リ外相は同大使に「自分は松岡外相にたいしあれほどはっきりと独ソ戦の不可避なることを話しておいたのに、ソ連と中立条約を締結されたことはその真意を了解するに苦しむ」と厭味を述べた。

なるほどリッペントロップのいうところと松岡外相のいうところとは、かくくい違っていたことは間違いない。ドイツ政府と日本との間で話合った勢力圏については、同盟条約の交渉を始めた当時松岡がオット、スターマーのドイツ代表に次の趣旨を告げ、これをメモにして先方に手交し、ドイツ側から正式に確認したのである。そのメモは次のように記されている(斎藤回顧録、一三九ページ)。

大東亜の範囲は世界情勢の変化につれて当然変動すべきものではあるが、目下の考えとしては仏印、タイ、ビルマ、マレー半島、蘭印、ニューギニア、ニューカレドニア等を含むオセアニア群島を含ませるつもりである。従ってオーストラリア、ニュージーランドおよびその以南の諸島は大東亜の地域には含まないものと了解されたい、しかしこれとても時とともに範囲が広まるかもしれない。

しかしこの同盟の目的はヨーロッパおよびアジアにおける「新秩序」のために、日本、ドイツおよびイタリーの協力をとりきめることであった。ドイツとイタリーは、東亜における日本の「生活圏」を承認し、尊重することを求められ、一方、日本は、ヨーロッパとアフリカにおけるドイツとイタリーの「生活圏」を承認し、かつ尊重する。同時に協定関係国は、いっさいの可能な手段によって、すなわち政治的、経済的に、さらに必要ならば武力によって、このような圏域を建設するために協力することであった。して見れば日本は随分重い責任を負ったともいえるわけである。

五　天皇陛下の御意向

今回の三国同盟条約は日本が当面参戦を求められていないし、またこの条約は日米戦争の機会を少なくするものと海軍の巨頭や宮中関係の要人たちは期待した。天皇陛下もこの点に御焦慮になったことは、木戸日記の九月十四日および十五日の項に書きとめてある。九月十四日、松岡が、陸海軍参謀の首脳者とともに、スターマーとの会談の進捗について天皇陛下に上奏したとき、陛下はむしろ憂色をしめされたと木戸の記録にある。天皇は自ら近衛首相に対して、松岡からの報告があった当日かその翌日次のように申された。

「現状においてはドイツとの軍事同盟の調印はまぬかれないと思う。アメリカに対処する他のどんな手段もないとすれば、それが唯一の解決であるかもしれない。しかし、アメリカとの戦争の場合に、海軍は一体いかなる行動をとるつもりであろうか。もし日本が敗北したらなにがおこるか、わたくしは非常に憂慮している。万一そうなったとき、首相は苦悩と労苦とをわたくしとわけあうつもりであろうか」。

この天皇のおことばに対し、近衛は、かつて日露戦争勃発の際に、伊藤公爵が明治天皇に答えたことばを引用して、次のように天皇に回答した。

「わたくしは、いっさいの勲位爵位をなげうって戦場におもむき、ただひとり死ぬつもりであります」と。

近衛の語ったところによれば、かれが閣議でこの談話をかたったとき、松岡は居あわせた政治家たちとともに声高く泣きだしたという。三国同盟を、もっとも熱心にとりまとめたのは松岡であった。かれは東條と一緒に、疑いをもつ人々をむりに同意させたのである。ある程度まで、松岡には説得力があった。おそらくかれは、この同盟条約が日米戦争を回避する最良の道であると説得することによって、人々の危惧の念を払いのけ、かれらに戦争の代りに平和を約束したのである。かれは、弁舌さわやかに、万一の事態に対しては、日本はその義務の遂行について自ら決定を行う自由を保留するものである、ということを確言した。

近衛首相自身も、この見解をとっていた。そして、かれは松岡と一緒に天皇の憂慮をしずめようとした。天皇はこの意見を受けいれた。また、海軍もついにこの見解に同意した。そして海軍は直ちにより多くの船と飛行機とを要求した。あきらかに、海軍は松岡外相の保証を全部は信じていなかったのである。海軍はなお同盟条約を好まなかったが、九月十六日にはすでに、同盟反対論は制圧された。

三国同盟の締結を決定する時に、どういう風に陛下の御裁可を得たか、西園寺公もそれを心配していた。原田は条約調印直後十月十八日、高輪の御殿で高松宮殿下に同盟締結の事情をくわしく御話しした際、西園寺の心境について次のように申し述べた。

その当時内大臣および総理大臣が、いかように陛下に申上げたか、西園寺にはまだ疑念が残っております。あれまでに陛下は「絶対に許さんぞ」と言っておいでになった(平沼内閣当時)ものを、どういう風に説いて御承諾を得たか、非常に疑問に思っております。これを木戸や近衛にききますと、要するに海軍が承知した、そうして結局は、外務大臣および総理大臣もアメリカに対してもう打つ手がない。アメリカをして参戦せしめない方法は、日独伊の軍事同盟によってやるよりしようがないという風な意味で陛下に申上げたという大体はわかっておりますけれども、いままでの経緯を考えますと、西園寺としてはまことに恐懼《きょうく》に堪えない。かねて松平宮内大臣も、「自分の地位として直接政治に干渉しないけれども、陛下の御前に出るたびに、陛下はなんとなく遺憾であるように申された」と、非常に御同情申上げています。今度の三国同盟については、西園寺は寝耳に水でありました(原田日記、第八巻、三七二―三七三ページ)。

この原田の言によって知られるように、元老西園寺が予て日独伊三国同盟に反対であることを承知していた近衛公は、従来の例に反し、この重大な外交施策について元老の意見を徴することなくして決定した。そして天皇陛下もまた反対であることを十二分に知っていたから、平和維持のための同盟であると言葉の綾でゴマ化して、これが一路戦争へ直進する所以であることを認識せず、遮二無二邁進したのである。グルーはその『滞日十年』十一月十八日の項に次のような聞き込みを記入している。

宮中に近い関係にある人から直接耳にしたところによると、天皇は三国同盟に同意することをこの上もなく嫌い、最後に松岡が、枢軸国との同盟が締結されぬ以上、合衆国との戦争は避けえないという、深くたくらんだ確信を申述べるに至って、とうとう同意されたそうである。その後松岡が私に語ったところから判断するとこの話は真実の響きをそなえている。

九月二十六日に同盟条約は枢密院で諮詢されたが、この日も顧問官から数々の質問が出て、石井菊次郎は最後までただ一人で反対の意を表した。石井は「ドイツと同盟した国で、利益を収めた国は歴史的には一国もない」と言い切った。この会議における質疑には、二つの不安――第一にはアメリカ海軍に関し、第二には日本の石油供給の涸渇に関して――が述べられた。

第一の不安については及川（古志郎）海相は次のように制限つきの確信を述べただけだった。

日本艦船の戦闘準備はすでに完了している……当分のあいだは、もし、アメリカが短期決戦をわれわれに挑むと仮定するならば、自分は勝利の十分な確信をもっている。将来の計画に関しては、わが海軍の質を向上させ、可能なかぎり軍備を拡大したい。

第二の不安である石油については、確かな解決を示唆するものはなかった。

この日の政府の答弁は、会議出席者のすべてを安心させはしなかった。しかし、政府は、同盟がアメリカとの危機を回避する機会を増すだろうとくりかえし主張することができたし、また事実このことを主張した。松岡はこれを次のように説明した。「日本帝国は、われわれにとって有利な国際的情勢をもたらすために、この機においてドイツおよびイタリーと同盟し、またソ連との関係を調整すべきであり、これによって日米間の戦争の勃発をさけるべくわれわれの最善をつくすべきである」。また、近衛、松岡、東條が一致して会議で説明した点は、次のようであった。「アメリカのきげんをとることによって危機を避けうるというような考え方はあやまりである。危機をさけるためには、われわれは確固たる立場をとり、決して他のいかなる立場をもとってはならない。かような確固たる立場にたって、われわれは、不幸な状況がおこるのを防ぐことができるであろう」。

危惧の念を帯びたことばをつかいながらも、枢密院会議は同盟条約案を承認した。

同盟条約が連絡会議で可決されたとのニュースは九月十九日にベルリンへもたらされた。イタリーのチアノ外相はその日記に次のように書いている。

車のなかに入るやリッペントロップは、ただちに、カバンのなかのある意外なみやげ物のはなしをした。それは数日のうちにベルリンで調印されることになっている日本との軍事同盟であった。リッペントロップはまた、この同盟がソ連とアメリカとの両国に対して両刃をもつものであることを語った。

かくして日独伊三国同盟条約は、九月二十七日ベルリンにおいて調印され、世界的に大きな反響を呼んだ。イタリー外相チアノは、調印の祝典について、こんな覚書をのこしている。

条約が調印された。調印は、だいたい「鉄の条約」(一九四〇年五月の独伊同盟)のときのようにおこなわれた。しかし、雰囲気はもっと冷やかだった。主として学童から成るベルリン街頭の比較的少数の群集さえも、秩序正しく歓呼はするが、確信をもってしているのではない。日本ははるか彼方にある国であり、日本の援助は疑問であり、ただ一つのことだけが確かである。それは戦争は長期にわたるだろうということで……。

アメリカの態度を懸念した松岡は、調印直後にグルー大使を招き三国同盟に関する合衆国への声明と題する文書を手渡して、「この問題は全く防衛的のもので、いずれの特定国をも目標としない。この同盟によって、他国から攻撃をうける可能性は減じ、世界無秩序の伝播は防止せられるであろうから、この意味において三国同盟は世界平和に貢献する」と説いた。その時の状況について、グルー大使は、次のように記している。

今日私は招きに応じて松岡外相を訪問し、二時間と十五分話をしたが、その大部分は非公式で、例によって松岡は会談の九五%を独占した。……彼の能弁は一時間でも二時間でも句読点なしに流れるので、彼の論述を後から記録しようとするのは、容易なことではない(滞日十年、十月五日の項)。

六　三国同盟の反響

三国同盟締結に当っては、「万邦その所を得しむる正大な目的に発するものである」との詔勅までも発せられた。しかしながら詔勅の辞句が如何にあろうと、あるいはまた外交的措辞がなんとあろうと、三国同盟が日本にとって米英陣営の援蔣行為を停止せしめて支那事変を完遂し、以て東亜の新秩序を建設することを目的としたものであり、同時に独伊にとっては、アメリカを太平洋正面に牽制して、ヨーロッパにおける新秩序を完成する目的のためのものであることは明らかであった。換言すれば東西呼応して米英旧秩序を打倒し、三国を枢軸とする世界新秩序を打ち建てようとする事実上の攻守同盟であり、強力な外交攻勢にほかならなかった。

三国同盟が、米英陣営を震撼した深刻な脅威であっただけに、その反響もまたてき面であった。グルーは一九四〇年十月一日の日記に、「同盟の主たる目的が、アメリカ合衆国を目標としていることは明瞭である」として、日米国交のためにいたく失望しており、同日の日記を次の句で結んでいる。

九月の日記を書き終る私の心は重苦しい、これは過去に私の知っている日本ではない。

彼は『滞日十年』第五部を綴るに当り、その巻頭に次の言葉を掲げている。それは日本の枢軸同盟加入に対する見解であると同時に松岡外交に対する批判でもある。

「一つの世界と二つの戦争」(一九三九年より一九四一年十二月八日まで)

欧洲戦争の最初の数カ月は、日本人全部に不安な時を与えた。ドイツを恐れぬものはソ連を恐れた。合衆国との間になんらかの了解をまとめ上げようとする努力は新しく息吹いたが、その了解に関する希望は目に見えて減少していった。そしてフランスが崩壊すると共に骰子は投げられた。それまでもよくなかった合衆国との関係は、もっと悪くなった。イギリスは敗北一歩前にあるかの如く見えた。仏印と蘭印は無防禦の姿で南方に横たわっている。一方、中立的なしかし熱心に軍備を強化しつつあるソ連は、増大する関心を以て東方を睨んでいた。単にドイツに引けをとるまいとするだけの意味からしても、日本は当分の間南進に精力を集中しようと決心した。一九四〇年九月末、日本は完全な一員として枢軸側にはいった。この行動は二つの主要目的をもっていた。一つは南進を促進させることであり、もう一つは合衆国に米独間の戦争は米日間の戦争にもなることを予告することであった。合衆国は脅威されることを拒否し、極東における侵略行為に対する堅固な立場をとりつづけた。かくて最後に二国間の戦争は避け難いものとなり、日本は真珠湾を攻撃した。

かくの如くグルーは日独伊三国同盟を以て真珠湾攻撃につながるものとし、この同盟によりアメリカ人の対日感情が極度に悪化した一つの証跡を残している。

ソヴィエトの三国同盟に対する態度はきわめて慎重であった。それはこの条約調印後まもなくベルリンを訪問したモロトフ外相と、ドイツ要人との応酬の中にも、ソ連の懐疑的な態度はよく現われている。機関紙プラウダは九月三十日の論説に次のような趣旨を表明した。

ベルリンで調印された日独伊三国間の同盟条約については、ソ連政府も前もって通知をうけていたし、またこの条約は、世界の現勢を条約文に書き現わしただけのことで特に新しい事態を生ずるものではない。世界はいま、イギリス、アメリカの勢力圏と日、独、伊三国の結合が対立して戦っているのであるが、今までの戦場はもっぱらヨーロッパと北アフリカと極東とに限られていた。しかるに今回の同盟条約によって戦場は全世界に広がった。従って現戦争は一層熾烈をきわめるであろう。

何故にかような同盟条約が締結されたかというと、アメリカが実際的にはイギリスをたすけて戦争に入って来たからこれに対抗しようとするのである。

この条約は日独伊三国の間に勢力範囲を劃定しているが、イギリスとアメリカの負担において三国が利益を分配しようとしても、それがうまく成功するかどうかは疑わしい。ソ連としてはすでに独伊との間に不可侵条約を結んでいるので戦争に不介入の立場は従来と変るところはないのである。

いまにおいてはっきりすることは、日独伊三国同盟に乗出すことが、結局わが国と米英との戦争を必至にするとの見通しは、近衛よりも、軍の巨頭よりも、天皇陛下の御判断が最も正しかったということである。

アメリカの対日観は――イギリスも内心は同様であったが――日本の対支政策が、九カ国条約に背反し、中国の領土保全と門戸開放の原則を無視しているばかりでなく、独伊の独裁政治家と提携して、英、仏、蘭等の領土を占拠し、アメリカを脅かして参戦を思い止らしめようと画策しているが、アメリカは日本の脅威に屈してヨーロッパの自由の闘いに傍観の態度を持することは許されないことだと堅く決意したのである。

これに対して陸軍の主張した大東亜共栄圏政策は、正面からアメリカの理想と実際政策とに挑戦するものであったが、近衛、松岡も結局においては陸軍の主張に屈服したのである。だからこのときから近衛、松岡の政策によって日米間の了解が達成されることは、所詮、望みのないことであった。ことにその当時のアメリカ首脳部、コーデル・ハル、スティムソン、モルゲンソー等の書き残した文書をみれば、この事実は毫も疑う余地のないほど明瞭なものである。

第一五章　近衛新体制とその反動

一　新体制を生んだ背景

戦争の長期化に伴い、軍は国防国家としての体制と組織とを急速に造り上げようと工作した。それには自由主義的な政党を排除し、「軍、官、民一体となり（実際は軍の指導の下に）強力な国防国家を造らなければならぬ」と考えた。この言葉は新体制準備会で軍の幹事が述べたところであって、原田は直接そのことを新体制準備会の幹事高木海軍少将から聞いたと日記に記している。さらにまた陸軍は政党を打って一丸としていわゆる親軍党を結成し、これを陸軍の意のままにひきずって行こうという計画であり、近衛をロボットにするつもりがあったとも書いている（原田日記、第八巻、三二五―三二六ページ）。

近衛文麿は歳若く門地高く、文化人でもあって新しい政界の指導者として各方面から高く評価されていた。政党政治家を旧套《きゅうとう》に堕するものとして毛嫌いした知識人は近衛の政界登場を待望したのである。

一九四〇年の六月下旬、近衛公は枢密院議長の職を辞して野に下った。そのときの彼の心境は、時勢に鑑みて満洲事変以後の軍の動向、内外の諸情勢に鑑みて、挙国政治体制を結成する必要が痛感され、場合によっては、自らその指導者の地位を引受けようとすることにあった。近衛は二十四日に次のような声明を発表した。

強力なる挙国政治体制を確立するの必要は何人も認めるところである。自分は今回枢密院議長を拝辞し国民の一人としてかくの如き体制を確立の為に微力を捧げたいと思う。

最近とみに活発になったいわゆる新党運動もこの新体制確立という意味ならばまことに結構である。しかし単なる既成政党の離合集散というような眼前の政権を目標とすることはできぬ。

真の挙国体制の確立は非常に困難なる仕事である、しかも重大なる内外時局はこれが実現を要求することきわめて切なるものがあると思う。これ自分が今回枢密院議長の重任を拝辞したるゆえんである。

近衛新体制当時の政治状況の一端を端的にあらわしたものとして、近衛文麿の手記の一節を見よう。その中に「……もはや、各政党自体のみの力によっては、軍部を抑制することは不可能であった。故に、かかる既成政党とは異なった国民組織、全国民の間に根を張った組織と、それの持つ政治力を背景とした政府が成立して、はじめて軍部を抑え、日支事変を解決することができるとの結論に達し、これが組織化について研究することが、第一次内閣総辞職に際し、私の心に持った大きな希望であった」という一節があるが、これは当時の満洲事変を跳躍台として急速に増大した軍部ファッショ勢力の脅威を生々しく物語っている。軍部は、この事変を契機として、「広義国防国家建設」を唱道しつつ反政党攻勢を展開、これを背景とする青年将校、右翼団体による政党打倒の直接行動が相次いで勃発した。このため、政党勢力は著しく弱体化し、五・一五事件以後は、政党に基礎を置かないいわゆる「中間内閣」が、軍部、官僚の操作のもとに政権を握ってきた。第一次近衛内閣成立の直後勃発した日支事変は、近衛の不拡大方針をよそについに日支全面戦争にまで発展、国務と統帥の二元制、軍部大臣現役制により、軍部、とくに陸軍の独走に悩まされ続けた近衛は、ついに万事休すとして総辞職するほかなかった。

日支戦争の長期化のほか、一九三九年秋に勃発をみた第二次欧洲大戦は、ナチス・ドイツの圧倒的優勢裡に進展し、やがて米ソの参戦をみて世界戦争にまで導かれることが予想された。このように緊迫した国際情勢の下にあって日本の政治的、経済的危機は、ますます深まりつつあった。近衛の後をうけた平沼、阿部、米内の各内閣は、いずれも時局に対応する積極的政策を欠き、社会不安は増大、国民の不満は急速に高まりつつあった。このような国防、政治、経済上の危機感は、国内諸体制の改造要求に定着地を求める。右の近衛声明に述べられているような全国民により組織される挙国一致体制の確立は、当時国民の一部から望まれていた。

まず、政党側では、軍部の政治進出に対処して、すでに昭和十年(一九三五年)頃から前田米蔵、中島知久平らを中心に、近衛を党首におく一大新党の結成が計画され、第一次近衛内閣の挙国一致体制構想と日支事変の勃発により促進されたこの新党運動は次第に活発化し、昭和十二年(一九三七年)末以降政友会の革新派常盤会を中心とする政民合同による新党結成構想が進められた。平沼内閣は新体制運動に消極的であったため、新党運動は一時下火になったが、昭和十四年(一九三九年)の政友会の分裂は、再び新党問題を政治の日程にのぼらす契機となり、小会派もこの運動に合流する動きをみせ、過去の対立をはなれて一大国民政党に統合せんとする構想は急テンポに醸成されつつあった。これら自由主義諸政党の変身への努力(民政党内では「党更生運動」)は、増大する軍部勢力に対抗して政治指導力を奪回し、日支戦争をはじめめまぐるしい国際情勢に対処するため、新政党を結成して失われつつある国民の支持を回復しようと意図するものであった。

他方、軍部、とくに軍務局を中心とする陸軍が構想する「新体制」は、昭和九年に出た「国防の本義と其強化の提唱」および「陸軍軍備の充実と其精神」と題するパンフレットに示されるように、総力戦時代に即応し、国防に国家の人的、物的「全活力」を最高度に発揚させるため、政治、経済、社会、思想その他すべての分野を強力に統制しうるよう一元化再組織をはかろうとするもので（いわゆる「広義国防国家論」）、とくに既成政党を解散させて一国一党となし、この党を軍の統制下に「上意下達、下情上通」の機関たらしめようと考えたのである。次第に軍部に接近しつつあった官僚勢力側の意図も、ほぼこれと類似するものであった。

さらに、当時唯一の無産政党であった社会大衆党が昭和八年（一九三三年）の大会以後右旋回を遂げ、国家主義と妥協して軍の広義国防国家論を支持したことは既に述べた通りであったが、同党を支持する多くの労働組合は、同様の意図の下に解体して「産業報国運動」に吸収されることとなり、また、多数の産業組合系団体もこれと同様の動向を示しつつあった。

また一方、満洲事変以後簇生《そうせい》し、軍部勢力の増大に並行して勢力を伸しつつあった多くの観念右翼、超国家主義団体は、軍と共通の立場から既成政党の撲滅と、「天皇機関説問題」に端を発する国体明徴運動、さらに東亜経営論に運動の焦点を集中していた。

このように国内諸勢力は各々の思惑から「新体制」の樹立を期待していたのであったが、新秩序への移行を実現する指導者として近衛は当時異常な支持を集めていた。その魅力の根源としては、五摂家筆頭という高い家柄、彼の落着いた知性ある風貌などが数えられているが、温和な彼の性格は敵をつくらず、ために国民の各層、各立場に近衛こそは新体制の担い手であると確信させるに足る一種の象徴的存在であった。

二　大政翼賛会の成立

前述のとおり、各政党の大同団結をはかり、新しい次元で大政党を結成しようとする動きはすでに久原らを中心に開始されていたが、各党内の派閥の相互牽制によりなかなか円滑に進まなかった。しかし、昭和十五年(一九四〇年)五月に入ると、新党構想は一応まとまり、四日に久原が町田民政党総裁に協力方を申し入れるにおよんで新党運動はにわかに表面化するにいたった。この新党構想は、政界から政友会の大部分と、民政党の永井柳太郎、桜内幸雄の一派および小会派の一部を入れ、さらに財界、言論界、文化人からも参加を求め、党の中央指導部には近衛総裁をはじめ各界各層の有力者を網羅しようとするものであった。五月下旬に起草を終った鋼領には、㈠高度国防国家の建設、㈡外交の刷新伸張、㈢新体制の樹立の三項目がうたわれていた。起草者の説明によれば、㈠は軍が新党運動の妨害に回らぬための煙幕であり、㈡は世界戦争にまきこまれないよう自主的外交を確立するという希望を述べたもので、㈢に「政治新体制の樹立」という表現を用い「新党結成」を掲げなかったわけは、近衛が、新党運動が従来の政党の離合集散と同一視され世論の反対が起るのを恐れたためだという。近衛は、初めから軍の構想する一国一党制には反対であり、議会内に複数政党の存在を認めつつも、軍部に対抗しうる強い政治力と国民の支持を有する国民政党を結成し、この政党の上に立つ内閣によって従来の軍部中心の政治を打破せんと考えたのである。近衛が六月二十四日に枢密院議長を辞職したことは、新体制運動に一段と拍車を加えることになった。当時米内内閣は、陸軍の主張する日独伊軍事同盟の締結をめぐって閣内に対立があり、短命を予想されたが、陸軍は、近衛の下野、新体制運動の展開を倒閣に利用、米内内閣は七月十六日ついに総辞職を行い、組閣の大命は予想通り再び近衛に下った。

さて、新党結成の動きは、当時の政界に大きな波乱をもたらし、各党各派、各人各様の主義や思惑のほか、新しい体制に乗り遅れまいとする心理から右往左往する政治家の姿が見られたが、この年の夏に各政党政派は自発的に解散してことごとく姿を消してしまった。すなわち、六月十九日には中野正剛の東方会が解散、七月に入ると、安倍磯雄、麻生久等のひきいる社会大衆党が、「内外の時局にかんがみ、政治の新体制を待望するは、国内一致の世論なり。日本民族の興亡また、これが成否にかかる。……われらが率先党を解いてこれを推進せんとする所以なり……ここに、全国百万の同志を代表し、厳粛に解党を宣言す」との声明を発して解党するにいたった。風見章は、同党の解散は、新党運動と連絡なく突如として行われたもので、その意図は、同党の主流が一国一党を希望する軍部との連携を決意、各党にさきがけて解党することによって新体制内の指導権を得んと考えたものと解釈されたと述べている。社会大衆党の一部、ことに社民系の有力分子、安倍磯雄、西尾末広、松岡駒吉等の一派は、解党後においても麻生一派と別個の態度をとり、翼賛運動に同調しないまま、社会民主主義者として終戦に至るまでその行動を一貫した。

ついで、七月二十五日には、永井柳太郎ら三十五名が新党参加のため民政党を脱党、同二十六日には、安達謙蔵のひきいる国民同盟、さらに同三十日には、新党の中核となる政友会(中島派)が続々と解党を行った。このような政界の潮流は、新党運動の外にあった民政党をも押流し、同党は、時流に取残されるのを恐れて八月十四日、各党と同様趣旨の解党宣言によってついに姿を消すにいたった。ここに未曽有の無政党状態が現出したわけであるが、各党の解党宣言は異口同音に挙国一致の新体制運動への参加を唱えてはいるものの、しかし、その「新体制」はまだ形のないものであった。いわばその当時の姿は「バスにのりおくれまいとして、飛び出したというのに、そのバスは、どこにも見当らなかったのである」(風見章『近衛内閣』二二二ページ)。このように行方を失った旧各党各派のほか、官僚、右翼団体、軍部、財界の代表者は、それぞれ新体制の内容につき研究団体を結成し、新体制要綱を作成、いち早く時流にのって新局面でのイニシアティヴを握ろうと努めた。新体制について発表をみた主要な要綱案として近衛を中心とする新党運動派のほか昭和研究会、国策研究会、東亜建設同盟、時局協議会の各案を比較するとき、そのそれぞれの意図する「新体制」なるものの内容がいかにまちまちであったかがわかる。これら対立相剋するイデオロギーはそのまま翼賛会に持込まれたのである。近衛らを中心に構想された新体制運動はもともと新党結成を目的とするものであったが、当時の世論は、新党運動が単なる既成政党の大同団結におわることには反撥し、この運動が産業人も文化人も宗教家も、老いも若きもこぞって参加する国民運動となることを期待したのであった。このような世論の動向と、全政党の解散による政界の混乱を前にし、ますます深刻化する国際政局を考慮した近衛は、新党構想を挙国一致の国民運動へと切換えることになった。

すなわち、七月二十二日成立した第二次近衛内閣は、新体制の確立を期し、八月一日の閣議で決定した基本国策要綱を発表、この要綱の線に沿う新体制の準備会を設置することになった。八月二十三日決定をみた準備会の二十六名の委員には、自由主義者も社会主義者も、大学教授も右翼団体代表も、両院議員も財界、言論会代表も含まれ呉越同舟の観を呈したが、二十七日の閣議では新体制を大政翼賛のための国民組織とする近衛の声明文が承認され、翌二十八日の第一回新体制準備会でこれが発表された。準備会は会を重ねること六回、九月十七日、大政翼賛運動綱領草案、および規約草案を決定、以後の措置は近衛総裁に一任することとしてその任務をおわった。政府は、九月二十七日の閣議で運動の名称を「大政翼賛運動」と定め、この運動を推進する機関として「大政翼賛会」の設置を定め、また大政翼賛運動規約および翼賛会の最高人事を決定、ここに運動の性格と方針が明確となった。準備会で超国家主義者代表の提案した「皇運扶翼運動」が最終の決定に一番近い構想であったことは注目に値する。「大政翼賛運動」は、万民翼賛、一億一心、職分奉公の国民組織を確立し、その運用を円滑ならしめ、以て臣道実践体制の実現を期することとする全国民の運動であるとされ、「大政翼賛会」は、この運動の精神を体得し、挺身してその実践に当るものの中から総裁が指名するものによって構成されること、役員は総裁、顧問、総務とし、総裁は内閣総理大臣が当ること、東京に中央本部、道府県、郡市区町村その他適当な地域に「支部」を置き、本部支部にそれぞれ「協力会議」を付置すること、経費は会費および政府補助金により賄うことが定められた。役員には会長近衛公、常任総務には貴族院から有馬頼寧、後藤文夫、衆議院から前田米蔵、永井柳太郎、中野正剛、河上丈太郎、軍から橋本欣五郎等玉石混交の十一名、常任顧問に風見章、東條英機、中島知久平、及川古志郎、安井英二の五名が選出された。

九月二十七日は日独伊三国同盟条約調印の日であり、近衛首相は、その記念放送において翼賛運動の抱負と構想を国民に説ききかせた。かくて十月十二日、大政翼賛会は、首相官邸における発会式をもって正式に発足することとなったのである。

大政翼賛会の結成については、天皇陛下も深い関心をお持ちになり、近衛が奏上に参内するごとに「憲法の精神に抵触しはせぬか」と御下問になった。「近衛もとうていやりきれなくなって、決して憲法に抵触してやるんでないということを文書にして申し上げることにした」と八月十七日に木戸内府が原田に語っている(原田日記、第八巻、三一三—三一四ページ)。

三　政治力のない烏合の衆

右に述べた大政翼賛会の成立過程は日本の政治史上の一時期としてどのような意義を持つものであろうか。大がかりの下準備で出来上った翼賛会は国民の自発的政治組織ではなかった。右の政治過程は、軍部や超国家主義者を中核とするファッショ勢力が、ナチス・ドイツやイタリーと同様の国民大衆組織を土台として日本の政治体制を再編成しようとした努力の過程であって、こうして成立した「新体制」は、強力な国民の自主的組織ではなくして、軍部、官僚という既成の政治組織を強化、支持するための官製組織であった。軍部、官僚、政党、右翼団体という相対立する政治諸勢力を寄木細工のように集めた大政翼賛会は、挙国一致の国民組織とも強大な政治力の結集ともなんら関係をもたぬ空虚な殿堂にすぎなかったのである。それればかりではない。第二次近衛内閣は翼賛運動の母線に沿って新体制樹立計画をすすめようとしたが、企画院の経済体制改革案は、財界のつよい反撃を蒙り実効を挙げえず、また、官吏制度、議会制度その他の政治体制上の改革も、官僚、右翼団体、旧政党など諸勢力の牽制をうけて挫折、かくて翼賛運動は精神運動化の方向を辿り、近衛は議会で、「翼賛会は政治結社ではなく、公事結社である」と言明するにいたった。このような翼賛会は、一九四一年四月の改組以来、新体制運動の主力であった風見、有馬らに代って内務官僚および右翼団体代表により担われ、単なる「上意下達、下情上通」のための行政補助機関の地位に転落、さらに「協力会議」は全くの上申機関にすぎず「下情上通」は実際上行われえず、かくて翼賛会は、東條独裁の命令伝達機構に堕する運命を辿ることになった。新体制運動はまた、その副産物として、政党および労働組合を解散させることによって従来の政治組織の破壊作用を営み、これらの組織に代って、内務官僚の指導による隣組、町内会、部落会、さらに知事を長とする翼賛会支部などの地域組織や、産業報国会、商業報国会などの職域組織が登場、再編整備されたこのような末端組織を通じ、国家権力が国民生活のすみずみにまで浸透するのを容易にし、強圧的な統制経済のかげにかくれた軍部、官僚と大資本との野合を黙認、抵抗組織すらない空白な土壌に、ナチス・ドイツのそれにも比肩しうる強力な軍部独裁政治の根がはびこる決定的発端を開いたのである。

四　帝国議会の翼賛会批判

昭和十六年一月二十一日、第七十六回帝国議会が再開された。一般議案の審議は一問一答を省略して急速に片づけられたが、予算総会に入ってから、大政翼賛会に対する非難攻撃は、熾烈をきわめ、第七十六議会は、あたかもこれがために開かれたかの観さえ呈している。貴衆両院を通じ、大政翼賛会に対する質問を行い、批判または非難攻撃を加えた議員の数は四十名を超えた。そのうち特に注目をひいたのは衆議院の川崎克(同交会の代表)、貴族院の岩田宙造(同和会所属)であった。

川崎克は一月二十四日「大政翼賛会の存在は憲法違反である。大政とは天皇の統治大権を指すと解するが、憲法第五十五条により、この大権の施行には、帝国議会および輔弼《ほひつ》の責任のある国務大臣以外には関与できないはずである。大政翼賛とは統治大権を翼賛することで、憲法上認められた大臣の輔弼と議会の翼賛との外にあってはならない。これ以外にあるという法律上の根拠があるか」と詰めよった。

さらに近衛が新体制準備委員会において「国民の大多数が三年か四年に一度投票により選挙に参加することのみをもって国政に関係する唯一の機会とするような状態では、国民全部が国家の運命に熱烈なる関心をもちえない、しかも政党は部分的な利益代表たるの本質をもち、従ってその行動が議会協賛の本然の姿から逸脱する」と述べたことから、政党人は「政党を否認する言説なり」と憤激し、川崎はこれについて「何故帝国議会を軽んずるか」と反撃質問にでた。

即ち「帝国議会を尊重されるならば、会期は三カ月であるけれども何回召集するもよい。この機関を通じて下情を上通し、上意を下達する。この機関に欠くるところがあれば、もしまた議員に真に国政を審議するの意思なしと認むれば、解散して国論に問い、新分子によって議会を組織し、大政を翼賛せしむることもできる。それが法律の軌道に乗った正しい道であると思う。現在翼賛会は行政各部との紛淆《ふんこう》を生じ、権限争いまで起している。翼賛会が大きくなれば、どちらに政府があるかわからなくなる。行政部がしっかりしておれば、下情上通、上意下達もできるはずではないか。立憲政治のために、大臣輔弼の責任を尽すために、行政各部をして安んじてその仕事に従事せしむるためにかくありたい。また大政翼賛会を補助機関というが、議会が補助をうけねばならぬ必要がどこにあるのか。足らなければ臨時議会をひらくなり、会期を延長すればよいし、素質が悪いなら、解散するなりして、真に翼賛せしむるような途を、憲政の常道からとるべきでないか」と強く反撃した。

近衛首相は常識論で川崎の質問を切り抜けようと試みたが、法理論では、明快な説明ができず、時として答弁に窮した。予算が本会議に移った際、安藤正純が立って大政翼賛会の予算を削除する修正案を出したが、数においてはわずかに同好会とその同調者の賛成を得たのみで、修正案は一蹴されてしまった。

貴族院にも翼賛会反対の議員は相当にあった。岩田宙造は二月六日、これらの有志に支持されつつ大要次の如き演説を試みて違憲論はまさに最高潮に達した観があった。

実質上国家に大変革を与えようという大運動が、なんら法律に根拠することなく単純な民間の事実行為として行われんとすることは、私どもの常識からして許されない。

いわんや現在行われている憲法政治の根本は、かくの如き行為を容認するものでないと確信する。統治権を行う機関、いわゆる政治を行う権限も、その行使の方法もすべて憲法の規定によってのみ行うことが憲法政治の根本原則である。法の認めない統治機関や政治の運営は、絶対に憲法の容認せざるところである。大政翼賛会は、なんら法令にもとづくところがない。しかも国民の組織を根底から覆して、これを新にするような仕事を目標として起ったこの大組織が憲法や法令に全然無関係であることは、どうしても私どもに了解できぬ。

近衛はこれに対し「大政翼賛には法律上のものと、いわゆる万民翼賛の一般的のものと二つある。大政翼賛会は後者すなわち法律上の翼賛以外のものと解釈する」と述べたが、岩田はさらに質問に立ち「大政翼賛会の実際の活動は強力な政治的なものである。政策局、企画局などの存在は決して単純な宣伝や伝達の機関ではない。現在のこの組織機構からみても、当然に政治力、政治性が付随してくる」といった。近衛はこれに関し「どこまでも政府が主であって翼賛会は従である。政策を立てる者はすなわち政府であり、翼賛会はこれに協力してゆく従的なものである。翼賛会成立当時一つの強力なる政治力を結合して、ここで政策を立て政府を引張ってゆくといったようなドイツやイタリーに見るがごとき考えをしている人もあったようだ。しかし自分は初めからその考えとは逆であった。そんなことになれば、一国一党となり、これはわが国体に照し、憲法政治の本当の運用でもない」。これに対し岩田はさらに「しかし現在のような機構組織で、しかもこれに相当の資力でも加わると、総裁の意見に反した先に述べたような危険が多分にある。従って首相の意向が本当ならば、それに沿うように翼賛会の組織機構を改め、たとえば政策局、企画局を廃止し、間違っても大きな働きができぬようなものにする考えはないか」と述べ、最後に治安警察法と翼賛会との関係に論及し、大政翼賛会は政治結社に該当すると述べ「翼賛会は政策局や企画局で政策を研究し、これを政府に進言し万民の実行を下に向って宣伝努力するのであるから、やはり独自の政見をもっているのとなんら異ならない。政党もやはり国家のための政見、国民のための政見を樹てる。この点において、従来の政党と翼賛会は少しも異ならないではないか」と難詰した。

要するに、本議会においては、その論議がほとんど大政翼賛会の攻撃に集中され、翼賛会が憲法違反であり、さらに一国一党の独裁政治をめざし、天皇の大権を干犯する旧幕府的存在であることを論じ、甚だしきは「赤」であると非難する状況であったが、これに対する政府側答弁は概して微温低調をきわめ、その表現は往々にして一貫性を欠いたというのが、議会の実状であった。これら議会論戦は、新聞を賑わし、世間の注目を集めたけれども、日本の政治の本流は滔々として一国一党の独裁政治に直進するだけであった。

第一六章　松岡外相の独伊ソ訪問

一　松岡を待ち構えたドイツ

三国同盟を結ぶときのドイツ側の約束は、日ソの間を取りもって、両国国交の疏通を図るということであった。この約束の実現は、三国同盟の力によってアメリカの参戦を阻止することとあいならんで日本側の重要視した点であった。

従って条約の成立以来近衛内閣は、リッペントロップが約束に従って日ソ間の調整に乗出すものと期待していたにかかわらず、ドイツは一向に実現に熱がないごとくみえた。そこで日本政府は不審を抱き、大島大使をしてドイツ政府に督促させたが、ドイツはいましばらく待ってくれという漠然たる回答を与えただけであった。その間、建川美次(在モスクワ)、大島浩(在ベルリン)の両大使は、独ソ親善の兆候ばかりを報告してきていたが、ウィーン駐在の山路公使からは、ドイツのバルカン進出により、独ソ間の不和が著しく眼につくとの情報が届いて、松岡外相もやや憂慮の念を抱いた。それが、松岡をして親しくヒトラーに面談して、彼の心境を確めたいと思いつかしめた一つの理由であった。

これより先、一九四〇年九月二十七日の夕、同盟条約の調印を祝して、松岡はリッペントロップとイタリー外相チアノとに電話をかけた。その時に両人とも口をそろえて「ぜひ近いうちに来訪を待つ」旨を述べたので、松岡はヨーロッパへ行く気になった。しかし、いよいよ決心したのは、ドイツの日ソ調整提案がどうも怪しいと考えはじめた一九四一年の一月のことで、ようやく三月になってシベリア経由で独伊に向ったのである。

松岡の独伊訪問に反対して松岡に中止を勧告した斎藤良衛は、その回顧録(一五五―一五六ページ)に当時の松岡の談話を次のように書いている。

今度の旅行は、リッペントロップとチアノとの約束を実行するのを表面の建前にはしているが、本当は同盟条約に対し新しい態度を考慮せねばならぬかもしれぬ重大事態に直面しているためである。それは、日ソ国交調整がうまくいきそうもない今日此頃の雲行きに鑑みてのことであるが、自分で実情を視察し、可能ならばこの調整問題について直接ヒトラーと相談するつもりでいる。もしまた調整実現の望みがないならば、アメリカ牽制は一場の夢と化し、同盟条約の存在価値は皆無となるのだから、外交政策を修正せねばならぬであろう。要は同盟条約を締結した当時の我々の期待どおり第二次世界大戦の発生を防止しうるものとしえないかぎり、独伊と握った手を解き離すより外はない。従って今度の旅行は、いわばアメリカを敵にまわさない方法を発見するためのものであるから、それが一時アメリカを刺激してもやむをえないことである。

ドイツは松岡のベルリン訪問前に、日独外相の会談準備として、日本から言質をとろうと画策していた。就中《なかんずく》、速やかに日本をしてシンガポール攻撃を決行させることが、その主要な目標であった。この行動はアメリカが防衛に参加するしないにかかわらずドイツのたすけになるだろうとかれらは推量した。アメリカが参戦すれば、米海軍力が転用され、アメリカの対英援助は失敗するであろう。またもしアメリカが参戦しないならば、イギリス諸島の死活的連絡が断たれるであろうとも考えていた。

一九四〇年の一月初めに、ヒトラーの海軍幕僚部が論断したように「アメリカの参戦が日本のとる手段によって誘発されるならば、アメリカはその艦隊の主力をヨーロッパの戦場に投入しないであろうと考えねばならず、また考えることができる。アメリカはその重大と考える日本からの危険に対する保護勢力として太平洋に艦隊主力をとどめる公算がはるかに大きい」、したがって、この報告はこう結論している。「……極東地域において日本がとりうると考えるいかなる先制行動をも日本に取らせるよう勧奨することがわれわれの利益である。これはイギリスの兵力を弱めかつ束縛するばかりでなく、アメリカ兵力をヨーロッパの戦場から遠ざけることになるであろう。……われわれは日本のそうした行動がイギリス側に立ったアメリカの参戦をもたらすかもしれない危険を受け入れることができる。なぜなら、海上戦に関するかぎり、利益の総和は不利益の総和をしのぐからである」。

東京駐在のドイツ武官府は、リッペントロップとオットの命令によって、シンガポール攻略に関する諸問題の研究に没頭した。日本の積極論者たちは、この努力に協力し、その研究は一月末までに完成した。

行動を起すべきか否か、またどこで行動を起すべきかという厄介な問題をめぐって、日本の軍政指導者たちはほとんどたえまなく会議を開いていた。一月三十日の連絡会議で、インドシナとタイ国の両国に調停を押しつけ、両方から報酬を得ることが決められた。

国務省のこれら不当要求に関する推測は正しかった。インドシナについては、空軍基地と港湾の使用、軍隊の駐屯と輸送の権利が、占領の威嚇のもとに要求されることになった。海軍は、なかでもカムラン湾とサイゴン付近の航空基地の使用を考えていた(対仏印泰施策要綱)。こうした取引は四月一日までに完了せねばならぬと陸軍は主張した。しかし、松岡はドイツおよびソ連とまずもって了解に達するように時間の余裕を要求し、それを与えられた。シンガポールに対する将来の攻撃の計画はインドシナおよびタイ国におけるこれら前進拠点が確保されるまで延期されたのである。

侍従武官長が天皇に奏上し、さらに二月一日木戸に語ったところによれば、「仏印、泰がわが国の居中調停を応諾したるこの機会に帝国の同方面における指導的地位を確立し南方施策の準備に資するが本案（対仏印泰施策要綱）の目的にして海軍は、カムラン湾の使用、サイゴン付近航空基地の使用等を目標とす、而《しこう》して露骨にこれを表わす能わず……目的達成のため武力行使を示す場合にはさらに御允裁《いんさい》を仰ぐこととなりおれり」ということであった（木戸日記、一九四一年二月一日）。

内閣、陸軍はみな松岡のベルリン、モスコウ訪問を承認した。二月三日にまた連絡会議が開かれ、松岡の旅行の指導理念について意見が述べられた。それらは確定的な訓令というよりも一つの参考文書の形に書きとめられた。それは、三国条約が一九四〇年九月にはじめて調印された当時に松岡が同僚を眩惑した世界四分割の理念を逆にしたものであった。松岡は、大東亜における日本の優位を承認させ、ソ連との協調を実現し、それにもとづいてソ連が三国と一致した行動に出るようにすることになった。ヒトラーの秘密計画（対ソ連）については東京にまだなんらの囁き声もとどいていなかった。

オットに対しては、ベルリンにたしかに聞えるような仕方で旅行の使命が説明された。オットは松岡からその使命が承認されたことをみるから喜ばしげにきかされた。松岡は、だれよりもまずヒトラーおよびリッペントロップと三国条約締約国のアメリカに対する態度について会談する、できれば外交上の影響力によってアメリカの参戦を阻止する考えであるが、それが不可能とわかった場合には日本はシンガポールに対する予防的攻撃を考慮するというのであった。さらにこの前約束によれば、この問題については、日本はドイツとの協調によってのみいずれとも決定するつもりであり、同時に日本は戦争準備を行うとともにソ連および中国と協定を結ぶことを希望するというのであった(オットからリッペントロップ宛の一九四一年二月十日の電報)。

ヒトラーは、そうしたひきのばしを必要とも思慮あることとも考えなかった。大島は身近かにあってヒトラーの幻想を反映していた。かれはドイツという光線を受けて発光する暗中の雲母のごときものであり、光の当たる角度がいかに曲ってもそれは問題でなかった。リッペントロップは二月二十三日に、長い説得の試みを次のように結んでいる。

日本は自らの利益のために、できるだけ早く参戦するのが至当であろう。決定的打撃はシンガポール攻撃であろう……それは電光石火の速度をもって、かつ、できれば宣戦なしに遂行されねばならない……。

かれの勧告によれば、日本はシンガポール攻撃のあいだは、フィリッピンに手をつけずにおくべきであった。なぜなら、その攻撃が迅速におこなわれる場合には、アメリカは、いまだ武装されていないし、ハワイより西で艦隊を動かす冒険に気のりしないから、結局傍観するだろうと思われるからである。

大島は同意した。しかもなお、かれは二、三の質問を——なかでも対ソ関係について——試みた。リッペントロップの答えは含みの多いものであった。かれのいうところでは、モロトフは特定の条件つきで原則的に「三国条約に加盟する用意があることを表明した」。これは「ソ連との政治的論議は、いまだどちらともつかない状態にあった」ことを意味するものであった(一九四一年二月二十三日、フッシュルにおけるリッペントロップ・大島会談のドイツ側公式覚書)。

このように、リッペントロップは松岡の到着前に決定をかちとろうと試みた。日本政府は誘惑を感じながらも、確信も用意もなかったから、それを拒絶した。日本政府は、南方の諸地域をやがて無主物のごとくにすくい上げることができるかもしれないという希望をいだきながら、ヨーロッパ戦争のなりゆきを見守っていたのであった。

ヒトラーのソ連攻撃の意図はそのときまでに決っていた。それだけに日本はますます役に立つとかれはかんがえた。三月五日にヒトラーの司令部から出されたある軍事指令の記すところによれば、「日本になるべくすみやかに極東において積極策をとらしめることは三国同盟条約にもとづく協力の目的でなければならぬ。……バルバロッサ作戦(対ソ攻撃)はこのためにもっとも有利な政治的、軍事的前提をつくり出すものである。……極東におけるイギリスの要衝としてのシンガポールの攻略は三国の戦争指導全体にとって決定的成功を意味するであろう。さらに、イギリス海軍力の他の基地体系に対する攻撃は

――アメリカの参戦が阻止できない場合に、はじめて、その海軍力の基地にまで及ぶものであるが――同地域における敵戦力体系を弱化する結果となるであろう……」。それゆえに、日本はただちに、しかし知らずして、行動せねばならない。「日本にはバルバロッサ作戦についていかなる情報をも与えてはならない」(一九四一年三月五日、総統大本営の発した対日協動に関する「基本命令」第二四)。

レーダー提督は、松岡にロシアに関する計画を知らせるようにヒトラーに進言した。ワイツゼッカーもまた同じく進言したが、三月十八日のヒトラーと軍首脳部との会議の議事録には、次のような結論を記録している。

日本は、なるべく早く、シンガポール占領の処置を取らねばならぬ。その機会は、将来ふたたびありうるとも思われぬほど有利である。すなわち、イギリスの全艦隊は釘づけされ、アメリカは対日戦争遂行の準備がなく、アメリカ艦隊は日本艦隊より劣勢である。

ワイツゼッカーは三月二十四日の覚書のなかで、リッペントロップに次の点について注意をうながした。

松岡はいまだ対ソ了解をとげる方針にしたがっており、ドイツがこれを助けるように要求している。われわれの対ソ関係が、いずれのコースをとるかを明瞭に述べることは、かれを驚かさないために、また、そのヨーロッパ旅行後にかれを通じて日本の政策を左右するために、避けがたいところである（一九四一年三月二十四日、ワイツゼッカーのリッペントロップ宛覚書）。

しかしながら、ヒトラーはこの死活的情報を日本政府にうちあけることをおそれた。かれは日本政府がそれを対ソ、あるいは対英米取引にまでも使いはしまいかをおそれた。日本は信頼すべき同盟者と考えらるべきではなかった（一九四一年三月二十五日、オットのリッペントロップ宛覚書）。

二　ベルリン会談

ベルリンを訪問した松岡外相は、三月二十七、八、九の三日間にわたって、ヒトラーおよびリッペントロップと会談したが、話はもっぱらリッペントロップの口から流れでた。この会談がどんな風に行われたかについては、戦後アメリカ軍が押収したドイツ外務省の記録（本書、二五一ページ）が詳細をつくしている。最初まずリッペントロップは軍事情勢を詳細に説いて、軍事の面で枢軸が完全に大陸の主人公であり、イギリスもまた遠からず降伏する運命にあるといった。

政治局面について、リッペントロップは次のように述べた。

現在の対ソ関係はむろん正常ではあるが、甚だ親密というわけではない。モロトフが訪問した時、三国協定への加盟を誘ったが、その後ソ連はとうてい承諾できない条件を出してきた。かれらの条件は、(イ)フィンランドにおけるドイツの利害関係を打切ること、(ロ)ダーダネルス海峡に基地を許すこと、(ハ)バルカン、ことにブルガリアにソ連の優越を認めることであった。

ドイツは、バルカン制圧のためにも、自国経済のためにもバルカンを必要として、これに回答しなかった。そうして、ドイツはルーマニアに保証を与えているし、ギリシヤからイギリスを駆逐するには、基地としてブルガリアを必要とすると主張した。かかる事情のもとに、ロシアとの関係は表面的には普通であり、正常であるが、しかしロシア人は最近になって、折さえあればドイツに対して非友誼的態度をみせている。

自分はスターリンを知っているので、まさか冒険を試みることはないと信じるが、確言はできない。ドイツはソ連国境に軍備を配置してあるから、もし他日ロシアがドイツに対する脅威と目される行動をとれば、ロシアは粉砕されるであろう。ドイツの絶対的勝利に帰すると信じている。

ヒトラー自身は、対ソ攻撃を決定し計画しているという暗示をあたえるのを避けた。かれは空を真暗に塗り、閃光を指し示し、松岡に嵐がまさに到らんとしていることを推論させれば充分であると考えた。しかし、この来訪者が注意をむけると、ヒトラーは曖昧さを装うのであった。たとえば松岡が、ソ連がイギリス側に立って参戦する見込みはどうかと質問したとき、ヒトラーの答えは、ドイツはそのようなことが起っても少しも恐れないし、危険に際しては必要な処置を取るのに一秒たりともためらわない。しかし、私(総統)はこのような危険は起らないと考えるというのであった。

リッペントロップの言説は、これよりもはっきりしていた。たとえば、三月二十九日にリッペントロップは「一般情勢からみて、対ソ関係に深入りしすぎないことが上策であろうという意見を表明した。かれは情勢がいかに発展するかは知らなかった……。かれ(ドイツ外相)は、いずれにしても対ソ衝突はたえず可能性の範囲内にあることを、松岡に指摘したがった。ともかく、松岡は、帰国後、独ソ衝突は考えられないと報告することはできなかった。反対に、事態の示すところでは、そのような衝突は、起りそうだといわぬまでも、起りうるものというにあった」と語った。

ヒトラーもリッペントロップも、不確定な問題は、ソ連がドイツを攻撃するか否かであって、決してその反対ではないかのように語った。こうした偽装にもかかわらず、松岡がソ連はドイツの眼から見てもはや友邦ではなくして、多分に敵国となっていることを感じたことは、彼の帰朝報告に語ったところである(近衛手記)。

最後に、ドイツ外相はアメリカについて述べた。

ローズヴェルトが、絶えずチャーチルに新しい希望をもたせなかったならば、イギリスはずっと早くに戦争を放棄したであろう。ローズヴェルトの意図が究極においてなんであるかは計り難い。対英援助が効果を示すのは、長い期間を必要とするだろう。

三国同盟は、とくにアメリカをおどかして、戦争圏外におくことを目的としている。三国同盟は、ヨーロッパでは独伊両国が、東亜では日本が建設しようとしている新秩序について、協定参加国の今後の協力を確実にすることを目的としている。この新秩序建設の途上にぶつかる第一の敵はイギリスである。イギリスは枢軸国の敵であるとともに、また日本の敵である。アメリカが戦争に積極的に介入するのを極力妨げるとともに、その対英援助が効果を挙げえぬように妨害せねばならぬ。

それからリッペントロップは次のように述べた。

総統は、慎重に考えた上で、もし日本ができるだけ早く対英戦争に積極的行動をとることに決定するならば、有利であろうと信じている。たとえば、シンガポール攻撃は速かにイギリスを倒す上に決定的な要因となるであろう。

松岡外相はついでヒトラーと会見した。先方はまた詳細に軍事情勢を語りきかせたが、松岡はだいたいにおいて総統の見解に同感であるといい、「もし行動に出なければ、千載一遇の機会を逸すると感じた時には、日本は決然たる行動をとるであろう」と述べ、さらに次のように付け加えた。

日本の優柔不断な政治家たちは、いつもぐずついていて、ある場合には親英米的見解から行動するのである。自分はヨーロッパ戦争勃発前から同盟の必要について考えていた。……戦争勃発後、自分は個人的見解として、日本はまずシンガポールを攻撃して、その地域におけるイギリス勢力を叩きつぶさねばならないと考えていた。というのは、日本がイギリス崩壊になんらかの貢献することなくして同盟に参加するのは、自分の好まざるところだったからだ。……日本がいつ攻撃に出るか、その時期だけが問題であるが、自分の考えによれば、攻撃はできるだけ早くしなければならない。不幸にして自分は日本を支配していないので、支配の地位にいる人々を自分の意見に近づけねばならない。しかし、これはいつかは成功するだろう。自分としては現在ただいま、このような環境の中では、日本が行動に出るであろうと、日本帝国を代表して誓言することはできない。

ドイツ外務省の記録は「総統、外相と会見し、ヨーロッパ情勢検討を終えて帰国の途につくとき、松岡は以上の問題について、細心の注意を払うことであろう。彼は決定的な言質は一つも与えなかったが、彼個人としては、以上に挙げた諸目的達成に、全力を傾けると約束したもののようであった」と記している。

なお、この会見の際に、松岡外相はモスコウでスターリンと会談した事情を述べ、その際松岡が「アングロサクソンは、日本、ドイツおよびソ連の共同の敵である」とスターリンに語ったところ、「スターリンはちょっと考えた後、ソ連はこれまでイギリスとは決してうまくいかなかったし、今後もよくなるとは思えない」といった趣を話した。

会談によって松岡外相はかなり強い印象をうけた。そのことは、松岡が帰朝後まもなくアメリカに送った五月三日付の口上書(本書、三四一―三四二ページ)に記されたヨーロッパ情勢が、リッペントロップの談話をそのままに引写したといってもよいほど、近似したものであったことからもうかがわれる。ヒトラー、リッペントロップとの会見ばかりでなく、松岡は宣伝相ゲッベルス、空相ゲーリングなどとも会見して優待された。

ある日、ゲーリングは、松岡をベルリン郊外の別荘カーリンハルに招いて、よもやまの話をした。別荘には、占領地の司令官から贈ってきた各地の美術品が、多数陳列してあった。ゲーリングはやがて戸棚からナポレオンの立像を引出してきて、その手に握った象牙の元帥杖を松岡外相に示し、「これは、百五十年前にヨーロッパを支配した元帥杖だが、今は自分がこれで支配している」と語った。そういった小さな話が胸にひびく松岡であることを、ゲーリングが承知していたかどうか(これは、その席に列なった著者の友人の直話である)。

ベルリン会談において、ドイツの指導者が日本を説得してイギリスを攻撃させようとし、ヒトラーが対米戦争を回避することを切望していることを明白にしたことは注目すべき点であった。

松岡外相は、ベルリンからローマに行き、ムッソリーニと会談した。その帰途、ふたたびベルリンを通過してヒトラーに会った際、ローマの会見を報告して、彼は左のごとく述べたと、ドイツの記録に記載されている。

「ムッソリーニは、ソ連とアメリカについて語り、相手方の重要さについて明確な認識をもたねばならない。第一の敵はアメリカで、ソ連は二番目にすぎない。だが、その第一の敵たるアメリカをきわめて慎重に監視する必要がある。しかし激発してはならない。その反面、われわれはあらゆる事態に十分備えなければならない」と述べ、リッペントロップはこれに賛意を表した。

松岡はリッペントロップにたいして、日本からモスコウ政府へ中立条約の申入れをした経緯を話し、帰途モスコウに立寄る際に政治問題に軽くふれたものか、もっと深入りすべきものかと尋ねたところ「単に形式的な訪問にするがよいと思う」とリ外相は答えた(コルト著書)。

松岡がベルリンを訪問して、ヒトラーやリッペントロップと話してみると、ドイツは日ソ調整に少しも熱意をもたず、日ソ不可侵または中立条約の締結にも極めて冷淡であることを知った。ドイツが日ソ国交調整に乗出すとの約束は、日本を同盟に引入れるための好餌として持出したもので、当初から成算のあるものでなかったことは、リッペントロップとモロトフとの十一月十五日の会談記録(大戦の秘録、三二二ページ以下)が一応この問題に触れてはいるが、バルカン問題、フィンランド問題の論議に多くの時間を費していることからも推察されるのである。したがって三国同盟は日本にとって何の実益もなかったばかりでなく、ドイツと結びつくことにより英米との衝突を不可避なものとし、ヒトラーや日本軍部の侵略方針を助成する役割をつとめることになった。この点は松岡の帰朝報告をきいて、近衛首相が最も敏く感受したところであった。

三　日ソ中立条約の調印

一九四一年三月二十三日、松岡外相は独伊訪問の途上モスコウに到着した。その翌日の午後、松岡外相はクレムリン宮殿でスターリンとモロトフとに会見して、日ソ中立条約の問題を検討した。しかし、松岡はベルリンからの帰途にモスコウを訪れ詳細の協議を行うことを約束して、一時間ばかりで会談を打ち切った。その時には中立条約の成否は、海のものとも、山のものとも判断はできなかったのである。

日ソ中立条約の調印を説くに先立って、過去数代の日本政府が日ソ間の国交調整について、どんな方面から接触を試みたか、その概要を述べることが必要である。

一九二五年一月に北京で調印された芳沢・カラハン条約により、我国とソヴィエトとの間に正式の国交が回復された。しかし、シベリア出兵以来、両国朝野《ちょうや》の間には、後味の面白くないものが残っており、ことに極東におけるソ連勢力の進出にともなって、日本陸軍を筆頭とする日本の反共勢力はソ連をもって不断の脅威と見、これに備える体制を固めつつあった。この姿勢はモスコウ政府にも反映して、日本の大陸進出がやがて極東シベリアへの侵略を最終目標とするものと信じていた。

一九三一年の満洲事変は、日本の具体的な大陸侵攻としてソ連に刺激を与えたことは前に述べた通りである。それ以来、北洋漁業、南樺太の利権問題をはじめ、東支鉄道や蒙古、ソ満国境の紛争等、次々に両国の友好関係を阻碍《そがい》する事件が起った。そしてその度ごとに日本軍閥と文治派との間に意見の疎隔《そかく》をきたし、文治派の慎重論は一歩一歩退却の余儀なき立場に立った。

ソ連が極東において日本に抵抗する実力のない時代には、モスコウ政府は隠忍して、日本との国交を調整する態度をとった。一九三二年の初頭に、ソ連が日ソ不可侵条約を提案したのは、その態度の現われとみることができる。

日本軍が熱河から北支に入り、日支戦争の拡大によって、背後のソ連勢力を考慮する必要を感じる時期に入ってから、日本政府もようやく、日ソ関係の調整に苦慮するようになった。一九三九年五月のノモンハン事件は、その意味において一時期を劃するものであった。

日本軍はソ連軍の新兵器が侮るべからざる威力を備えることを知り、日支戦争の処理についてもソ連との関係を安定することの緊要であることを悟り、かつまた欧洲大戦の勃発に伴い、これに不介入の立場をとる日本としては、一般的に日ソ国交の調整を行うことが有利であるとして、米内内閣は一九三九年七月、ソヴィエト政府に対し、中立条約締結の方針を決定した。

政府がこの決定をするに至ったのは、(イ)欧洲戦争に不介入の方針を堅持しつつ、(ロ)独伊枢軸に加担するような印象を与えることは、英米との関係に支障を生ずるからこれを避けること、(ハ)ソ連が援蔣政策を捨てるように措置する、などの点に重きをおいたのである。

東郷大使が七月二日にモロトフに対し口頭で申し入れたのは次の三点であった。

一、両国の親善関係を維持し、領土の保全を尊重する
二、いずれかの一方が第三国から攻撃されるごとき場合には、他の一方は紛争継続中は中立を守る
三、協定の有効期間は五カ年とする

この提案に対しモロトフが述べたことは、ソ連と日本との間に政治的了解が成立すれば、ソ連とアメリカ、ソ連と中国との関係は悪化するであろうから、ソ連は何も益するところはない。これに反し、日本は日支戦争の処理に一歩を進め、南方への積極行動が可能となるからすこぶる有利な地位に立つだろう。だからソ連は何か対償を求めなければならないということであった。そして八月十四日付の公文をもって北樺太の利権解消を含む左の如き回答を送ってきた(外務省編纂『外交資料　日「ソ」外交交渉記録ノ部』二四—二六ページ)。

一、ソ連側の利益も考慮されるならば、日本側の提案に賛成する
二、ポーツマス条約の効力をどの程度有効とするかの点を審議する
三、北樺太で日本が有する石油、石炭の利権を清算する
四、よってポーツマス条約に立脚する北京の日ソ基本条約を無条件に受諾できない
五、日本はソ連に対して対償を考慮すること

右の交渉は米内内閣の辞職によって全く白紙の状態に帰った。ついで成立した近衛内閣は、新しい観点から日ソ関係を見直すこととなった。それは一九四〇年九月十九日の連絡会議で決定されたごとく、日独伊三国同盟にソ連を同調させること、これによって米英を牽制し、米英蘭仏等の犠牲において大東亜共栄圏を建設する計画を決定したのである。そういった構想のもとに松岡外相は、建川大使をして十月三十日ソ連政府に不可侵条約案を提出させた。

松岡案は大体七月二日に東郷大使がソ連政府に提示した不侵略条約とほぼ同様であったが、その後半に情報の交換、緊密な接触についての協力を規定した程度の相異であった。

この不侵略条約案は、来栖大使からベルリン政府へも内示して、ドイツ政府の斡旋により協定の成立を期待する旨を通告させた。それと同時に、独ソ共同または各別に蔣政権に対しても日本と和平するよう勧告せられたき旨を申入れ、日ソ国交が改善せられ、日支戦

争が解決すれば、日本はイギリス打倒につき独伊と協力することができるだろうと、説明させたのである。

これに対し、リッペントロップ外相は、前掲のソ連抱き込みの協定案（本書、二五六ページ及び後出三五五ページ）を来栖大使に示し、十一月にモロトフがベルリンを訪問する機会に充分協議すべしと述べた。

ソ連外相は日本案に答えるため、十一月十八日に建川大使と会見して、ソ連側としては失地回復を伴わない不侵略条約は想像もできないところであるが、さりとて日本側でも南樺太、千島等を条約に取り上げることは不適当と考えられるであろうから、この際は中立条約として利権に関する話合いをすることが適当と思われる旨を述べ、四カ条にわたる中立条約案と、付属議定書として樺太における石油ならびに石炭に関する利権の清算案とを手渡した。中立条約の内容は米内内閣案の第一条後半と、第二、第三条とを規定したものであった。

松岡外相はソ連の提案中、利権の解消は不満であるとし、逆に北樺太を日本に買収したい旨をモロトフ外相に申入れるよう建川大使に訓令した。しかし、かような提案は先方が容れるはずはないし、日本が利権を放棄する意向はベルリン訪問の際、リッペントロップから伝聞したと応酬して、交渉は一時断絶の状態に陥ってしまった。松岡が何故に無準備に北樺太買収を申し入れたか、また左様な提案がソヴィエトで受諾できると真面目に考えたか、すべて不明であるけれども、おそらくは松岡流の駄法螺にすぎないものとみる外はない。

独伊の訪問を終った松岡は、四月七日に日本への帰途モスコウに着いた。その当日、松岡は建川大使を同伴してモロトフ外相と会見したが、日本側の提案した不侵略条約については、ソ連は南樺太の割譲を要求して譲らなかった。そこで四月九日の会談では不侵略条約案を撤回して、中立条約の即時無条件締結を持ち出した。これに対しソヴィエト政府は、北樺太の石油、石炭の利権清算を同時に約束することを求めた。この会談は前後三時間半に及んだが結論を得ず、物別れの形で松岡はレーニングラードの見物に出かけることとした。するとソ連の方から十一日にもう一度会見したいと申出た。

十一日の会見も双方の歩み寄りがつかず、いよいよ物別れかとみえたが、モロトフは十一日の夜になって、十二日に今一度会談したいと申入れてきた。十二日の会談にはスターリンも出席して二時間半にわたる協議の後、スターリンの裁量によって、日ソ中立条約に合意が成立した。そして北樺太の利権については条約調印から数カ月後に協定することを約束した。

この条約はきわめて簡単なもので、日ソ両国は、平和関係を維持し、互いの領土を尊重することを規定し、さらに一方が一または二以上の第三国より軍事行動の対象となる場合には他方締約国は当該紛争の全期間中中立を守るべしと約束したものである。

四月十三日の午後、条約の調印が終ると、松岡外相はシベリア横断の列車に搭乗するためヤロスラブリ駅に向った。そこにはスターリン、モロトフ等の要人の外にドイツ大使シューレンブルグ、イタリー大使や枢軸諸国の公使連も見送りに来ていた。スターリンはすこぶる上機嫌で、松岡と別れの挨拶をかわした際、松岡を抱擁した。この特殊な表情は居ならぶ人々の眼をみはらしめ、モスコウ電報として、諸外国へも報道された。

この前後の松岡の動向についてウィンストン・チャーチルがその回顧録の日本使節と題する章に記載するところを摘記する。

日本は強国間の運命的天秤において、英米間の英語国民に宣戦するようドイツに求められた。他方ロシアからは、ただ足踏みをして静観するようにと要請されただけであった。明らかに松岡はイギリスがもうお終いだとは考えなかった。また、彼には独ソ関係がどうなるのかもわからなかった。彼は日本を決定的行動に束縛する気がなかった。あるいは、そうする力がなかったのかもしれない。彼は中立条約の方を遥かに好んだ。

しかし、松岡の独伊訪問はイギリス政府に不安の念を抱かせたことは間違いなかった。

そこで、チャーチル首相は松岡の真意を探り、かつは警告を与えるつもりで、四月十二日にモスコウ駐在のイギリス大使気付で手紙を松岡に送った。これはすこぶる皮肉な内容のもので、チャーチルは(イ)日本外相はドイツがイギリス国に上陸しうること、またアメリカの対英武器援助を停止しうることを信じているか。(ロ)日本の三国同盟加入は、アメリカの参戦の可能性を大きくしたか、あるいは少なくしたか。(ハ)アメリカがイギリス側に参戦し、日本が枢軸側にくみした場合、英米の海軍が日本に向う前に枢軸国を処理してしまうことを可能とするのでないか。(ニ)イタリーはドイツにとってプラスだろうか、マイナスだろうか。(ホ)イギリス空軍は一九四一年の末までにドイツ空軍より強力になり、その翌年ははるかに有力となるのでないか。(ヘ)日本の鉄鋼製産七百万トンでは単独戦争に不充分ではないか。「これらの質問に対する答えから、日本が重大破局から免れ、日本と英米との関係が改善されうるかを判断できるかと思う」と書いてあった。

松岡はこの書面に対し、シベリアの汽車中で返書をしたためたが、チャーチルによると「内容空疎な返書」であったという。スタンフォード大学のバス教授によれば、それは「日本は侵略、併合、強制を求めず、ただ平和と八紘一宇を求む」という固苦しい文句であったというのである。

モスコウ駐在のドイツ大使シューレンブルグは四月十三日、松岡と会見した際、松岡が彼に話した感想として次のように本国政府へ電報している。

松岡は次のように強調した。中立条約の締結は日本にとりきわめて重要性をもつものである。それは蔣介石側に強い衝撃を与え、日支交渉はこれにより著しく容易になるであろう。またアメリカ、イギリスに対する日本の地位を著しく強化する結果となるであろう。松岡はさらに付言して、自分のモスコウ訪問が完全な失敗に終ったと昨日報道した英米新聞記者は、日本の政策が大成功を収め、それが英米に手痛い影響を与えずにおかないことを知るであろうと述べた(モスコウ発四月十三日午後六時、ドイツ外相宛第八八三号)。

モスコウ滞在中に松岡は、かねて面識のあるアメリカ大使スタインハートの午餐に招かれ、アメリカとの交渉に自ら乗出す地ならしの意味もあって、三国同盟や中立条約の成立に伴う今後の経綸を詳しく話してきかせた。この際の談話は直ちにスタインハートからワシントンに報告され、その写しが東京のグルー大使にも回送された。グルーは次の如きその電文の全文を『滞日十年』の中に載録している。

㈠　松岡はベルリンでもローマでもなんらの言質を与えなかった

㈡　日本が三国同盟に加わった主な目的は平和維持である――これは松岡が公式、非公

式にいつも繰返していることだ

(三) アメリカがドイツに宣戦布告すれば日本はアメリカと戦争せざるをえない。だがもちろん日本はまずドイツと相談するのだ

(四) 松岡はドイツが合衆国に宣戦布告するだろうとは信じていないが、もしそんなことが起ればアメリカが太平洋で行動を起すまでに、日本の立場を明らかにする時間を与えられんことを希望する

(五) 日本は枢軸国への義務を厳重に遂行する

(六) 松岡はヒトラーとリッペントロップから、彼らが対米戦争を欲していないということを聞いた

(七) 彼はまた、日本における反米煽動は中止されることを暗示した

(八) 彼ら三人は平和への望みを表明したが、イギリスが降伏するまでは平和の可能性はないといっている

(九) ヒトラーは松岡に個人としていい印象を与え、後者は前者を天才だとしている。あらゆる会談の場合、ヒトラーは道理をわきまえ、冷静であり、一般的に考えられているような興奮しやすい性格は一向に見せなかった

(十) リッペントロップはイギリスの戦いぶりを讃美し、防禦の点から見てイギリスが戦争開始の時より強くなったことを理解している。彼は大英国は破壊さるべきでないと

いう意見を表明した

(十一)　ヒトラーはただ必要がある場合のほか、英本国に上陸しないであろうし、彼は空軍と潜水艦によって勝利を占めることを完全に期待している

(十二)　松岡はイギリスが独伊を離間させることはできないと信じた。イタリーは大いにドイツの支配下にあり、またヒトラーとムッソリーニの間には私人的な相互讃美がある。だがドイツ人はイタリー人を「見下げたり」馬鹿にして話したりしてはならぬと訓示されている。ムッソリーニは最近の敗北にちっとも落胆していず、近く「立直る」ことを確信していた

(十三)　ソ連側の要求が多すぎたので、松岡はモロトフとの会談であまり進捗することができなかった

(十四)　日本はモロトフと同意するかソ連と面倒を起すか、その一つを選ばねばならなかった

(十五)　松岡は中国との戦争の終結を本心から望み、これは、アメリカ大統領が蔣介石に、もし理屈にかなった公平な平和条件の受理をこばむならアメリカの援助を中止すると語ることによって、将来されるものと感じている。だが日本は居中調停は受けず、平和は両国間の直接交渉によってのみ生ぜしめることができる

(十六)　ソ連がドイツへ供給している物資を多量に減らさぬかぎり、ドイツはソ連侵略の準

備は十分できているが、その行為には出ないであろう。ドイツがあるいはソ連に兵を進めるかも知れぬという噂を流布したのは、ソ連を威嚇して物資供給を続行させる目的によるものだろうと、松岡は考えた

(十七)　松岡は大統領とハル氏が彼を信用してくれることを希望した

スタインハートは用心深く、後から松岡に以上の要点を読んできかせ、松岡はこれは自分のいった通りだと確認した(一九四一年四月二十二日の項)。

アメリカとイギリスは、日ソ中立条約によって、両国の関係が緩和されたことに失望の念を示しつつも、この条約が本質的には重大な意味をもたないことを指摘した。ひとり中国国民党政府は一面モスコウ政府に対してこの条約によりソ連は満洲国の独立を承認したものであるのか、また中ソの通商協定に影響を及ぼすか否かをききただしてきた。そして第三国間の条約によって中国の領土および行政権の保全に反する約束がとり結ばれたとしても、中国政府と人民とは、これを承認しえないとの正式の声明書を発表した。

松岡がベルリン訪問の際ドイツは近く開始されんとする対ソ戦争については、極秘の含みとして、独ソ戦争の可能性をほんのりと打明けたにすぎなかった。斎藤回顧録は次の如く記している(一五七―一五八ページ)。

その時の彼の感想を帰朝の翌日、私に次のように語った。

「独ソ関係が条約締結の際にスターマーが誇示したほどのものでないことは、ほぼ想像がついていたが、スターリン、モロトフ、ヒトラー、リッペントロップ等に会ってみると、両国関係に暗雲が低迷しているのを感じざるをえなかった。それがはたしてドイツをして両面作戦をあえてさせるほどのものかについては疑いを持ったが、リッペントロップからドイツがソ連に一撃を加えるかもしれぬと聞き、またドイツが西ヨーロッパ諸国に講和の水をしきりに向けているのを知ってからは、独ソ開戦の可能性をはっきりとつかみえた。もしそうなったとすれば、ドイツと日本との同盟は半身不随となる。独ソ戦でドイツが勝てば、ヒトラーの侵略が東亜に及ぶであろうし、負ければ日本が世界を敵とした孤立無援となるにきまっている。そこでぼくは三国条約を考え直す時機に到達したと考えた」と。

この話は率直な彼の心境であったかもしれない。しかし、東京における四囲の環境は、政策の転換などが実行できる空気でなかったことは、その後の事実がこれを証明した。

ヒトラーが、日本がソ連との間に中立条約を調印したことをきいた時、三国同盟に関する近衛文書によれば、大島はヒトラーもリッペントロップもその報道に腹立たしい驚きと当惑をしめしたと報告した。

四　日ソ中立条約とドイツ

このことは、一九四一年七月五日のオット宛リッペントロップの電報に確認されている。その電報は松岡のベルリン滞在中およびその後におこったことについての見解を詳説したものであった。「そのとき、私が松岡に語ったことは、私が日ソ不可侵条約または中立条約を結ぶことを適当と考えないことを間違いなく明らかにしておいた。従って、その条約の報は、私にとって不意打ちであった。しかし、私はその時松岡にそれを知らせるのをさし控えた」。彼は激怒したが、その感情を日本からも自分の側近からもなかば隠したのであった。四月二十日(一九四一年)軍首脳部との会合において、ヒトラーは日ソ条約はドイツの黙諾を得て締結されたものであると語った。さらに、このような保障を得たので日本はまもなくシンガポール攻撃にのり出すものと期待される。この作戦については、松岡も大島も五月までに一切の準備が完了すると確信している、というのであった。

これがどこまで自己防衛であり、どこまで自己偽瞞であったかは不明であるが、どのみちドイツに加担するようになると考えていたであろう。楽観論者は今回の条約により、陸軍の根深い対ソ戦衝動を緩和し、蔣介石が屈服するかもしれない希望をもたらし、南進を容易にし、おそらくアメリカとの関係も緩和するかもしれないと思った。

近衛は(四月十四日)新聞に発表した声明のなかで、同条約は平和への一歩であると説明した。「本条約は日ソ間の外交において画期的な事件であるのみならず、また世界平和の実現に寄与するものと信ずる」といった。

第一七章　近衛内閣と日米国交の調整

一　その序曲

日本とアメリカとの関係は満洲事変をもっていっそう緊張の度を高めた。いわゆるスティムソン主義というのは、わが国の大陸政策に対する主義上の否認であって、この点にふれた両国の妥協が成立しない限り、日米の衝突はいつの日にか必至の運命にあったといいうるであろう。

満洲事変は次第に拡大されて、昭和十二年ついに蔣介石政府との全面的武力衝突となり、戦局は中国全土に拡がった。これに伴って中国にある諸外国の権益は随所で日本軍との紛糾を惹起した。中国国民党政府は、重慶に移ってゲリラ戦法により、日本軍を疲労困憊《こんぱい》に陥れる戦法をとった。そして英、米、仏、蘭の諸国の声援を得て、武器その他の必需物資をビルマおよび仏印の国境から補給して抗戦をつづけた。日本軍は北方は蒙古から、南は広東にわたる延々数千里の戦線を張り、南京に汪精衛の政府を樹てて、重慶の蔣介石を無視する態度を執ったが、占領軍は点と線とを占拠するに止まり、ゲリラ討伐にも苦難をなめて、戦争はいつ果つべしとも見えなかった。

しかるに一九三九年には第二次世界大戦が起り、緒戦におけるナチス・ドイツの成功は、世界を驚かした。フランスはいち早く敗退し、イギリスはようやく英本土に立て籠ってアメリカの救援に最後の望みをつなぎつつ、戦力を養う状態であった。その機会に日本の軍閥は、独伊との枢軸関係を緊密にして米英に拮抗し、その間にいわゆる大東亜共栄圏を拡充し、米英との戦争に至らない範囲で、逐次その目的を達成しようと苦心したのである。

日本が独伊枢軸に加担して、アメリカの参戦を牽制する役割を引受けるべきか否かは、日米関係の決裂を左右する問題であった。当時の日本の政界は、その外交政策において明らかに分裂していた。陸軍を主力とする枢軸派は、ドイツ軍の勝利を疑いなしとして、英米との戦争を賭しても、いわゆる大東亜共栄圏の建設に邁進すべしと主張し、元老重臣等を中心とする文治派は、米英を敵とすることのきわめて危険なことを予見し、中国との戦争を収拾するためにも、日米関係を妥結に導くべきであると主張した。

ヨーロッパ戦争が漸次アメリカを宣戦の布告なき戦争に引入れる段階になれば、戦争は次第に世界的な規模に拡大されることは必至な勢であった。従って日本が独伊枢軸に加担すれば、それは必然的に英米反対の陣営に飛込むことを意味する。当時の政治指導者が、かかる事実を閑却して日米関係の調整可能なりと考えたとすれば、これは全く希望的観測に眩惑されて自己陶酔に陥ったものという外はなかったのである。

しかし、かような夢を追いつつ、近代のハムレットの如く最後まで心を悩ました典型的な政治家は近衛文麿であった。日独伊の同盟を軍閥に強要されて、それが日本を戦禍から救うゆえんであると誤信し、全体主義の妖気をもってアメリカを威圧し参戦を阻止しうると考えた。

二　野村アメリカに使す

一九四一年一月、元外相、海軍大将野村吉三郎は日米関係の行詰り打開に最後の努力をしようとはかない望みをいだいてワシントンに向った。彼はかつて数年間アメリカに海軍武官として在勤し、大統領ローズヴェルトやスターク提督をはじめアメリカ人に多くの友人をもっていた。しかし松岡外相から大使としてワシントン行きを求められた時に、再三にわたってこれを辞退したことは、彼が昭和二十一年に公にした『米国に使して』の冒頭に詳細に記している。海軍の旧同僚と松岡等は、野村がワシントンに使してアメリカ人に日本の意図の「真相」(そして近衛や松岡の考えではそれは「究極において平和的」であった)を認識させる仕事を引受けさせるために苦労した。野村が断ったのは松岡と日本の政策とのどれも信用してなかったことの反映であった。彼は原田に対して躊躇の理由を説明して言った。「松岡は物事の外観ばかり見ており」また「日本陸軍が軍事力に固執しつづけているあいだは、日米関係は決して友好的にならない」。しかし彼の海軍の旧同僚は熱心にワシントン行きを説き、海軍は対米戦争を許さないというある種の約束を与えた。そこで彼は承諾した。彼は、アメリカ政府を説得して日本の行動に同意させること以外にはなんらの指令をも携えずに、ワシントンに到着したのである。

野村は東京を出発する際、松岡外相から極秘訓令と称するものを受取った。この訓令は全部で十項にわたっているが、政策の根本思想が三国同盟を基調とし、アメリカにたいし毅然たる態度をとることにより、アメリカのヨーロッパ参戦を阻止し、ひいて惹起さることあるべき日米衝突をさけようとする（外務省編纂『外交資料　日米交渉経緯ノ部』一八―二〇ページ）ものであった。しかしかような線は、その頃のアメリカの世論とワシントン政治家の指向する政策とに全く逆行するものであって、日本の指導者がこれを可能と思ったとすれば、彼らがいかに欧米の趨勢に無感覚であったかを示す驚くべき証拠である。

野村大使が携行した極秘訓令の要旨は次の如きものであった。

一、わが国策を思い切って変更しなければ、アメリカとの了解のもとに平和を確保し、世界平和のため提携することはできない。

二、このままに推移すれば、アメリカはヨーロッパで参戦するか、日本との戦争になる。

これは恐るべき禍乱である

三、アメリカと了解がつかなければ、わが国は英米以外の国と連結協力して、たとえ圧迫と脅威を加えても、アメリカの参戦または対日開戦を防がなければならぬ。それが自然の途であり、人類のためでもある。日独伊三国同盟を結んだのはこれがためであった

四、同盟を結んだ以上、わが外交はこの同盟を枢軸とする。従って同盟条約第三条に規定する「第三国による攻撃発生せりと三国政府に於て認めたる時」は、日本は当然同盟に忠実でなければならぬ

五、日本の対支政策および大東亜共栄圏の樹立は八紘一宇の大理念によるものであって、征服にあらず、圧迫にあらず、搾取なきこと(no conquest, no oppression, no exploitation)を原理とするものである

六、日本は大東亜圏内で自給自足の道を講ずる必要がある。アメリカもこれを認容して大東亜圏の開発に協力すべきである

右の文書を一読して、うける印象は、この思想がヒトラーの「新秩序」を日本版に引き直したものに過ぎず、大東亜行進曲の序曲に用いられたかの感をいだくことである。かかる方針に出発した日米交渉が当初から成功の可能性にとぼしく、日米間の武力衝突は国内

政治勢力の大転換がない限り、この時から不可避の方向にあったといいうるであろう。

野村はワシントンに到着して、大統領に信任状を捧呈した日の状況を次のように記している（野村回顧録〔『米国に使いして』〕、三六―三七ページ）。

一九四一年二月十四日、余は御信任状を捧呈したが、これよりさき、大統領が余のワシントン到着の日（二月十一日）新聞記者との会見においてアドミラル野村の信任状を受領のために水曜日か木曜日に引見する旨を話し、なおアドミラルは自分の旧友ともいったということは前述したところである。したがって余もまたこの会見に当り旧友に会う親しみをもって出向いたのであった。

大統領は、御信任状捧呈当日はきわめて慇懃な態度をもって真に旧友を迎うるの情を示し、余の顔を見て、一向変っていないし、傷ついた眼も少しも気付き得ない旨を話された。次いで主題に入っては、「余は日本の友（フレンド）であり、君はアメリカをよく知っているアメリカの友である。したがってお互いは充分率直に話ができるわけである。日米の関係は、国務省において二百数十の抗議書を日本に出しており、その結果世論は刺激されて今や両国国交は悪化の状況にある。ことにむかしのメイン号の例もあり、かのパナイ号事件の際に、自分および国務長官（同席）において世論を抑えなかったならば、真に危険の状態に陥ったであろう。日本は今や海南島からスプラットレー（新南群島）、仏印およびタイ国方面にまで進まん形勢にあり、日本の南進は時に緩急あるもほとんど既定の国策の如くに思われる。アメリカの援英はアメリカ独自の意思に基くも、日本は三国同盟あるがためにその行動に充分独立的の自由がなく、かえって独伊両国が日本を強制するおそれもある」とて心配の意向を洩らし、「今後自分は何時なりとも喜んで君に面会するであろう」といわれた。

余はこれに対し、「自分は日米は戦うべきものではないということを徹底的に信じているものであり、将来あるいは世界平和の回復のため、はたまた世界平和を維持するために、むしろ両国が協力すべき日の来ることを確信しておるものである」と述べたところ、大統領は同感なるが如き風を示した。

三　日米了解案の作成

野村がワシントンに到着した直後の仕事は、日米了解案と称する協定の草案を日米両国の官民からなる数人の手で起稿することであった。この案は東京で始まってワシントンに持ち込まれ、それが日米会談のきっかけとなったものである。

会談を推進させたのは二人のキリスト教神父――ニューヨーク州メリノルのカトリック外国伝道会の総長ジェームズ・エドワード・ウォルシュ司教と同会のドラウト神父――で

あった。この二人は日本にいたことがあり、日本の有力者と話し合っていたが、そのなかには松岡も入っていた。松岡外相は対米関係の改善を希望すると大統領に告げてくれるように二人に依頼していた。そこで二人は一月に帰国すると、郵政長官ウォーカー(カトリック信者)を通じてこのメッセージをつたえようとした。さらに二人は、日本政府内のさまざまな分子が対米協定を望んでいるという報告をもたらした。もし日本に「安全感」をあたえるような協定が考え出されるならば、これらの分子が勢力を得て、日本の政策を変えるであろうというのであった。

ウォーカーは神父たちを大統領およびハルとの会談につれていった。彼らは松岡のメッセージを慎重にしかも丁重に受けとった。だが大統領もハルも信用を置いていなかったし、公式の外交が混乱させられはしまいかと当惑気味であった。しかし彼らは一行に対して日本との接触を保ち話をすすめるように励ました。

これらのアメリカ人と協力して、了解案の作成に参加した日本人は岩畔豪雄陸軍大佐とアメリカ通の井川忠雄(産業組合中央金庫理事)とであり、二人は終始野村大使との連絡に当っていた。

野村大使は三月八日にハル長官を訪ねて、日米関係の調整について意見を交換した。この日の会談から、その後の五十回におよぶ会談の型が現われてきたのである。ここに忘れてならないことは、日本政府の暗号電報は、つとに英米両国で傍受され解読されていたことである。アメリカ政府はこれに「マジック」(日本の暗号電報を解読した文書)という名を冠して窃取情報として十二分に利用した。相手のアメリカ人は、日本側の訓令を会談前に承知しながら何食わぬ顔をして、大使の言い分に耳を傾けるのが例であった。

三月八日の会談においてハル国務長官は日本が平和、法、秩序の諸原則を放棄し、偽りの神々を追いかけていることを熱心に説いた。野村大使はそれは日本の政策についての真実の見方でも内面的意味でもないと否定した。野村は、日本の膨張運動は他国を征服しようという願望ではなしに外国の不正と圧力を覆す必要から起ったという点を強調しようとつとめた。この会談についてハルの覚書に要約されているところによれば、野村は「そのような軍事征服を日本政府が現実に考えているという見解をしりぞけようと努め、さらにアメリカの禁輸はいよいよ重大関心事になっていること、またアメリカの禁輸強化政策によって、日本政府がさらに軍事措置をとることを強制されない限り、これ以上いかなる軍事行動も起るとは考えないことを述べた」。

この会談はハルの批判を宙ぶらりんにし、また野村の禁輸の影響に関する警告も同じく宙ぶらりんにしたまま終った。それから一週間後に大統領と野村大使のあいだに行われた同様の会談も同じ結果に終った。

しかし、野村もハルも政府の外で進行していた協議とは接触を保っていた。三月の末になると、一つの草案ができ上り、国務長官も大使も、それに関心をもった。

提案された協定は範囲が広く多岐にわたるものであったが、その要点を手短かに要約すれば、日本政府は二つの重要な保証を与える。第一に西南太平洋においては平和的手段のみを用いること。第二に、ドイツに対しては侵略的攻撃の目標となった場合にのみこれを支持すること。これらの誓約にたいし、アメリカ政府は若干のことを実行する――すなわち、必要とされる生産物が入手できる限り、対日正常貿易を回復する。日本が西南太平洋地域から必要とする原料(すなわち石油、ゴム、錫、ボーキサイト)を入手するのを援助する。また蔣介石にたいし特定の条件にもとづき対日和平を要請する。蔣政権は日本の創立した対立政権と提携するものとする。蔣介石がその要請を拒否した場合には、アメリカはその中国にたいする援助を中止することになっていた。

国務省の懐疑的な研究者はこの四月原案を吟味してみて、それが日本の南進を防ぐための代償に使うには貧弱な、あまりに貧弱なことに気づいた。この案によれば、アメリカは中国援助を中止するばかりでなく、中国にその国内問題に対する日本の勢力を永久的に受け入れるべく強制する義務を負うことになったであろう。またアメリカは日本に欲するままの規模の陸海軍を維持する手段を与えることを誓約することになったであろう。しかも、その場合、日本が対英戦争への参加を決定したならば、日本はそうする自由をもったであろう。すなわち枢軸の連携は断たれなかったのである。

しかし、ハルの考えでは、この偶然の機会から生れた子を無条件に拒否してみたところで何の役にも立たなかった。両国を分つ争点は話し合いで解決できるだろうという意見を日本政府のなかに絶やさずにおくことが賢明であった。日本の目的達成には戦争以外の道はないという結論を防ぐことが肝心であった。なんらか戦局の転換または機会の新しい測定がその見解を変えるかも知れないではないか。そこでハルは提案をおだやかにとりあげ、それを討議する用意のあることを示し、それを変えようと決心したのである。

そこで、ハルは四月十四日に野村に会ったとき、日本政府が交渉の第一歩として国務省の手に入っていた文書を提示するつもりがあるかどうかを知りたいとだけ述べた。その点の了解がつけば、両国政府は変更箇所を提議することができるというのであった。野村はそうしたい考えであると述べた。

二日たって日ソ中立条約の報道がちょうど届いたので、国務長官は、彼の得意とする迂回行動をとった。彼は細かく吟味したら印刷文のまるまる一章になるほどの一文を草し、行動の先ぶれとして、大使に一片の紙きれを手渡した。それには四項目が摘記されており、それについて彼は討議開始の「最高の予備行為」として日本政府の意見を求めた。

その後のすべての事件を考察するには、これら四項目を念頭におかなくてはならない。なぜなら、それらはアメリカ政府のよって立つ根拠を記したものだからである。対日会談のいくつかの段階において、それらを後にかくしておくことが慎重と思われた。しかし決して忘れられたのではなかった。その四項目は次の通りである。

一、両国およびあらゆる国民の領土保全および主権の尊重
二、他国の国内問題への不干渉原則の支持
三、通商上の機会均等を含む平等原則の支持
四、現状が平和的手段によって変更される場合を除き、太平洋の現状を攪乱しないこと

四月十四日および十六日の両日にわたって、ハル国務長官と野村駐米大使との間に国交調整の最初の会談を行い、今後この試案(「日米了解案」と仮称)を基礎として交渉を進めることに話がまとまった。その顚末は野村大使から、四月十八日に東京に報告された。日米了解案の内容は項目別にすると次の如きものであった(正文は『外交資料　日米交渉記録ノ部』一〇―一二七ページ)。

欧洲戦争に対し
(イ)　日本は枢軸同盟の目的が防御的であって、現に欧洲戦争に参加していない国に戦争の波及することを防止し、その同盟による軍事上の義務は、ドイツが新しく第三国から積極的に攻撃せられた場合に発動するものなることを声明する
(ロ)　アメリカ政府は今後ヨーロッパにおいて攻撃的同盟に加担することなく、もっぱ

ら自国の福祉と安全とを防衛するための考慮によって決せられることを声明する
アメリカ大統領は蔣政権に対し、日本が左記の条件を容認しかつ保障した場合に和
平の勧告を為す
A、中国の独立、B、日支間の協定に基く日本軍の中国撤退、C、中国領土の非併
合、D、非賠償、E、門戸開放の方針、F、蔣政権と汪政府との合流、G、日本の
大量移民が中国領土へ入ることの自制、H、満洲国の承認

右の外、この了解案には、太平洋における海空軍兵力ならびに海運関係について三項目、金融についての提携、太平洋の政治的安定等について詳細な規定があり、最後にローズヴェルトと近衛首相がホノルルにおいて会談を行うことが定められてあった。

四　近衛 閣内統一に苦慮

日ソ中立条約が調印されるかされないうちに、日本の陸海軍はふたたび大本営において南進を急ぐ方策を検討した。日本政府は西部太平洋地域の米英蘭濠各国軍の動きを一心に追求していた。ハワイとフィリッピンにおける米軍の増強ぶりや船舶の動きを数え、太平洋の各地点における航空兵力の増加を一機ごとに図表に書き入れた。また、ワシントン、

シンガポール、バタヴィアに開かれた海軍関係の会議については情報や噂話のきれはしにいたるまですべて研究した。少なくとも日本外務省はアメリカ、イギリス連邦、オランダのあいだに一定の軍事的了解がついたものとの確信をもつに至ったと思われる。これらの軍事的な動きについて、日本外務省で作成された二つの覚書がある。一九四一年四月ののは、「米英蘭による対日合同包囲の形成」と題する。もう一つ、一九四一年七月付のものは「南太平洋における英米の対日包囲政策」と題されている。

両者とも、ABCD諸国の外交官の会合、アメリカ艦隊の動静、米海軍顧問および軍事オブザーバーの派遣、ワシントンおよびシンガポールの軍事会議、南太平洋におけるアメリカの軍事的諸準備に関する新聞、ラヂオその他の報道を要約したものである。

日本海軍は、日本がシンガポールまたは蘭印を攻撃すればアメリカ海軍は早晩戦争に入ると見ていた。しかし日本海軍は、アメリカは太平洋艦隊主力を側面攻撃に有効に使えるようになるまでは、西南太平洋の水域外にとどめておくだろうとの考えに悩まされていた。これこそ、早くも一九四一年一月に連合艦隊司令長官山本五十六提督が、真珠湾攻撃計画をとりあげた理由であった。

四月十六日の大本営における陸海軍特別会議の終りに、最後的決定はすべてくり延べとなった。ただ、インドシナ、タイ、蘭印との関係を拡充するための、すでに承認された計画の推進が決定されたにすぎず、これは実力に訴える前に、経済的、政治的手段を使うことを考えたものであった。決定の最後の部分は次の通りで、対英米戦争の回避を欲する分子が妥協を強いるだけの力をまだもっていたことを示すものである。

三、前号施策遂行ニ方リ下記事態発生シ之カ打開ノ方策ナキニ於テハ帝国ハ自存自衛ノ為武力ヲ行使ス

㈠　英、米、蘭等ノ対日禁輸ニヨリ帝国ノ自存ヲ脅威セラレタル場合

㈡　アメリカカ単独若クハ英、蘭、支等ト協同シ帝国ニ対スル包囲態勢ヲ逐次加重シ帝国国防上忍ヒ得サルニ至リタル場合

陸海軍の条件が持ち出されたならば、近衛はそれを、ベルリンとモスコウからの帰国途上にある松岡と、ワシントンから打電して来る野村提督との間で、いずれとも決定せねばならなかったのである。一人はシンガポール攻撃を実現するに努めるとの約束を残して帰って来るし、もう一人はアメリカとの平和維持に骨身を削っていた。野村は四月十四日と十六日にハルが提出した二つの質問に対する回答をしきりに求めていた。日本政府はハルが起草した四つの一般原則に同意するのか、それとも、ウォルシュ、ドラウト両神父と日本大使館員との会談から生れた草案を討議の基礎とするつもりか、どちらにしても困難が伏在していた。

日米了解案の第一試案が野村、ハルの間で討議されてその第一報が四月十七日夕刻、日本外務省に入った。それは近衛首相に直接伝達された。同じ日に不吉な報告が大島からとどいた。ドイツの対ソ開戦が近づいているというのであった。こうして近衛はその最大の困難な決定に当面した。日本は事態をただ静観すべきか、それとも北進または南進すべきか、ドイツに対してまたアメリカに対してどう措置すべきかの問題であった。

日本の首脳部としてはきわめて異例の速さをもって、一つの計画が採用された。だが、それには一つの大きな欠陥があった。それは二つの主要な部分が互いに相殺しあっていたことである。一つの部分は野村の伝達したように、アメリカと意見の一致を見るべき条項を条件つきで受諾することを決定したものであった。いわゆるウォルシュ・ドラウト草案はアメリカ政府に承認されないまでも、よく考慮されたものと考えていたようである。

近衛首相は、その『手記』の中で、対米討議の促進を決定した理由を要約している。それらの理由はすべて実際的なものであった。すなわち日本の国力の涸渇にかんがみ中国との戦争をなるべく速やかに終結することが望ましかった事情、アメリカからもう一度戦争資材を入手したいという希望、軍最高首脳部が南進を成功せしめる用意も確信もなかった事実がそれである。とすれば、ワシントン政府の推測は、敵側の記録がそれの事実であったことを示しているわけであった。有力な一派はドイツに接近していたのに、他の一派はまだ足踏みしていたのである。もちろんアメリカの輸出統制は日本への打撃であった。しかし日本海軍はまだ長期戦の用意ができていなかったし、訓練や装備にも自信はもっていなかった。

四月十八日の午後八時から開かれた政府統帥部連絡会議の状況は近衛手記に詳細をつくしている。政府から、首相、内相、陸相、海相の外に大橋外務次官、統帥部から参謀総長、軍令部総長が出席し、陸海両軍務局長、内閣書記官長も臨席、アメリカの提案を議題にして協議した。この席上での大体の意見は左の如くであった。以下閣議の経過はもっぱら近衛手記による。

一、このアメリカ案を受諾することは支那事変処理の最捷径《さいしょうけい》である。すなわち汪政権樹立の成果挙らず、重慶との直接交渉も最近は非常に困難であり、今日の重慶は全然アメリカ依存である。故に重慶との交渉はアメリカを仲に入れねばどうともならぬという情勢にかんがみればこのことは明らかである

二、この提案に応じ日米両国の接近を図ることは日米戦争回避の絶好機会たるのみならず、ヨーロッパ戦争が世界戦争にまで拡大することを防止し、世界平和を招来することの前提になるのではないか

三、今日のわが国力は相当消耗している。一日も速やかに事変を解決して国力の回復培養を図らねばならぬ

一部に主張されている南進論の如き、いまでは統帥部においても準備も自信もないというくらいで、やはり国力培養の上からも一時アメリカと手を握り、物資等の充実を将来のため図る必要がある

かくして大体受諾すべしとの論に傾いたのであるが、その条件として左の如き意見があった。

一、三国同盟と抵触しないということを明確にすることはドイツに対する信義から見て当然である

二、日米協同して世界平和に貢献せんとの趣旨をもっとはっきりしては如何。もし日米了解の結果、アメリカが太平洋から手が抜けるので、そのため対英援助が一層強化されるということになっては、日本としてはドイツに対する信義に反するのみならず、全体の構想が低調になって面白くないから、日米協同して英独間の調停をするというところまで持っていきたい

三、内容が少し煩雑に過ぎる

四、この原文は旧秩序に復帰するという感じを与えるゆえ、新秩序建設という積極面をもう少しはっきり出したい

五、迅速に事を運ばないと漏洩《ろうせつ》の恐れがある。この意味からも外相の帰朝を督促する必要がある

なおこの事をドイツに通報すべきや否やについては両論があった。

(イ)　これほどの重大問題を信義の上からも通知せぬわけにはいかぬ。少くともアメリカに返答する前にドイツに通知すべきである

(ロ)　事前に通告すればドイツは反対するかも知れぬ。すなわち折角の話ができるものもできなくなるおそれがあるから、ドイツには内密にして話を進めよう

こういった論議はあったにしても閣議はすぐにも主義上賛成なる旨を野村に電報しようとの提案があったくらいに乗り気であった。

しかし、四月十八日の会議で採択された計画の他の部分は、対米平和解決と両立しなかった。たとえば、その会議は三国条約にもとづく日本の義務に影響するようなことはしてはならぬと決議した。従って、日本の意図についてアメリカを絶えず不安の状態におく必要があった。そうでなくてアメリカが太平洋における防衛の必要から解放され、従って対英援助を増加しうるようにされるなら、日本はドイツにたいして信義に背くことになるというわけであった。

近衛は松岡に急いで東京に帰るよう要請していた。松岡を待つあいだに政府の軍、政首脳者はさらに数次の合同会議を開き、次の対抗措置を確認した。すなわち、近衛は対米交渉を促進することを認められた。陸海軍は四月二十一日の覚書において意見を発表した。

「日本はアメリカの画策を有利に転換し、提案に盛られた諸原則を採用することによって、支那事変の目的を達し、国力を回復し、もって世界平和の確立に強力な発言力をうべきである」と。

五　不可解な松岡の態度

一九四一年四月二十一日、松岡が独ソ訪問の旅を終って大連に着くと、近衛首相から電話がかかった。ワシントンから重要な電報が来ているから飛行機ですぐに帰京するようとの要請であった。「その時、松岡は喜色満面であった。スタインハートとのモスコウ会談が実を結んだのだ！　帰京後松岡は加瀬にむかって昂然として、やがてアメリカに飛んで彼の平和計画を完成するのだと語った。そして、日米両国は協力してヨーロッパに平和を招来するのだ。これがまさしく彼の夢であった！」と松岡の随員であった加瀬俊一がその著『ミズリー号への道程』(七八ページ)に書いている。

四月二十二日に松岡外相は、大げさに迎えられて立川飛行場に帰着した。近衛首相は、ワシントンの野村大使から電報してきた「日米国交の調整に関する試案」を真先に松岡外相に示して、その促進方を求めるつもりで出迎えた。この試案というのは前述した通りハル国務長官も了解を与えているもので、さしあたり交渉の基本線となるものと、近衛公は考えていた。しかし松岡は彼一流の気質から、出先の大使が外務大臣の了解を求めることなく、かかる案をアメリカ側と協議することは僭越至極であると感じたもののようであった。二十二日の夕刻、政府と大本営との連絡会議が開かれたが、この会議の席上、松岡は滔々として訪独の気炎を上げ、問題が肝心のアメリカ案に移るとすこぶる興奮の色を示してドイツとの信義の問題を強調し、この提案はアメリカの悪意七分善意三分と解するといい、前大戦中アメリカは石井・ランシング協定を結んで太平洋の後顧の患を除き、自ら参戦し、日本に散々働かせながら戦争がすんだらこれを破棄した例をあげて、とにかくこの問題は二週間くらい考えさせてくれと、十一時に一人で先に席を蹴って退場してしまった。

近衛公は当時の松岡外相の態度について手記にこういっている。「この頃に及んではもはや日米このままで推移しては、明らかに両国間の戦争不可避を予想される状勢にあり、従ってこの好機をとらえて日米会談を妥結に導く以外に戦争回避の方途のないこともまた明らかであるといって過言でなかった」と。

松岡はそれから気管支炎のため床について、会いたい人間にだけしか会わなかった。ドイツ大使オットは松岡と会談した。訪問の終りにオットはワシントンから来た交渉案の写しを一部うけとった。まもなく松岡は、自分はドイツがソ連と戦うなら日本は参戦せざるをえないという意見であるとオットに語った(オットからリッペントロップへの電報、一九四一年五月六日)。

近衛首相は陸海両相の旨を受けた武藤、岡の両軍務局長等と共に熱心に松岡外相の翻意を促したが、彼は容易にその態度を改めなかったため、五月三日に至ってようやく日米交渉に関する第三回の連絡会議を開く運びとなった。外相は「日米了解案」に大きく修正を加うべきを主張したが、会議はほとんど会議原案そのままを容認し、かつ即刻アメリカ側に通達すべきであるとしたのに対し、松岡外相は独自の見解から閣議の了解を求めず中間的回答をアメリカ政府に提出、日米間に中立条約を結ぶ可能性があるかどうかを探らしめるよう野村大使に訓令した。それと同時に松岡外相はオーラル・ステートメントと称する意見書をハル国務長官に手交するよう訓令した。

そのオーラル・ステートメントは大体次のような趣旨（外交資料、三三―三四ページ）で外交文書としては異例のものであったから、ハルは野村に対して「われわれは松岡から指図される覚えはない」と苦々しげに独語した。

独伊の指導者が、イギリスおよびその連合国とは協議によって和平を結ぶ意思なく、降伏を要求していることを承知しているし、戦争の現段階においては勝敗はすでに決したものと見做している。前記の指導者たちは、バルカンよりイギリス兵を駆逐すればヨーロッパ大陸にはひとりのイギリス兵もいなくなるし、ソ連は中立を守ってドイツの必要とする物資を供給してくれると称している。

独伊の指導者はまたアメリカの参戦は、戦争の長期化を結果すべしとは認めているが、最終的決定に影響を与えるものでないと信じている旨を付言する必要ありと思う。閣下ならびに大統領がいかなる見解を有せらるるにせよ、相手方が何を考えているかを知られることは価値ありかつ興味あることと信ずる。もっとも本大臣はこの点に関する自己の意見を留保するけれども、本大臣の唯一かつ主要な関心は、閣下も御承知のとおり、アメリカの干渉が戦争を長期化し、人類の悲劇に終ることを恐れる。

本大臣は日本が三国条約に基きその同盟国たる独伊の地位を些少なりとも毀損するごとき何事もなしえず、またなさざることを付言する……。

これを入手した野村大使は、五月八日にアメリカ国内の情勢を詳細に政府に警告して注意を喚起した。その中の重要な点二、三を左に摘記する(五月八日野村より松岡宛公電第二七七号)。

アメリカ人の大多数(就中《なかんずく》大統領等)が抱く世界観は、今回の戦争が全体主義と民主主義との争いであると見、侵略による領土の変更は許されないとする点、侵略行為は必ず失敗すると見てデモクラシーの牙城たるイギリスをあくまで救援せんとする点、英独戦は米独戦に転化せらるる可能性ある点等の考え方は、今後何人の努力をもってするも変更せしめること不可能であろう。ヨーロッパ大戦の帰趨については、戦争は長期化すべく、アメリカが大規模に対英援助をなせば、ドイツは必ず崩壊に至るとの希望的見解を抱くものが多い。

アメリカとしては今日の時期に英独和平調停にイニシアティヴをとる如きことは万々なかるべく、一意国防計画の遂行につとめ、対英援助物資の増大を図っている……他方海上のパトロールを強化し、近くコンヴォイ（米艦の商船護送）を実施する。そうすれば勢いの赴くところ、大戦加入に至る危険性大なるものがある。最近参戦論がにわかに擡頭しつつあることは注意を要す。

アメリカとしても日独両国を同時に敵にもつことは不利であるから、危険度の少い日本と国交を調整せんとすること一応頷きうるところであるが、これをもってアメリカ我に与せりと見るは当らない。日独両国を敵とする場合に備え太平洋方面まで自強の策をとり、数年後完成すべき大海軍大空軍をもって対日決戦を試むべき意向なるが如し。

叙上の如き情勢なるをもって、今において日米間になんらかの手を打たざれば、大統領等の対日接近機運も冷却し、完全なる経済断交の実現を見るべく、帝国としては生存のために南方へ武力進出を余儀なくせられ、ここに全面戦争に発展する危険大なりと考えらる。

その当時の閣内の情勢について『近衛手記』は次の如き事実を書きとめている。

事態がようやく紛糾複雑の度をくわえてくるにつれ、関係閣僚の動きも活発になってきた。五月八日、外相は陛下に拝謁し、「アメリカ参戦の場合は、日本は当然独伊側に立たざるべからず、しかるときは日米国交調整もすべて画餅に帰することとなり、いずれにせよ、アメリカ問題に専念する余り独伊に対する信義に悖るごときことありては、骸骨を乞い奉るの外なし」と奏上した。

これは翌九日、外相自身近衛を訪ねて報告したところである。

そこで近衛は、同夜陸海両相を荻窪に招き、外相の態度に対する善処方について懇談した。またアメリカ参戦の場合わが国のとるべき態度、ドイツから反対あるいは修正の意思表示があった場合の処置方法にかんしては、今後陸海軍において緊密な連絡をとるように打合せた。

翌五月十日、近衛が参内すると、陛下はきわめて御憂慮の御面持にて前日外相の奏上内容を次の如く話された。すなわちアメリカが参戦すれば日本はシンガポールを撃たざるべからず、またアメリカが参戦すれば長期戦となる結果、独ソ衝突の危険あるやも知れず、その場合は日本は中立条約を棄てドイツ側に立ち、イルクーツクくらいまでは行かざるべからず、というのである。近衛は、松岡の奏上は最悪の場合における一つの構想に過ぎないこと、またこれが外相の考なりとするも、事の決定には軍統帥部も参加し、閣議にも諮ることとなれば、御軫念《しんねん》に及ばないと申上げた。この機会に近衛が申上げたことは『手記』によれば「当面の問題たる支那事変処理のためにはアメリカを利用する以外に途なく、従って今回のアメリカ提案は絶好無二の機会であるから急速にこれを進行せしめん所存なるも、第一、ドイツが不同意を表明して来た場合、第二、修正案にアメリカが再修正をなしたる場合、第三、日米諒解は成立せるもアメリカが英仏に参戦した場合に起り得べき閣内の意見対立、さらに広くは国論の分裂について詳細説明を申上げ、近衛としては能う限り円満に事を運ぶべきも、なおかつ不可能な場合には非常の手段を用うる必要があるかもしれない」とあらかじめ言上したのである。これは陛下にも御納得があり、「その方針にて進むべし」との御言葉を賜った。それにしても松岡が訪欧後あまりにも議論が飛躍的になって、陛下の御信任を失い、現に八日の外相拝謁後、内府に対し、外相を取代えては如何との御言葉すらあったという話を近衛も耳にしたのである。

近衛は自分では少なくともワシントン会談は続けうるものと考えていた。だが松岡はまだ閣議決定を覆えそうと画策していた。彼は、ワシントンに送るべき回答についてかねてドイツの助言を求めており、東京時間の五月十四日までドイツ側の意見を待つことを約束していたのである(オットからリッペントロップへの電報、五月十日および十一日)。

しかし他の閣僚たちはそんなに待ってはいられなかった。ワシントンからは、十四日、汎米記念日に大統領が行う予定の演説はまれにみる重大なものになろうという報告が来ていた。またロンドンでも、ホプキンスによれば、大統領はアメリカの対独参戦を声明しようとしているという噂が流れていた。そこで、松岡は不満だったにかかわらず、野村は「アメリカ案」に対して直ちに日本の意見を提出するように訓令された。

野村はそれを五月十二日(ワシントン時間)におこなった。ついに、ほとんど一カ月目に、ハルは日本の意図がどこにあるかを判定する基礎になる文書を手にすることになった。アメリカ政府はこの一カ月の間に西部大西洋の防衛手段をとり、かつ対日補給の流れに対して制限を強化していたのである。

六　五月十二日の日本回答

日本政府が、五月十二日に野村をして国務長官ハルに手交させた対案は緊張して作りあげた跡をとどめていたが、これは第一案に修正を加えて協定の基礎案となるべきものであった。しかしハルの語った印象では、「その文書からは希望の光はほとんどささなかった」(回顧録、一〇〇〇ページ)。

この日本の対案はすこぶる長文で、錯雑したものである（外交資料、四〇―四六ページ）から、ここには省略するが、極東軍事裁判の判決には次のように要約している。

㈠　日本、満洲国、中国は東亜新秩序の建設を共同の目標として団結すべきであり、これが実現のためには中国は対日抵抗と満洲国に対する敵対を放棄するものとする

㈡　日本は日独伊防共協定の精神を基調とする両国間防共協定の締結が日華関係の調整に重要不可欠なりと考える

㈢　中国における情勢にかんがみ、日本軍隊は特定地点に駐留するものとする

㈣　日本は中国における経済独占、また諸外国権益の制限を欲せず。ただし、日本は中国が両国間平等の原則にもとづき両国の経済的利益の促進のため、日本臣民の中国奥地における居住通商の自由を認めるべきことおよび特に華北蒙古における中国の天然資源の開発につき日本に便宜を供与する

ハルにとって当時もっとも鋭い関心の的であったのは――松岡にとってもそうであったように――もしアメリカが大西洋でドイツと戦をはじめたなら日本はどうするかという問題であった。布告された戦争とはいわないまでも、発砲戦争は何時始まるかもしれなかった。その時以来ハルの多くの談話は、アメリカの大西洋における活動は防衛的であり、従

って日本は衝突が起った場合ドイツを支持する義務を感ずる必要はないという見解を日本に受け入れさせる方向にむけられていた。しかるに日本の提案はこれをすっかり逆転させてしまった。アメリカは三国同盟を防衛のためのものであると認めること、しかも――提案文はそれを意味すると思われたが――アメリカの大西洋における対英援助活動を中止することを求めたものであった。

他の主要な点については、日本の回答は逆の意味に判断された。中国については、大統領は蔣介石に対して幅広い原則にもとづき対日和平をおこなうよう要請すべきものとされた。アメリカ政府は蔣介石がこれを拒んだ場合、蔣政権への援助を停止する単独の秘密協定を結ぶべきものとされた。表面上、日本側の和平条件は中国が対日協力の義務を負いながらも、なお統一と独立を保つような公正な解決を提供するかのように思われた。しかしこれら条件の実際の意味は中国が弱いか強いかによって決まる問題であった。中国にひきつづき駐留する日本軍隊はその意味を解明することになるわけであった。だが、日本はかつて同じように仮装した条件を用いて、その支配を満洲国に押しつけたことがあったので、アメリカは釈然としなかった。

いずれにしても、アメリカ政府は、その時もその後も、東京で用意された中国関係のいかなる一般方式も信用しようとしなかった。アメリカ政府は日本がまさに何をしようとしているかを知ろうと欲し、心の底では、日本を中国から、またおそらく満洲からも、すっかり追い出したいと考えていた。五月十二日の回答のもう一つの面はするどく注目された。ワシントン草案の言葉が南西太平洋地域における実力行動を自制する誓約を排除するよう変えられてしまっていた。この点についてハルが質したとき、野村はその理由として、米英も同じく、行動を自制する義務を受け容れる必要はないからであると述べた。

松岡は攻勢に出ていた。五月十四日、ベルリン、モスコウ旅行以来はじめてグルーに会ったとき、松岡のでたらめな率直さは侮辱に変った。ヒトラーが対米宣戦を布告しないのは辛抱づよく寛容なのだ、と彼は考えた。もし大西洋における米海軍の活動によって戦争が起るならば、彼の判断では、アメリカこそ侵略者となるべきものであった。だから松岡としては、三国条約第三条にもとづき、日本もアメリカと戦わざるをえなくなることに何の疑問もないのであった。彼は「アメリカがなすべき男らしく、立派でかつ合理的なことは、中立の擬装のもとに戦争行為に従う代りに、ドイツに対して公然と宣戦することだ」と考えると付言した。

グルーがこうした言葉を電文に組む前に、松岡はその形容詞をとり除いてしまおうとした。彼はグルー宛の覚書で実際にいおうとした意味は、アメリカはもっと慎重で注意深くなければならないということであったと主張した。

松岡は日米交渉を打切るか、さもなければアメリカからシンガポールの防衛に参加しないという約束を引き出すか、二つのうち一つをしようと考えたのであった。なぜなら、彼はベルリン訪問中に交わされた誓約につきまとわれていたからである。ヒトラーは躍起に運動していた。彼は松岡に圧力をかけてアメリカの大西洋での行動は対独戦争を挑発する意図をもつものと見なされるが、その戦争に日本も参加を余儀なくされるだろう、とアメリカ政府に通告させようとしていた。ヒトラーはアメリカとのいかなる協定も対英戦争への不介入の約束と日本の枢軸に対する明確な義務を含むべきであると主張していた。さらに、彼はアメリカに与えられる回答を枢軸に伝達する権利も当然その協定に含まれるべきであると要求していた。

松岡はほとんど他からいわれた通りのことをグルーに向って復誦していた。苦悩し幻滅を感じた松岡は野村宛の指令からは除外せざるをえなかった感情や脅迫をグルーにぶちまけた。そうすることによって、彼は信義と交友を裏切らなかったことをドイツの友人に証明することができた。

五月十二日対米回答を訓令した直後になってドイツからの回答が到着した。その回答の要旨は、日本との妥結を図ろうとするアメリカの底意は、これによって対独参戦に邁進しようというのであろうから、日本政府においては、㈠アメリカの行っている警戒または護送は、故意に戦争を激発する行動と認め、従って必然的に日本を参戦に至らしめること、㈡アメリカがかかる行動を差控えれば、アメリカ提案を研究する用意のあることを明示されたいというのであった。なお本件が三国条約に及ぼす影響に鑑み、最後的回答発送の場合は事前に意見を徴せられたいと結んであった。イタリー政府からは右ドイツの回答をもってイタリーの回答と見てもらいたいと申越してきた。

続いて五月十九日、大体予想された所ではあったが、オット大使は日本がドイツの回答を待たないで、対米回答をしたことに対し本国政府の不満を申入れて来た。それによれば三国条約国の一つが他国と結ぶ条約は、すべて三国条約国戦線を弱化させるものだと暗に日米交渉に対する原則的反対を表明し、少なくとも「イギリスト枢軸国トノ戦争ニ干渉セザルアメリカ政府ノ義務」と「三国条約ヨリ生ズル日本ノ義務」を「明白分明ニ確定」することを注文し最後に「ドイツ政府ハ今日日米交渉ニ完全ニ参与シ、アメリカ回答ニ付テ直ニ通報ヲ得度シトノ希望ヲ主張セザルヲ得ズ。日本政府ガ予メドイツ政府ト右重要問題ノ総テニ関シ諒解ヲ遂ゲズシテアメリカノ申入ニ傾聴セラレテ向後日本ノ地位ヲ確定サルルコトハ三国条約関係ニ適合セザルモノナリ」との高飛車的のものであった。同時に大島大使からも、ドイツ首脳者は日米交渉に対し非常な反感をいだいていると報告するとともに、激越な調子で自己の反対意見を述べてきた。

東京では五月十五日、二十二日と連絡会議が開催されたが、情報と意見の交換の程度を出なかった。ただ松岡外相はドイツ側の申入れと大島大使からの再三にわたる意見具申に相当影響された模様で、当初からの曖昧な態度はますます曖昧となり、いずれかといえば希望に満ちた他の閣僚に対しただ一人対立する形が益々はっきりしていった。二十二日の会議では岡海軍軍務局長から富田書記官長に対し、「外相がかくの如く異見を立てておれば、協定成立の場合国内の意見が割れる恐れがある。その辺のことをあらかじめ考慮願いたい」と外相へ伝達方申入れがあったほどである。

ハルは六月二十一日、これまで討議してきた協定条件の改定案を野村に送り返した。そうするに当って、彼は一通の声明書(それは口述と考えるべきものであったが)を手渡した。それは日本政府内部の紛争の急所をついたものであった。日本の対独義務を強調した日本政府の一部有力者の公的言明は無視できないものであり、果して日本との協定が探求に価するか否かを疑わしめるとこの声明は述べていた。ハルも野村も、誰よりもまず松岡のことが問題にされているのを知っていた。ハルの意図は、誰にも推測されうるものであった。時はまさに六月二十二日、ドイツの対ソ侵入の前夜であった。

第一八章　独ソ戦争

一　ヒトラーの東征準備

一九三九年九月、ドイツがポーランド攻撃を開始する直前、ヒトラーは部下の将軍を集めて、さきにソ連と協定を結んだのは、両面作戦によらないで、ヨーロッパを征服するための方便であるといった。そしてスターリンが死ねば、即時にソ連を叩いてヨーロッパの覇業を完成する計画であるから、ソ連とポーランドを分割し、ベッサラビアやブコヴィナの併合を承認したのだとも付け加えた(後出 Jacques Pirenne 著書)。

バルカン半島については、一九三九年八月の独ソ間の協定では双方の妥結を見るに至らなかった。沿革的にみて、ロシアはピーター大帝以降、バルカンの南スラヴ民族をその傘下に収め、さらに南下してコンスタンチノープルのセントソフィア寺に双頭の鷲の旗を立てることが、その使命であると信じてきた。一九一五年の英仏伊との密約はその実現を期したものであった。黒海から地中海に出る要衝を手に入れることは戦略的見地から見ても重要であって、共産党政府になっても絶えずトルコを圧迫したことが何よりの証左である。

ドイツはウィルヘルム二世の時代にバルカン半島を経てペルシア湾にまで勢力範囲を拡大する政策を推進した。この東漸政策が第一次世界大戦を惹起する原因をなしたことは既に拙著『第二次世界大戦前史』で述べたところである。

ヒトラーはウィルヘルム以上に大きな野望を抱いていた。そして三国防共協定の成立を機会として、一九四〇年十月にはハンガリー、ルーマニアおよびスロヴァキアをこれに参加させた。ブルガリア政府に対しても同様の勧告を試みるためボリス国王をベルヒテスガーテンの別荘へ招待したが(十一月十七日)ブルガリア国王は即答を避けた。その時ヒトラーはボリス王に対して、マセドニアをブルガリアに提供し、これによって多島海に出口を与えるからと説得につとめたが、その目的を達することができなかった。

一九四〇年九月二十七日にベルリンで調印された三国の同盟条約は、バルカン半島においてドイツとイタリーとの勢力範囲を設定する契機となり、イタリーはアルバニアとギリシヤとをその勢力圏として認められた。それはドイツに対してルーマニア、ユーゴースラヴィア、ブルガリアにおける自由行動を認めることを意味し、ソ連の重大な利害に関係を及ぼすものであった。けれどもソヴィエトはイギリスとドイツとの勝敗が遠からず見通しうるときまでは、ドイツとの間の主要問題について解決を希望しつつも、急いでドイツを刺激することを避けた。

ソ連としては英独両国が戦い疲れて、困憊《こんぱい》することを望んでいたが、日本およびアメリカ等の関係に何が起るかもしれないとして、ひたすら時を稼ぐことに熱心となった。

『外交資料　日「ソ」外交交渉記録ノ部』によれば、一九四〇年十一月に予定されたモロトフのベルリン訪問に先立ち、在ベルリン来栖大使は、さきに建川大使よりソ連政府に提示した日ソ不侵略条約案をリッペントロップに内示するとともに、その成立につきドイツ政府の斡旋を求めた。その際リッペントロップはソ連をして日独伊三国側と同調せしむることを趣旨とする腹案を示したが、その要旨は、

一、ソ連は戦争拡大防止、平和の迅速克復の意味において日独伊三国同盟条約の趣旨に同調することを表明すること

二、ソ連は欧亜の新秩序につき、それぞれ独伊および日本の指導的地位を承認し日独伊三国側はソ連の領土尊重を約すること

三、日独伊およびソ連は各々他方を敵とする国家を援助しまたはかくのごとき国家群に加わらないこと

を主な内容とし、そのほかに、日独伊ソの将来の勢力範囲として日本には南洋、ソ連にはイラン、インド方面、ドイツには中央アフリカ、イタリーには北部アフリカを容認する旨

の秘密了解を結ぶこと、というものであって、モロトフ来独の際これを基礎として協議したい旨を述べた。日本政府は右に異議なき旨を回答するところがあった。

モロトフはベルリン滞在中右のリッペントロップ腹案につき話合いを行い、またリッペントロップからは日ソ間の斡旋の労をとる用意ある旨を述べたが、モロトフはベルリンから帰来後、十一月十八日建川大使との会談において右に言及し、リッペントロップ外相の談により日本側が対ソ国交調整に熱意のあることを承知したと前提した上で、日本側は北樺太利権につき譲歩の用意ありとの意向であるが、ソ連側世論は失地回復を伴わない不侵略条約を想像だにしえない。さりとてソ連側が南樺太、千島等を問題とすることは、日本側はこれを適当と思わないであろうから、この際は中立条約について交渉をすることが妥当と考えられ、中立条約ならば利権について話合いをすればこと足るであろうとて、中立条約案および議定書案を提示した。条約案は「両国間の平和および友好関係を強固ならしむる希望に促され」たことを前文にうたい、第一条で「両締約国は平和および友好関係を維持し、かつ相互に領土保全を尊重する」ことを声明し、第二条で「締約国の一方が一または二以上の第三国よりの軍事行動の対象となる場合には他の一方は全紛争の期間中中立を守る」ことを骨子とし、議定書案は、北樺太の石油および石炭利権の解消に関するものであった。

松岡外相はソ側の態度を不満とし、利権解消は考慮の余地なく、逆に北樺太買収を提議したが、モロトフはこれを取り合わず、利権放棄に関する日本側意向は先般訪独中リッペントロップより聞込んだ次第があると述べ、日本側回答を期待するというのみで交渉は停頓するに至った。

他方右腹案を基礎とする独ソ間の交渉はなんら進捗を見ず、かえって両国関係は悪化するに至ったので、うやむやとなったようであった。松岡外相がドイツ訪問に出発するに先立ち、日本政府は「対独伊ソ交渉案要綱」をきめたが、その主眼とするところは、右リッペントロップ案に基づき、ソ連をイギリス打倒のために三国に同調させ、日ソ関係改善についでは、ドイツの斡旋に期待するというにあったが、松岡がベルリンに着いた頃には、独ソ関係は機微の段階にあり、日ソ間を斡旋するどころか、独ソ間の衝突がいつ起るかもはかりえないような雲行であった。ところが右のような情勢はかえってソ連側をしてわが国に接近せしむる動機となったもののごとく、日ソ間政治協定締結の可能性を生じたもののように見えた。そこで、松岡は独伊訪問の帰途四月七日モスコウに立寄り、ここに議定書を伴わない中立条約が成立することとなり、四月十三日に署名が行われた。

以上は前掲『外交資料』に依ったものであるが、アメリカ軍が押収公表したドイツ外務省文書『ナチ・ソヴィエト関係、一九三九年―一九四一年』中にも、この間の経緯にかんする在モスコウ・ドイツ大使シューレンブルグからドイツ外務省に宛てた電報が収録されている。そのうち中立条約と三国同盟との関係については、中立条約が締結されることになっても、三国同盟になんら影響のないことはいうまでもない。この条約が三国同盟に何か触れる条項を含むかどうかという質問に対しては松岡はこれを否定し、ソ連はこの問題に少しも触れるところがなかったので、松岡の方からもこれに触れなかったと述べた。また松岡はさらに中立条約は日本にとってきわめて重要性をもつことを強調し、蔣介石側につよい衝撃を与え、日本の対蔣交渉は著しく容易になるだろう。またアメリカ、イギリスに対する日本の地位を著しく強化する結果にもなるだろうと述べた、と記してある。

ドイツもまた遠からずソ連を叩く計画を進めながら、ソ連を三国同盟に同調させることができれば、対英戦争に全力を挙げることが可能になるとの打算を忘れなかった。そして日ソ間の了解促進を援助するためソ連に対し周旋の労をとると日本に約束したのである。

二　ベルリン会談

モスコウ政府は、ドイツの意向を明白につかむため一九四〇年十一月十二日にモロトフをベルリンに送った。この会談においていかなる題目がとりあげられたかは、アメリカ政府の手によって、一九四八年に発表された前掲『ナチ・ソヴィエト関係、一九三九年―一九四一年』に詳細をつくしている(読売新聞社刊行の『大戦の秘録』はこの日本語訳)。

十一月十二日にドイツ外相リッペントロップは、モロトフに対して、イギリスがすでに断末魔に追いつめられていることを印象づけようとし、遅くも来年にはイギリスが和を求めるであろうと述べた。

その日の午後、モロトフはヒトラーと会見したが、ヒトラーもまた戦争の状態を詳細に説明した後、ソ連との関係について、次のように述べた。

一、ドイツはロシアからの軍事的援助を期待していない

二、戦争の区域が拡大したため、イギリスとの対抗上、遠隔の土地に深くはいることを余儀なくされている

三、ドイツが絶対に必要とするものは、ある種の原料資材である

モロトフは日独伊三国同盟について、ヨーロッパおよびアジアにおける「新秩序」というのはどういうものであるか。そのなかにおいてソヴィエト連邦にいかなる役割が与えられるのであるか。またロシアのバルカン半島および黒海における利害についても明白にしておきたい旨を述べた。

これに対してヒトラーは次の趣旨を答えた。

三国同盟は、ヨーロッパ諸国の利害に関連するいろいろの条件を調節するために結

ばれたものである。だからソ連もその利害をもつ地域について所見を述べてもらいたい。ヨーロッパでも、アジアでも、ソ連の協力なくしてはなんらの取決めも行われないであろう。これはヨーロッパだけでなく、アジアにも適用されることであり、ソ連自身が大東亜共栄圏の劃定に参加し、同地域における要求を明示されたらよかろう。この問題について、ドイツは媒介者の立場にある。ロシアは決して、知らぬうちに出来上った既成事実をつきつけられるようなことはないであろう。

自分にとって最大の難問は、ドイツとソ連との関係ではなくて、独伊仏の間の協力が可能かどうかということである。昨今ようやくこの問題は解決できると信ずるようになった。そこで自分は、広範な概括的解決が実際これら三国に承認されて初めて、黒海、バルカン諸国およびトルコの諸問題を解決するため、ソ連と接触することが可能だと考えるに至った。

この会談はある程度まで総括的協力にむかっての具体的な第一歩であって、西欧の諸問題は、独仏伊の間に解決せらるべきはずであり、アジア問題は本質的に日ソ両国が関心をもつ問題であって、ドイツはただ仲介者としての役をつとめるだけである。これはヨーロッパで儲けようとするアメリカのあらゆる企図に対抗するのが目的である。

モロトフは、アメリカとイギリスとの役割に関するヒトラーの説明に同感の意を表した。そして、ソ連が三国同盟に参加することは原則として異議がないことと思うが、ただソ連は同盟国として協力するのであって、第三国としてではない、この点が明らかになれば、ソ連は大いに協力的努力を払うことはさしつかえないと言明し、しかし同盟の目的と意義については、ことに大東亜圏の境界を明瞭にするためにも、まず精密に定義されなければならないといった。

翌十三日の会談において、ヒトラーはイギリスの遺産の分け前について、モロトフに次のような胸算用を説ききかせた。

イギリス征服後には広茫四千万平方キロにおよぶ遺産が分配されるであろう。そのなかにはロシアのために不凍の海口がある。今日まで四千五百万のイギリス人が六億に達する民衆を統治していた。私はこの少数国民をたたき潰そうとしているのである。アメリカでさえも、この破産財団から自分に都合のよいいくつかを拾い取ろうとしている。

ドイツはイギリスとの戦争に兵力を集中するかわりにその兵力を分散させたという意味で、イタリーの対希戦争を好まない。対英本国戦は最後まで戦われるであろうし、イギリス本国が敗れれば、英帝国が崩壊するのは当然であり、英帝国がカナダから統治されるであろうというのは妄想にすぎない。以上のような事情の下にいろいろの全世界的見通しが生ずるであろう。これらは来る数週間のうちにロシアとの外交交渉において解決せらるべき問題であり、この解決へのロシアの参加は適宜手配されるであろう。破産する財産に利害関係をもつすべての国々は、一切その相互間の対立抗争を止め英帝国分割に専念すべきである。これはドイツ、フランス、イタリー、ソ連および日本についてことごとくいえることである。

モロトフは興味をもって総統の議論を聞いたといい、彼が了解した点についてはすべて同感であると答えた。

十三日夕食後ドイツとソ連の外相は折からのベルリン空襲のため、リッペントロップの防空壕に入って会談をつづけた。その際ドイツ外相は、ドイツがバルカンに関心をもつのは、その平和の維持と、イギリスがここに足がかりを持つのを防ぐことであって、もっぱら経済方面に限られている旨を述べ、「自分としては、決定的な問題は、ただソヴィエト連邦に英帝国の大清算についてドイツと協力する用意があるかどうかという点だ」と繰返し、独ソ日伊の四国の間に勢力範囲を設定しなければならないといった。

リッペントロップは、独伊日の三国は、それぞれ自衛圏を定める方向に動いているからソ連も、その自然の海口を南方に求めることを考えるだろうと述べたところ、モロトフは

「どの海を指すのか」と言葉を挿んだ。

これは確かに機微な質問であったから、通訳の仕事をつとめたシュミットがその記録に書いているように、リ外相は「今日までわれわれは両国協定の上で、ヨーロッパで利益を占めて来たのだから、今度はイギリスの負担で甘い汁を吸おうではないか」と曖昧な返答をした。すでにヒトラーはムッソリーニにあてた十一月二十日付の書面で、「われわれは極力ロシアをバルカン半島から追い出して、東方に向うように努力しなければならない」と申し送っている。リッペントロップのいう海口とはペルシア湾、もしくはアラビア海方面であることを後になって付言した。

これに対してモロトフは次のように述べた。

協力の問題に関しては自分は全く賛成であるが、そのためには両国が完全な了解に達する必要がある。勢力圏の境界もはっきりされなければならない。自分としては、すべてこれらの明日の大問題は、今日の問題ならびに現行協約の履行と不可分であることを述べなければならない。

以上の応答から明らかになったことは、両国代表から交々意見を述べてみた結果、何一つ具体的に結論に達しえなかったということである。表面上きわめて丁重に言葉を交しつつも、双方ともに冷酷な気持で相手の肚を探ろうとしたのに止まる。

チャーチルの回顧録によれば、一九四二年八月、彼がモスコウを訪問した時、スターリンは前記の会談についてその要領を語り聞かせた。そして「モロトフも自分もドイツ人を信用したことはない、われわれにとっては、対独関係は、いつも生か死かの問題であった」といったと記してある。

この会談はソ独両国の関係を調整する上に少しも貢献するところはなかった。もともとヒトラーはソ連を誘って、日独ソ伊の四国がそれぞれの生活圏を獲得する、いわゆる世界四大ブロック政策に協力させ、対英攻撃を支持させることができれば、まずイギリス打倒に全力をあげ、しかる後にソ連を叩く方途に出よう。もしまたソ連が妥結に応じなければ、まずソ連を圧服する手を用いる外はないと考えていた。

三　ドイツ　ソ連を攻撃

十一月中旬に行われたベルリン会談は、ドイツの対ソ方針に少しの変更をももたらさなかった。イギリスに対する上陸作戦は、英仏海峡およびイギリス上空の制空権を握る見通しのないかぎり着手できないし、アメリカの世論は次第に参戦の方向に傾きつつある。ヒトラーはなんらか思い切った政策転換の必要を痛感して急遽東方進撃を決行することとした。

ヒトラーは彼が最も嫌悪するソヴィエト共産党政府を打倒して、その名声をあげようとかねて考えていた。その野望がイギリス殲滅《せんめつ》の希望を棚上げして差当りソ連を撃破する決意を固めた一つの理由であった。カイテルとヨードル両将軍が立案した対ソ作戦の要綱はドイツ軍総司令部から指令第二十一号として十二月十八日に発令された。そしてソヴィエトに対する軍の集中準備は、一九四一年五月十五日までに完成すべしと記されてあった。

これがためにヒトラーは、二つの形を異にする遮蔽手段をもちいた。その一はアジアにおけるイギリスの分割と分配について、ソ連と交渉することであった。その二はルーマニア、ブルガリア、ハンガリー等を占領して、これに兵力を集中することであった。この兵力配備は、ソ連の南側面にドイツ軍を集結する偽装となり、同時に軍事的利益を与える方法でもあった。

ソ連を日独伊の三国協定に参加させるためのドイツの提案は、モスコウにおいて討議されたが、この当時の情勢からソ連側は、ドイツ軍のノルウェー侵略がさらにスウェーデン、フィンランドへ及ぶ懸念を抱き、さらにソ独間に協定された沿バルト海諸国およびポーランドについての勢力圏劃定が不安定のものになったことにも疑惑を抱いていた。そこでベルリン会談後、ソ連政府は対策を作ってドイツ大使に渡したけれども、最初から多くの熱意をもっていなかった。ヒトラーもまたこれに回答を送ることなくして戦争を開始したのである。

一九四一年六月二十一日の深夜、ヒトラーは宣戦の布告を行わないで、突如としてソ連軍に砲火をあびせた。これは百数十年前にナポレオンがロシア遠征の師《いくさ》を起したのと同じ日である。ヒトラーの揚言したことは、ソ連がその約束に反しイギリスを援助する如き行動に出たことは、戦争に訴える原因だというのであった。北部軍集団は東プロシアから、中部軍集団はワルソウ方面から、また南部軍集団はルブリン地区から、それぞれ当面のソ連軍を奇襲した外ルーマニア、フィンランド等諸国軍もドイツ軍に協力した。これらの総兵力は約百七十個師団に上った。

ハンガリー、スロヴァキア、クロアチア、アルバニアがソ連に対して宣戦を布告し、ヴィシーのフランス政府はモスコウとの国交を断絶した。

ヒトラーがソ連攻撃の準備をしていることはアメリカでも情報をつかんでいた。ハルの回顧録には次の如く記している。

ヒトラーがソ連を攻撃するだろうということについては、われわれは半年も前からかなり有力な証拠を握っていた。だから六月二十二日の知らせにも驚きはしなかった。

一九四一年一月ベルリン駐在商務官のサム・ウッヅから私の手元へ極秘の報告が届いた。ウッヅは一人のドイツ人の友を持っていた。この友人はナチスの反対者だったが、政府各省、中央銀行、ナチス高級幹部などに深く食い入っていた。この友人がウッヅに、ヒトラーの司令部で対ソ作戦準備の会議が開かれていると知らせてくれたのはずい分早いことで、一九四〇年八月ごろだった。この情報はそれから数週間たつとさらに具体的になり、ヒトラーは「ウラヂオストックからジブラルタルまでドイツ兵を置くつもりだ」といったとのことであった。

そして最後にウッヅは、この友人がドイツ参謀本部につけていた連絡員を通じて、ヒトラーの作戦計画の中心は、北、南および中央の三つの楔からモスコウを陥れるというのであり、すべての準備は、一九四一年の春までに完成することになっていることを知った。

ドイツのソ連攻撃については、イギリス政府の諜報機関は的確な情報をもっていなかった。イギリスの対岸に集結された兵力が移動された兆候もなかったし、空襲も間断なく行われていた。ただイギリスの三軍参謀首脳部は、近くドイツのソ連攻撃が始まると判断して、五月三十一日に中東軍司令部に出した警告に、現在進行中のソ連との交渉においてソ連がドイツの条件を拒否すれば、ドイツは進撃するであろうと述べている。そして六月十二日にヒトラーはソ連攻撃の決心をきめたと報告したことがチャーチルの回顧録に記されている。

チャーチルは、四月三日にモスコウ駐在の大使スタッフォード・クリップスをしてスターリン宛の書簡を手渡すことを命令し、そのなかに「ヒトラーは早晩ソ連を攻撃するつもりである」ことを記載している。チャーチル首相の意をうけて、外相イーデンはロンドンにいたソ連大使マイスキーと会談の際、ソヴィエトがドイツから攻撃をうけた場合のことを考えれば、バルカン諸邦にてドイツの圧迫をうけている国に対し、ソ連がイギリスと共同してなんらかの措置をとることが必要でないかと語った。これにたいしてマイスキーはかえりみて他をいうのみであった。

ソ連のモロトフ外相は、ドイツが火蓋を切る前の日六月二十一日の午後九時半にドイツ大使シューレンブルグを引見して会談した。モロトフは「独ソ関係が期待されるほどに友好的でないのは、何かドイツ側に不満があるらしく思われる。ユーゴースラヴィアの問題が理由であるとすれば、双方で率直に話し合うのがよいであろう。一体どういう事なのか」と語った。これはドイツ大使シューレンブルグの報告に記載された文句である。

ソ連のように全世界にわたる諜報機関をもつ国、そして極端な現実主義をもって利己的に行動する国が、ヒトラーの周到な攻撃計画、しかも六カ月以上にわたってソ連の周囲に軍隊の集結を行っていることを承知しなかったというのは、容易に理解できないことである。ことにイギリス、アメリカの首脳部がすでに入手した情報としてモスコウ政府に予告したにかかわらず、これに耳を傾けず、荏苒《じんぜん》日を過してバルカン半島の友邦を次々にドイツの手に引渡したことは、歴史上稀にみる過誤を犯したものというべきであろう。

これについて、元アメリカ国務長官バーンズが、ヤルタ会談の際、スターリンのいった言葉をその著『自由に語る』のなかに書き留めている。それによると、スターリンは「ミュンヘンで、英仏がソ連に諮ることなくヒトラーと妥協したから、ドイツの対ソ攻撃は、早晩不可避と考えた。ドイツと不可侵条約を結ぶ決意をしたのは、時を稼ぐのが唯一の目的だったのである」と話したという。

このヒトラーの対ソ開戦計画に対し、ドイツ政府部内にも多少懐疑的な空気も存在し、必ずしも全体的に一致したものではなかったようである。

ドイツ外務省の総務長官ワイツゼッカーは、四月二十八日にリッペントロップ外相に独ソ戦争についての意見を上申している。その要旨は次の如きものである。

　われわれは軍事的に勝利を占めることができようが、経済的意味においては敗れる。共産主義体制に致命的打撃を与えることは魅惑的な行動ではあるとしても、決定的な要素は、果してこれによってイギリスの没落を早めるかどうかということである。イギリスは近く崩壊するという見地に立って考えれば、われわれが新しい敵をもつことは、イギリスに力をつけることになる。

　イギリスの崩壊は間近かには期待できないと考えるならば、われわれは力を用いてもロシアから糧を得なければならない。私はロシア国内に共産党に代って、われわれと提携しわれわれを助けるような反対勢力があるとは思えない。スターリン体制はシベリアや東部ロシアに残るに違いない。

ロシアに対するドイツの攻撃は、単にイギリスに新しい精神力を与え、戦争を長引かせるに過ぎない……。

ソ連攻撃のドイツの陣容は、北はバルチック沿岸から、南は黒海に至る全国境に沿うて百六十四個師団の兵力を展開したものであった。これに協力する航空兵力は二千七百機以上に上った。この外フィンランド軍十二個師団がレーニングラードを目標として南に向い、ルーマニアの六個師団もドイツの南軍群と合体してドニエプル河の下流地域をめざしていた。

この侵攻軍に対抗したソ連の兵力は百十九個師団と五千内外の航空機とであった。その外にフィンランドと中央ロシアならびにコーカサスに用いうる六十七個師団をもっていたけれども、この分は急場の用には立たないものであった。西部国境方面のソ連軍は全く不意打ちをくったためドイツ軍の機甲部隊によって散々に切断されてしまった。交戦一カ月にしてドイツは三百マイルの深さに到達したのである。この奇襲攻撃の始まるまで、ソ連は自己の身辺のこと以外に何事をも考えていなかった。

ポーランドの東部を占拠し、ベッサラビアとブコヴィナを併合し、バルチック三国を吸収し、してこれを消化するのに多忙をきわめていた。だから一九四〇年のフランスの崩壊も、イギリスの絶望的な抗戦も冷然としてこれを迎えた。しかしドイツとの関係については細心の注意を払い、思切って経済援助を与えつつあった。

そのドイツから欺かれ、不意打ちをくったのであるから、ソ連上下の憤懣《ふんまん》は想像するに余りあるところである。

ドイツが攻撃を開始する日取りについては、よほど早くから洩れたものと見える。開戦に先立つ二カ月の四月二十四日にモスコウ駐在のドイツ海軍武官は、本国の軍令部に電報して次の如く報告した。

一、当地で流布されている流説は独ソ戦の危機を伝え、ドイツから入国して来た旅行者がこれをあおっている

二、イタリー大使館書記官によれば、イギリス大使は六月二十二日を戦争勃発の日と予言している

三、他のものは五月二十日説を主張している

四、この流説は明らかに根拠のないものであり、私は極力これを否定すべく努力している

四　ソ連の防備充実

ドイツの対ソ開戦は、明らかに独ソ不可侵条約（一九三九年八月二十三日調印）の侵犯であった。ところで、ソ連の方は全くドイツの攻撃を予想しなかったのであろうか。前に引用した如くバーンズはその著『自由に語る』においてヤルタ会談の席上スターリンはドイツの対ソ攻撃は早晩不可避と承知の上で、単に時を稼ぐ目的のため不可侵条約を締結した、と述べた旨記している。

たしかにソ連は右条約を結んでから、対独戦備を強化しはじめた。まず第一に、ポーランド東部のソ連領編入（一九三九年十月二十二日）、ソ芬戦による領土の拡大（一九四〇年三月十二日）、バルト三国の併合（一九四〇年八月三―六日）、ベッサラビアおよび北部ブコヴィナのソ連領編入（一九四〇年八月二日）等によって、対独防衛地域をひろげた。ついで第二に兵役法を国民皆兵主義に改めた（一九三九年九月一日）のを初めとして、ソ芬戦で暴露した欠陥是正のため、四〇年には、大幅な軍容刷新、軍事委員制の廃止、赤軍軍紀令の罰則強化、部隊訓練の奨励等を断行した。さらに第三には、一日七時間五日労働制を一日八時間六日労働制に改め（共に一九四〇年六月二十六日）、年少者の労働予備軍への強制徴用（同年十月二日）、技術者の強制移動（同年十月十九日）など、一連の労働強化策をとり、国防国家体制の完成をめざした。それに加えて、燃料、食糧、ニッケル、モリブデン、ゴム等の貯備に本腰を入れだしたのも、この頃からであった。

さらにスターリンは、ドイツの対ソ攻撃計画について、いくつかの情報を事前に入手していた。彼自身の諜報網からはもちろんのこと、米英からも通知を受けていた。スターリンはまた、ドイツ軍のソ連国境線付近への集中、ドイツ軍用機の度重なる領空侵犯などによっても、情勢の緊迫感を充分に予知していたのである。日ソ中立条約の調印(一九四一年四月十三日)、スターリンの首相就任(同年五月六日)などが、対独戦に備える措置だったことは、万人の認めるところである。

このようにスターリンは、着々と対独戦備を強化してきたものの、肝心なところで、ドイツ軍の対ソ開戦時期を誤断したことはおおうべくもない。

スターリンは七月十九日に国防大臣に就任した。そのころ、ドイツ軍主力の中部軍集団は、すでにスモレンスク地区に進出していた。ソ連は動員師団を次から次へと投入して、一時的ではあったがドイツ軍のモスコウ進撃を食い止めた。スターリンは八月八日、ソ連軍最高総司令官に就任し、いよいよ名実ともにソ連軍の最高責任者となった。この間、ヒトラーは一戦車群を中部軍集団からキエフ方面に抽出転用して赫々《かくかく》たる大戦果をおさめ、九月二十日にはキエフを占領した。北部軍集団は、このころ、すでにレーニングラード間近かに進出していた。

ところで、ソ連の公刊戦史は、緒戦におけるソ連軍の後退は、ドイツ軍をソ領内深くに誘致して撃破するための計画的作戦であったかのように述べている。だが、これは、おそらく、「スターリンは決して過失を犯さない」として神格化されていたため、事実を捏造したものであろう。現にスターリンの死後、ヂューコフ国防相は「大祖国戦争初期の防衛戦において、われわれは重大な失敗をおかし、かつドイツ機甲兵団の圧迫によって、国内深く退却せざるをえなかった」と、率直に敗退を認めている(一九五五年五月八日、プラウダ紙)。スモレンスク作戦までのソ連軍当局は、敗退中の兵団を掌握するので精一杯だったのである。

開戦当初におけるドイツ軍の進撃は、概して快調のようだった。随所にソ連軍を包囲し、その都度多数の将兵を俘虜とした。ドイツ参謀本部の資料によると、開戦後四カ月間に得た俘虜の総数は約二百万に達している。だが、結局、ソ連野戦軍主力を捕捉撃滅できなかったし、また、モスコウ攻撃も成功寸前で挫折した。その主な原因としては、次のような点があげられよう。

一、開戦が予定より一カ月余遅れたこと。四〇年十二月十五日に下令された総統訓令は、対ソ作戦準備完了時機を四一年五月十五日としていたが、開戦は六月二十二日であった。この一カ月余の遅延は、ドイツ軍がユーゴーとギリシヤで作戦したためである。

二、四一年の冬が例年より早く来たこと。このことは、前項と相俟って、ドイツ軍の作戦可能期間をさらに短縮し、また、防寒装備のほとんどないドイツ軍将兵の戦意を著しく低下させた。
三、スモレンスクの作戦後、ドイツ軍は同地付近に二カ月余立ちどまり、モスコウ付近のソ連軍に立ち直る余裕を与えたこと。
四、ソ連領土の広さがものをいったこと。とくに独ソ不可侵条約後にソ連が拡大した地域において、ドイツ軍を少なくとも二週間作戦させたことは、ソ連軍に多少とも息をつかせる結果となった。
五、人間の数、「人海戦術」、「焦土戦術」がドイツ軍の進撃をある程度食い止めたこと。
六、ドイツ軍を困らせた冬の早期到来、それに酷寒がソ連軍に大いに味方したこと。

要するに、モスコウを救ったものは、ドイツ軍の作戦可能期間を短くしたユーゴー、ギリシヤ等の抵抗のほか、領土の広さ、人間の数、激しい寒気などであったといえよう。

第一九章　英米の対ソ援助

ドイツ軍がソ連の攻撃を始めた六月二十二日の夕、チャーチルは苦心の放送演説を行った。その要旨は、今まで反共主義者の先頭に立ったチャーチルが、現在のソ連の平和な村々へナチスの凶暴な侵略の手が延びているのを目前にして、何よりもまずヒトラーとナチスの体制とを撲滅することに全力をあげなければならない。従ってナチスと闘うものにはわが国の援助の手がさし伸ばされるであろう、というのであった。

ついでイギリス政府は七月七日および十日の二回にわたり、スターリンに対して英ソ両国の間に相互援助と単独不講和の原則を内容とする共同声明を発表することを提案した。これに対してスターリンは七月十八日付の書簡をチャーチルに送り、ソ連軍の緊迫した情勢に鑑み、至急北フランスへの第二戦線と北極圏におけるソ英合同の戦線を造ることを求めてきた。しかしドイツがフランスに維持している陸兵は四十万を超え、全海岸は要塞化されており、イギリスが大規模の上陸を試みれば、凄惨な反撃を受けて、失敗に終ること必至である、とイギリスでは信じていた。この際迅速に実行できる援助は北極圏方面ならびに白海からする補給であるから、それについては速やかに協議するとの回答を送った。ソヴィエトはイギリスの援助について必ずしも万幅の信頼をおいていなかった。ソヴィエトがこの重大な局面に処して、イギリス、アメリカとの共同作戦を希望したことは当然の成行きであるが、アメリカの態度は急速に決定の見込がないものとして、モスコウ政府は第一にイギリスとの間に相互援助の協定を結ぶことに決めて、七月の初旬から交渉を始めた。

ソ連の提案は、㈠量または質について明確な限定のない相互援助、㈡互いに単独講和をしないことを基本とする共同宣言を発表する、というのであった。

イギリス政府は直ちに閣議を開いて右提案を承認した後、自治領政府の意向を確かめて、ソヴィエト政府に同意の回答を出した。この宣言は七月十二日にモスコウで署名され、直ちに公表の手続をとった。

その当時のソ連は「イギリスの対ソ援助の申出をとくに有難いと思わず、むしろやむをえず生れた同盟関係に伴う政治問題に関心を示した」(シャーウッド『ローズヴェルトとホプキンス』三〇九ページ)のである。

外交方策の転換を行ったイギリス政治家の現実的な考えとちがって、アメリカにおいては独ソ開戦に伴う世論の反響は区々にわかれていた。もともと第二次世界大戦前における米ソの関係は必ずしも満足すべきものではなかったので、そのもやもやを一掃するには朝《ちょう》野《や》とともに相当の時間を要したのである。

コーデル・ハルがその回顧録の中に米、ソ、英、仏が日、独、伊の侵略に対して、共同戦線を張れば、大戦争は避けられると説いて、種々苦心を続けたにかかわらず、米ソの間の些末な摩擦のために期待したような政治的効果が得られなかったと述懐しているように、孤立論のつよいアメリカでは積極的に踏み切るのに多くの困難があった。

就中《なかんずく》、アメリカの世論を刺激したものは、大戦直前に成立した独ソの不可侵条約であって、侵略国ドイツに味方するソ連、そしてまた「英独間戦争は帝国主義の闘いである」と宣伝しながら、ドイツを援助しているソ連に対する憤りは、アメリカに横溢していた。ソ連通の一人、そしてかつて駐ソ大使を務めたブリットが独ソ開戦のニュースを手にして「いままで手をとり合って中欧と東欧の民族を奴隷化してきた二人の暗黒の王者が、互いの努力を破壊し始めた」といったのは、アメリカの知識階級の意中を端的に表明したものといいうるであろう。

しかし開戦直後の一般の軍事情勢の見通しは、ドイツの電撃作戦によってソ連軍はひとたまりもなく叩きつけられると考えていた。イギリスやアメリカの軍部のなかにも勝負は六週間か、あるいはもう少しの時間できまると考えたものが多かった。

大統領ローズヴェルトはチャーチルと同じく、ナチス打倒のためには急速にソ連を援助する必要があると考えていたけれども、国内にソ連に対する不信感の溢れていること、またソ連が持久戦に堪えないとすれば、援助物資がドイツの手に渡る危険もあるとの論を一応の考慮にいれなければならなかった。

あたかもそのころ、六月中旬にハリー・ホプキンスがロンドンに着いてイギリス援助の細目を討議していた。ローズヴェルトは急遽ホプキンスをモスコウに派遣して、スターリンに面会の上、ソ連の抗戦力の状況や、武器援助に対するソ連首脳の考え方を調査するよう命令した。

ホプキンスは六月三十日にスターリンと会見した。ホプキンスの挨拶に対してスターリンは次のように述べたと彼は記している。

国際間には最小限度の道義が必要である。これなくしてわれわれは共存しえない。しかし現在のドイツ指導者はこのような最小限度の道義さえ守らない人間である。それは今日の世界の反社会的勢力である。ドイツ人は今日条約を結んでも、明日はそれを平気でやぶる。国家が条約を守らなければ、国際社会は存立しえない。それだから米ソ両国の見解は全く一致する。

ホプキンスはアメリカが今直ちに送りうるものと、ソ連の長期抗戦に必要なものと、二つにわけて希望を聞きたいと申し出たが、スターリンはさしあたり中口径の高射砲、大型機関銃、小銃等を希望し、長期計画としてはガソリンとかアルミニウム等を要望した。

その翌七月一日の午後、三時間半にわたってスターリンとホプキンスとの会談が行われた。その日はスターリンから詳細に戦況の説明を行い、ドイツははじめ赤軍を過小評価したために、延びきった兵站線を守りつつ、これ以上攻撃するには兵力が足りないこと、赤軍は土地に慣れていて士気も旺盛であること、来春の勝敗は冬期中のタンク製造能力によってきまること等を物語り、充分の自信がある様子を示した。スターリンはさらに進んで次のようにいった。

ヒトラーの圧政下に抑圧されている諸民族は、ヒトラーをひどく憎んでいる。それが彼の最大の弱点である。アメリカ大統領および政府の、世界に対する影響力は絶大なものである。もしアメリカがドイツに宣戦すると発表すれば、それだけであるいは兵火をまじえずしてドイツを破りうるかも知れない。ドイツの軍隊、国民の士気はすでに相当低下しているから、アメリカが参戦すれば、一層著しく沮喪《そそう》するだろう。それに、この戦争は相当長くかつ激しい戦争で、それが終るまでには、米独開戦は不可避である。ドイツを完全に負かすには、英ソ両国だけでは不可能で、ぜひアメリカの参戦が必要である。

モスコウでの会談の内容がワシントンに報告されたことは、アメリカ政府の態度を決定する重要なファクターとなった。これよりさきアメリカ国務省には、対ソ援助のための委員会が組織され、五、六週間の間に九百万ドルの軍需品の輸出に許可を与えたのであるが、ホプキンスの会談の結果を具体化するために、生産動員局の要職にいたアヴェリル・ハリマンを特派大使として、イギリスの軍需相ビーヴァーブルックと共にモスコウに派遣した。この二人は、イギリスとアメリカの合同委員として、具体的な援助の内容を協定する任務を帯びていた。九月二十八日にモスコウに到着した援助使節は、ソ連側委員の懐疑的な態度に失望を感じたが、スターリンとモロトフの両者は次第に熱情をもって援助を受けいれる決意を表わした。その席に通訳として列席していたリトヴィノフは椅子から起ち上って「これで戦争は勝利になる」と声高く叫んだ(ハーバート・ファイス『チャーチル、ローズヴェルト、スターリン』一六ページ)。

十月一日モスコウで調印された議定書によって英米から一年十億ドル余の軍需品をソ連に供給する約束が成立し、アメリカ政府は十一月初頭に武器貸与法をソ連に適用することとなり、無利息で十億ドルのクレヂットが与えられた。しかしその当時アメリカはなお法理上は中立国であったが、ローズヴェルトは何をさしおいてもソ連を援助する決意を固めたのである。

その頃ドイツの北方軍は一路レーニングラードを指して進んでいたが、モスコウに向った中央軍は守勢に立っていた。南方軍はキエフ、コノトプの線でソ連軍を寸断し、九月初旬までに五十万を殲滅《せんめつ》あるいは捕虜とした。ソ連軍は悲壮な抵抗を試みたけれども、九月に入っては、レーニングラードから南の千二百マイルの戦線にわたって、四、五百マイルばかりの総退却を余儀なくされた。

ロシアの参戦によって、ドイツのイギリスに対する空襲は真剣味を欠き、イギリス本土上陸の脅威は減じた。地中海の戦争もこれと同じく息抜きの状態になった。しかしモスコウで調印された英米ソ援助物資の協定によって、イギリスの軍需品はかなりの制約を受けた。これによってソ連は一カ月に飛行機四百(爆撃機百を含む)、戦車五百台、その他高射砲、トラック、通信機械等数々の物資を受取ることになったからである。従ってロシア参戦後の一年間は、ソ連はイギリスに大きな恩恵を与えていると考え、イギリスはロシアがかえって負担であると信じたことも理由のないことではなかった。

ロシアに対するイギリスの武器補給船は、八月十二日にリヴァプールを出帆してアルハンゲリスクに向った。それ以後北ロシアへの船団は毎月一、二回ずつ正確に送られた。しかしこの補給路は翌年に入ってドイツ側から手痛い打撃をうけるようになったから、時によって消長があり、そのたびごとに、ソヴィエトの不満をかった。

第二〇章　独ソ開戦と日本

一　三国同盟骨抜きとなる

五月下旬になって、ドイツはソ連を攻撃する準備中だとのニュースが東京に入った。こういった意外の事態に当面して近衛内閣も、軍部も、はたと当惑した。陸海軍は中国の戦争と大東亜諸計画に全精力を注いでいて余力がないことを知っていた。五月二十八日に松岡は、日本政府が当面の内外情勢に鑑み、ドイツがあらゆる手段により対ソ戦争を避けることを希望すると通告した。大島駐独大使は六月六日に、ヒトラーもリッペントロップもいまではドイツがソ連を攻撃することは決定的なものと語っていると報告した。ドイツ最高軍首脳部はおそらく四週間以内で終るだろう、戦争というよりも警察行動という方が適当だろうとみていると大島は電報して来た。ドイツ外相は五月二十八日の松岡の通告に対して「今日もはや独ソ戦は不可避である。しかし戦争とならば二、三カ月にして作戦は終結しうることを確信す。この点は信頼せられたし。また今度の戦では日本のお力を借りる必要はない。しかも戦争の結果は必ず日本の為にも有利なるべし」と申し送ってきた。

六月二十二日には、ついに独ソ開戦の報道が東京にもたらされた。偶然にもアメリカの回答はその一日前の六月二十一日付をもって野村大使に手交され、二十四日東京へ電報されたのであるが、内閣としては、独ソ戦争という緊急事態の発生に全神経を集中する必要に迫られ、国策の方向についても再検討の機会に逢着したわけであった。

ヒトラーがソ連攻撃の火蓋を切ると同時にイギリスは真先に対ソ援助を声明し、ひきつづいてローズヴェルトもイギリスと同調する方向に傾いた。英米がソ連をその陣営に引込むことは明瞭となってきた。日本は三国同盟の締結当時からソ連を仲間に入れようと希望してきたが、その連携はもはや絶望となった。またこの戦争により日本とドイツとの交通は遮断せられ、三国同盟は現実にその効用の大半を失ったのである。

「さきに平沼内閣は、ソ連を対象とする三国同盟の議を進めながら、突如ドイツがソ連と不可侵条約を結ぶという苦杯をなめた。これをドイツのわが国に対する第一回の裏切行為とすれば、近衛内閣の初頭には、ソ連を味方にすると約束し、これを前提として三国同盟を結んでおきながら、わが国の勧告を無視してソ連と開戦したのは、ドイツの第二回の裏切行為というべきであった」と近衛首相はその手記のなかに書いて、さらに次のように書きつづっている。「したがってこの時、日本としては当然三国同盟の再検討をなすべき権利と至当性を有する次第である。余は当時三国同盟締結の理由ないし経過に鑑み、本条約を御破算にすることが当然なのではなかろうかと軍部大臣とも懇談したことであった。しかしながら、ドイツ軍部を信頼すること厚き陸軍は、とうていかかる説に耳を傾けようとしなかった。ことに緒戦におけるドイツの大戦果は一層わが陸軍をしてその確信を強めしめたようである。そこで余は次の結論に達した。すなわち三国同盟の再検討は、とうていわが国内事情が許さないのみならず、昨年締結したばかりの同盟を今直ちに廃棄するが如きは、いかに相手方の裏切行為によるとはいえ、それは裏面の話であって、表面はわが国の国際信義の問題となる。故に三国同盟そのものを問題とするのは適当でない。しかしながらすでに独ソ開戦となった以上は、同盟の主たる目標の一であるところの日独ソ提携の希望は完全に潰え去ったのであり、かかる条件のもとにおいて、将来三国同盟より生ずることあるべき危険、すなわち対米戦争の危険に陥る如きことあらば、わが国として由々しき一大事である。第一それでは同盟を結んだ意義が全く失われる次第である。故にこの危険に対しては充分備えるところがなければならぬ。それは日米接近の外にはない」と。

そこまでは常識論として受けいれられるとしても、近衛の状況判断は次の項に至って甚だしく間違っていた。近衛手記はつづいていう。

「しかも日米接近の可能性は同盟締結前においては絶望視されたが、当時においてはむしろ有望視されたのである。なんとなれば、ヨーロッパにおいてイギリスの窮境を救わんとするアメリカは、太平洋において日本と事を構うることを極力回避せんとしていたからである。現に日米交渉はその年の四月より始められている。余が三国同盟に多少冷却的影響を与うることありとも、日米交渉はぜひ成立せしめねばならぬと決心したのは、このためであったのである」と。

しかし実際において日米交渉はますます難航した。

独ソ戦争が始まるとイギリスもアメリカも迅速にその態度を決定し、あらゆる可能な援助をソ連に与えることになった。しかし日本政府にとっては事前にも事後にも方針を決定することははるかに困難であった。日本の軍部も政府も独ソの提携に望みをつなぎ、イギリスに対するドイツの急速な勝利に政策の運命を賭けてきたのである。それが、いまやヒトラーは日本に一言の相談もなく大きな賭博を始めたのであった。

日本統帥部が狼狽した理由の一つは、おそくも六月初めには陸軍が北進でなく南進に傾いており、海軍も同意しかけていた点にあった。六月十日に、大島はリッペントロップに対し、インドシナ南部に基地を設けたいとの日本陸軍の欲求を考慮するよう申入れた。この日、蘭印政府は経済上、政治上の特権拡大を求める日本の「平和的」要請を正式に拒絶した。三日後、東條陸相はこの南方での計画を連絡会議に持出した。松岡はこの案には同意しようとしなかった。彼は、ドイツが対ソ戦争に入るならば、日本はむしろドイツの後に随う覚悟があってしかるべきであると論じた。そして、松岡の要求によって、南進すべきか否かの最終決定は延期された。

松岡は直ちに、ドイツ政府がヴィシー政府を説いて日本の要求に譲歩させるよう援助する意志があるか否かを打診し始めた。基地は将来ありうるシンガポールおよび東インド攻撃のために必要であると彼は説明した。松岡の考えでは、もしフランス政府が威圧によって同意したら、彼はワシントン政府に日本の進駐を平和的なものと認めさせる見込みがある。そうなれば対米危機は避けられ、日本は対ソ戦争に参加する自由を持つだろうというのであった。

対ソ攻撃がまさに始まろうとしているとの報告がベルリンから来たのは、このインドシナに関する照会に回答のある前であった。近衛と松岡の見解の相違は甚だしくなった。近衛首相はヒトラーの「不信な行動」を嫌悪した。それは、彼の英知を傷つけ政策を破滅させるものであった。したがって、危機が訪れるごとにそうであったように、近衛の考えは辞職に傾いた。しかし、近衛は木戸内大臣から（木戸日記、一九四一年六月十八日の項）、来るべき事態は彼の責任ではなく、また必ずしも日本にとって有害でないから、辞職するに及ばず、辞職すべきでないと保留されたのであった。

二十二日にドイツ軍がソ連国境を越えたとき松岡外相は急ぎ天皇に拝謁するためかけつけた。だが、彼が参内する前に、木戸は陛下に、松岡が近衛に相談したかどうかを質し、また、まだ相談しなかったならそうするよう指示することを助言しておいた。重大な時期を通じて、松岡外相は、直接に、単独でほとんど連日、天皇に上奏しつづけたのであった

(このことは、『木戸日記』の彼の諸項および『近衛手記』にある)。

六月二十二日、松岡は彼の意見では、日本は協力してソ連を撃たねばならないと天皇に告げた。そうするためには、南進はしばらく見送るべきであると彼は考えた。しかし遅かれ早かれ日本はソ連、アメリカ、イギリスと同時に戦わねばならなくなると予言した。だが天皇はこの見通しに反対であった。陛下は、政府と最高統帥部が南北両面作戦に同意するかどうか、また日本が両面作戦をする力を持っているかどうか疑わしいといわれた。

こうして叱責された松岡は夜半すぎにもかかわらず近衛を訪問し、上奏に際して現状から逸脱して将来にわたったけれども、日本は直ちに南北両面で戦うべきであると進言したつもりではなかったと弁明した。

近衛は松岡の饒舌が政府の思想統一に害があるとして憤った。近衛手記には左のように書いている。

外相は陛下に奏上するほか、内府に対してもまた一般民間人に対しても同じような言説をなし、種々物議をかもすことが少なくなかったが、自分が内府でいろいろ突きとめたところでは、外相の主張としては「先ずソ連を討つべし。アメリカとは戦争を回避すべきであるけれどもアメリカ参戦の暁にはこれとも戦わざるべからず」というにあるらしかった。

政府はその態度を決するため、陸海両相とも懇談を遂げ、別に六月二十五日を第一回として、二十六日、二十七日、二十八日、三十日、七月一日と連続的に連絡会議を開き、最後に七月二日御前会議を奏請して、さしあたりソ連に対して行動を起さない旨を決定したのである。

独ソ開戦に伴う日本の態度については、アメリカにおいても重大な関心を持った。ローズヴェルト大統領は国務長官に命じ、七月四日付を以て直接近衛に対し日本が対ソ軍事行動を起すとの情報があるが、これは事実に反するとの確信を得られないかとのメッセージを送って来た。これは少々異例のことで、いかにアメリカ政府が松岡外相を忌避しているかを証するものであった。近衛は外相と協議の末、八日に外相からグルー大使へ対ソ通牒（七月二日外相からスメタニコフ大使に渡したもの）の写しを手交して回答に代えた。なおこの機会を捉えて、「アメリカは真に欧洲戦に参戦する意思があるのか」と逆に質問を出した。アメリカは第二次近衛内閣総辞職の七月十六日に回答して来たが、それは「ドイツに対する自衛権の発動は当然である」と断じ、「この際アメリカに拱手傍観を強うる国は、武力侵略国の一味徒党と見做す」との痛烈な皮肉を浴せたものであった。松岡外相は折返し自衛権の無制限の乱用に対する反対を表明してこの応酬の幕を閉じた。この前後松岡はアメリカのメッセージが、直接秘密裡に近衛に伝えられたことに対し少なからず不快の態度を示し、一方グルー大使は首相と直接面接が阻止されたことに対して失望の色を隠し切れないものがあった。かくして、かねがね反撥し合っていた松岡とグルー大使との仲は、ますます悪くなって行くばかりであった。

グルー大使はその『滞日十年』の六月二十三日の項に次の如く書いている。

日本は独ソ開戦によって窮地に陥った。三国同盟でドイツと誓約し、ソ連と中立を誓った日本は、どういう政策をとるつもりだろう？　一人の高い地位にいる日本人が、日本は柵に腰かけて見ていて、喧嘩の当事者がヘトヘトになったら下りていって、破片を拾うことと思うといった。何にしても東京は、ほとんど間断ない閣議と陸海軍高官の会議と、天皇との会議で、ブンブン唸っている(その後数日間もこれは続いたが)。一体どういうことになるのかわれわれは知らないが、現在こそは日本がなんらかの建設的な政治道の手を打ってアメリカとの融和をはかる新しい進路を選ぶべき時である。現在こそ行く路の新しい曲り角への多くの可能性をはらむ瞬間なのである。

この状況は、ウラヂオストックと沿海州を占領するまでは、日本は決して安全でないといい張ってきた荒木将軍と彼の一族郎党を、どんなにいら立たせることだろう。私は前に首相だった日本の高官の一人が松岡が彼の政策によって日本を次の状態に持ちこんだことを攻撃しようとしていると信ずべき理由を持っている。

㈠　ドイツに対する日本の両手は枢軸協定で縛られている
㈡　ソ連に対する日本の両手は中立条約で縛られている
㈢　中国との衝突は一向解決に近づいていない
㈣　蘭印との交渉は国民が政府の宣伝によって長い間期待させられてきた成果をおさめることに失敗した
㈤　日本の対米関係は本質的かつ累進的に悪化した

陸軍首脳部は、ドイツが急速な大勝利を収め、日本に沿海州を獲得する待ちかねた機会をもたらすだろうと、予想していた。けれども、彼らは関東軍が内閣の命令を待たずに進撃するのではないかという近衛の不安をやわらげた。

この時になって内閣は野村から協定案に関するハルの最新の論評と修正意見の報告を受けとった。それには日本にとりなんの利点も含まれていないのみならず、閣僚の中には枢軸の代弁者の如き言辞を弄する者がいるが、それでは目下考究中の提案が実質的に交渉の基礎となりえない……、との言葉も書き記してあった。

二　七月二日の御前会議

六月二十五日と七月二日の連絡会議は至極重大な影響をもつ決定を行った。それは退却か戦争かの選択を日本に運命づけた決定であった。これらの会議が採択した政策によって三つの原則が定められた。第一に、日本は当分の間、対ソ攻撃に参加すべきでない。すなわち『木戸日記』(一九四一年六月二十八日の項)の表現をかりれば、「独ソ戦に対する陸軍の政策は……関東軍の態度は平静かつ慎重でなければならぬ」。第二に、しかし日本はドイツと袂を分つべきではない。第三に日本はインドシナ全土の支配を確保すべきである。

六月二十五日の、最初の連絡会議は南方計画を策定した。日本は空軍基地と特殊港湾と駐兵権の取得を急ぐこととし、ヴィシー政府に対してまずこれら特権を要求することになった。しかし万一拒絶された場合には「わが方は武力により目標を貫徹する」と決議は述べていた。陸海軍は迅速な行動をとる準備にとりかかることになった。その作戦関係部分の本文は次の如くである。

「南方政策促進に関する事項」

一、帝国ハ現下諸般ノ情勢ニ鑑ミ既定方針ニ準拠シテ対仏印泰施策ヲ促進ス特ニ蘭印派

遣代表ノ帰朝ニ関連シ速ニ仏印ニ対シ東亜安定防衛ヲ目的トスル日仏印軍事結合関係ヲ設定ス

仏印トノ軍事的結合関係設定ニ依リ帝国ノ把握スベキ要件左ノ如シ

(イ)　仏印特定地域ニ於ケル航空基地及港湾施設ノ設定又ハ使用並ニ南部仏印ニ於ケル所要軍隊ノ駐屯

(ロ)　帝国軍隊ノ駐屯ニ関スル便宜供与

二、前号ノ為外交交渉ヲ開始ス

三、仏国政府又ハ仏印当局者ニシテ我ガ要求ニ応ゼザル場合ニハ武力ヲ以テ我ガ目的ヲ貫徹ス

四、前号ノ場合ニ処スル為予メ軍隊派遣準備ニ着手ス

この計画を樹てるに当り当事者は、アメリカとイギリスを挑発する結果になることを承知していた。なかには両国が石油輸出制限をさらに強化することによって対抗することを予想したものもあった。しかし他の者は、それより希望的であり、日本が対ソ攻撃によってドイツを援けないかぎり、米英は日本の行動を見送るであろうと考えた。近衛は六月二十五日の連絡会議の前にも、その動きに反対しなかった。彼がそうしなかったために陸軍は思い通りにしたのである。のちに当時の陸相東條中将が確言したように、「南部インド

シナ進駐に関する責任は陸相としての自分の責任であった」(東條大将尋問書の抜粋、極東軍事裁判速記録二五〇二B号)。

近衛は、杉山参謀総長および永野軍令部長とともに、六月二十五日の連絡会議の決定を上奏した。

日本の計画の報告が着くと、ヒトラーとリッペントロップは直ちに激しく抗議した。オットとの間に交わされた通信は、彼らが日本はソ連を含む大同盟の形成を考えて三国条約に加わったのだということを想起することを欲しなかったことを示している。

大島は、六月二十二日の前に、ドイツは日本がソ連に対して直ちに戦争に入ることを期待していないという印象を伝えていた。オットもベルリンからそのことを知らされていると考えていた。ようやく六月二十八日になって、オットはリッペントロップに、ソ連を無視し、何をおいても日本に南進させるように努力せよとの彼の命令はまだ有効かどうかを質した。ヒトラーは日本が直ちにソ連攻撃に出ることを強く望んだ。日本がなすべきことは、まずソ連問題を解決し、それによって次期の南進に備えて後方を守ることであると彼は主張した。それをなすべき時は目前に迫っている。もし日本がソ連のたたきつけられるまで遅れたなら、日本の道義と政治的立場に傷がつくだろうというのであった。

リッペントロップは七月一日、松岡宛の個人的書簡でより大胆にこの議論をくり返した。例によってソ連の抵抗は事実上終ったと主張したあとで、彼はこう述べた。「したがって、日本軍がなるべく速やかにウラヂオストックを占領し、できるかぎり遠く西方に進撃することが刻下の急務と思われる。そのような作戦の目標は、寒季の来る前に、西進する日本軍が東進するドイツ軍部隊と中途で握手しうるということでなければならない」。

このような事態になると、ドイツ、日本、イタリーはともにイギリスに対する圧力をいちじるしく強化し、その最終的崩壊をもたらすことができる。アメリカに関しては、ソ連の敗北したのちに、独伊日三国およびその同盟諸国の重圧はアメリカ国内に起る如何なる参戦機運をも挫くに足るであろう。

その後二日間、松岡はドイツの戦略が健全であることを同僚に信じさせようと最善をつくしたが、彼は失敗した。ドイツとの同盟を好みも望みもしなかった日本政府内の分子は、戦争で同盟することに反対した。陸軍は、中国で、立往生していたから、満洲やシベリアの広大な戦野で兵力や補給を使い切ってしまうことを欲しなかった。海軍は北進しても石油を手に入れる見込がなく、その隙に乗じてアメリカとイギリスが防衛を強化することを知っていた。

日本政府はドイツの要求を拒否した。しかし、日本政府は、ドイツ軍の勝利を期待して、その要求に劣らず運命的な途を選んだのであった。

七月二日の御前会議は、天皇臨席のもとに会同した。集ったのは、近衛首相、松岡外相、東條陸相、参謀総長杉山大将、軍令部長永野大将、原枢密院議長、平沼内相であった。この御前会議で承認された諸計画が、六カ月のちに日米間の戦争をもたらした行動と反応とを決定的に開始したのである。

この会議で採用された決議文から、その後の事件の発展をはっきりと跡づけることができる。

第一　方針

一、帝国ハ世界情勢変転ノ如何ニ拘ズ大東亜共栄圏ヲ建設シ以テ平和ノ確立ニ寄与セントスル方針ヲ堅持ス

二、帝国ハ依然支那事変処理ニ邁進シ且自衛ノ基礎ヲ確立スル為南方進出ノ歩ヲ進メ又情勢ノ推移ニ応ジ北方問題ヲ解決ス

三、帝国ハ右目的達成ノ為如何ナル障害モ之ヲ排除ス

第二　要領

一、蔣政権屈伏促進ノ為更ニ南方諸域ヨリ圧力ヲ強化ス。情勢ノ推移ニ応ジ適時重慶政権ニ対スル交戦権ヲ行使シ且支那ニ於ケル敵性租界ヲ接収ス

二、帝国ハ其ノ自存自衛上南方要域ニ対スル必要ナル外交交渉ヲ続行シ其ノ他各般ノ施策ヲ促進ス

之ガ為メ対英米戦準備ヲ整ヘ先ヅ「対仏印泰施策要綱」及「南方施策促進ニ関スル

件」ニ拠リ仏印及泰ニ対スル諸方策ヲ完遂シ以テ南方進出ノ態勢ヲ強化ス

帝国ハ本号目的達成ノ為対英米戦ヲ辞セズ

三、独「ソ」戦ニ対シテハ三国枢軸ノ精神ヲ基調トスルモ暫ク之ニ介入スルコトナク密カニ対「ソ」武力的準備ヲ整ヘ自主的ニ対処ス。此ノ間固ヨリ周密ナル用意ヲ以テ外交交渉ヲ行フ

独「ソ」戦争ノ推移帝国ノ為有利ニ進展セバ武力ヲ行使シテ北方問題ヲ解決シ北辺安定ヲ確保ス

四、前号進行ニ当リ各種ノ施策就中《なかんずく》武力行使ノ決定ニ際シテハ対英米戦争ノ基本態勢ノ保持ニ大ナル支障ナカラシム

五、米国ノ参戦ハ既定方針ニ従ヒ外交手段其ノ他有ユル方法ニ依リ極力之ヲ防止スベキモ万一米国ガ参戦シタル場合ニハ帝国ハ三国条約ニ基キ行動ス。但シ武力行使ノ時機及方法ハ自主的ニ之ヲ定ム

六、速カニ国内戦時体制ノ徹底強化ニ移行ス。特ニ国土防衛ノ強化ニ勉ム

七、具体的措置ニ関シテハ別ニ之ヲ定ム

この政府の主要方針は東條中将を代弁者とする勢力によって決められ、頑強に主張された。何となれば、日本がもし南方に自給自足の作戦基地を確保すれば、中国を消耗させ、

イギリスおよびアメリカに対し長期戦をたたかうことができる筈であった。陸海軍はそのような戦争に備えるべきであった。しかし、そのような戦争はしないですむという希望もあった。もしドイツがソ連を破れば、アメリカとイギリスは屈するだろう。米英は日本が他国の犠牲において東亜に新秩序を打ち立てるのを認めるだろうと期待する向もあった。

松岡にとっては、この行動方針は挫折であり、誤りであった。しかし、彼はのちには自分の意見が勝を占めるだろうと信じて望みをつないでいた。そこで彼は弁解に忙しかった。リッペントロップに対しては、日本は起りうるあらゆる事態に備えており、時が来ればソ連に敵対するし、同時に太平洋における前進警戒行動は共同の目的にも少なからず寄与すると彼は保証した。

その後数カ月間の日本の行動はこの計画に即応してとられた。すなわち、国内の経済資源は戦争のために組織された。インドシナ進入は開始された。七月が終るまえに要求がペタンにつきつけられ、日本の陸海軍はインドシナに進入した。

陸軍は、マレー、ジャヴァその他蘭領東インドの諸地点、ボルネオ、ビスマーク群島およびフィリッピンに対する作戦計画を急いだ。

海軍もこれに呼応する諸計画を進め、一月に立案した真珠湾攻撃の演習を始めたのである。艦隊は鹿児島湾に集結し、そこで航空機は山上をすれすれに飛び、急降下爆撃を行い、浅水用に特に考案された魚雷を使用する演習をしていた。

日本政府は七月二日に、中立条約を尊重する旨の保証をソ連政府に与えた(六月二十五日ソ連大使スメターニンがはじめにこの点につき質したとき、松岡は言い逃れして問題をあやふやにしておいた——スメターニンの日記抜粋、一九四一年六月二十五日の項)。関東軍の兵力規模は(約三十万からその約二倍に)増加された。しかし部隊は満洲国国境から引下げられ、内部の諸地点に集結された。ソ連軍との紛争を避け、いかなる事件もできるだけ速やかに話合いをつけるように命令が与えられた。同時にシベリア攻撃の新作戦計画が準備され、これは従来の作戦計画とちがって、数個の戦線で同時攻撃を加えることを想定したものであった(田中少将の証言)。

これらの準備はすべて戦争をめざしたものであった。しかも、近衛内閣の多くの閣僚はいまだにアメリカとの戦争を回避することを熱心に望んでいた。

しかし、アメリカ政府は日本から提出された方式に前よりもなお信を置いていなかった。アメリカ政府は、日本外務省からの電文を傍受することによって、七月二日に行われた諸決定の要点を知っていたからである(一九四一年七月二日ワシントン、ベルリン、ローマ各日本大使館宛の電報)。

解読された暗号電報によりアメリカ政府はインドシナ進駐を予見し、またその実行ぶりを確かめることができた。けれども、それによって事態を避ける方法を見出すわけにはいかなかった。

アメリカがソ連を援助する意思をもっているという証拠を示せば、日本に対して、どんな言葉や制裁よりも効果があるだろうと考えられた。「マジック」のもたらしたニュースによると、日本は極東のソ連軍がすっかり消耗されるまで局外に止まるだろうとのことであった。けれども、七月三日になってグルーは、日本は介入しないようにという大統領の希望を直接近衛に伝達することを指令された。日本政府はこれに対し八日に文書をもって回答したことは前に述べた通りである。

グルーと松岡がこうしてさかねじのやり合いをしているうちに、国務省は野村に質問を出していた。野村の回答(七月七日)は予定された南進の実際的な証拠と受けとられた。日本は起りうるあらゆる事態に備えていると野村はいった。そして、いくつかの点を指摘した。それは、中国向けアメリカ製航空機の船積み、兵力および補給物資のマレー、蘭印向け移動、米軍艦のオーストラリア訪問、アメリカが極東でソ連をたすけシベリアに航空基地を獲得するだろうとまでいわれる報道――これらの事実にあらわれたアメリカの日本包囲計画の兆候をさしたものであった。また野村は、対日石油輸出禁止命令の噂をほのめかし、その場合には、日本は石油を他から手に入れねばならぬと述べた。したがって野村の結論は「日本は適当な準備手段を講ずる必要がある」というのであった(二日前の七月三日に、野村は松岡にこう電報していた。「現在、南方諸地域に対し武力を用いる御決心なりとすれば日米関係調整の余地は全くなきものと思われます」)。

三　松岡放り出される

日本政府は——七月二日の御前会議ののちも——その前のアメリカ側の提案をどうするかを決めかねていた。大勢としてはアメリカが何をいい何をしようとも、それにかかわりなくわが道を行く決心をかためていたものの、それでも戦争は避けたいと念じていた。

連絡会議が七月十日と十二日に開かれた。松岡は舞台の中央を占めた。彼は激しい言葉で論じ、出席者に自分の意見を述べた印刷物を配布した。その要旨は、アメリカの提案は徹頭徹尾悪意にもとづくものであり、日本を屈服させるか大混乱に陥し入れようとする企みであるというのであった。ハルが日本政府の一部閣僚の明らさまな親枢軸的態度に言及したのは、松岡によれば、彼自身に対する侮辱的攻撃ととるべきであった。松岡はそれをフランス外相デルカッセの辞職を求めたカイゼルの有名な要求に比較し、日本の名誉のため口頭声明を拒否し対米会談を打切る必要があると主張した。

この主張は何人の賛成をも得られなかった——文官にも武官にも。彼らは日本が太平洋の平和と秩序を真に望んでいることを米英に信じさせる機会を失うのはなんの役にも立たないと考えた。近衛がその『手記』のなかで信じうる誠実さをもって書いているように、「彼は全力をつくす決心であり、ある程度の譲歩をあえてしても交渉の成功に努めるつもり」であった。陸軍でさえ少なくとも日本がインドシナの占領を完了し、かつ対ソ戦争の結果が判明するまでは、対米会談の続行を望んでいた。十日の連絡会議は非公式の相談を二日間行うことにして決定を見ずに散会した。

だが十二日に会議が再開された時、意見の分裂は前と同じに大きかった。陸海軍は対米会談続行の希望を確認し、会談の将来の基礎となる事項を略説した共同意見書を提出した。その主な起草者は陸軍省軍務局長武藤章少将と海軍省軍務局長岡敬純少将であった(近衛手記)。この意見書からは、日本は大西洋戦争でドイツに加担しないという点をアメリカに得心させようとする意図を探り出すことができる。この陸海軍案は、外務省で筆を加えた上で、ワシントン向け回答に代えられたが、会議出席者は、松岡を除いて全員これを適当と考えた。

しかるに当の外務大臣は譲ろうとしなかった。最初に彼は意見書を読むことを拒否した。ついで、いかなる基礎の上に会談を再開するにせよ、その前に(六月二十二日の)攻撃的な口頭声明を撤回するようハルに要求すべきだと主張した。興奮しきった松岡はさらに独、伊大使に秘密を打ちあけた——それはもう一度ドイツから抗議してもらいたいというにほかならなかった。この明らさまな挑戦は陸海軍を怒らせた。陸海軍は、もし日本が会談再開の条件としてそのような要求を出したらアメリカはむしろ会談を打ち切ってしまうだろうという点で、近衛と同意見であった。

同じ日(東京時間七月十二日)にヴィシー駐在加藤外松大使は、八つの飛行場を占領する権利とサイゴンおよびカムラン湾を海軍基地として利用することをペタンに要求するよう訓令を受けた。加藤大使は二十日までに同意が得られぬ場合、日本軍はどのみちインドシナに進入するであろうと通告することになった。「この決定は日本政府が断固たる決意のもとに行ったものであり、イギリスおよびアメリカがいかなる妨害を試みようとも、あるいはたとえフランスまたは仏印当局が反対しようとも、遂行されるものである」(松岡より加藤宛電報、一九四一年七月十二日)。ヴィシーにはほとんど時間の余裕が与えられなかった。遅ければそれだけアメリカやイギリスが騒ぎ立てる公算が大きくなるから、「それは極力避けねばならない」からであった。

松岡は十四日夜日本の回答を提出する前に、攻撃的な口頭声明の撤回方をハルに求めるよう野村に訓令した。国務長官は騒ぎもせず、問題の声明文を引き込めることに同意し、日本の国内政治に干渉したり、松岡の閣外追放を強要したりする意図はなんらないことを認めた。

しかし、いずれにせよ松岡は無軌道なやり方のために放逐されることになった。松岡が内閣を無視したことを知って、近衛は、情勢はもはやこのうえ収拾しがたいとの結論に達したからである。この決定は一つには、野村から日本海軍当局宛に戦争の危険を警告した電報と、松岡宛に辞職し帰国する許可を求めてきた電報とによって、早められていたことであろう(野村は海軍大臣と海軍軍令部長から七月十五日の電報で辞任を思い止まらされた)。

この前後を通じて松岡がとった常軌を逸した行動は、さすがの近衛公ならびに閣僚を憤らしめ、近衛は平沼、東條、及川の三閣僚同意の上で、総辞職によって外相の入替えを行うこととし、七月十六日の閣議で閣僚の辞表をとりまとめ、病中の松岡には秘書官をつかわしてその辞表を提出させた。

病床に内閣秘書官を迎えた松岡は、書類を見て、「とうとうやりやがったな」と怒声を発したという。

松岡の後任としては元海軍大将豊田貞次郎が、内外から多少の期待をもって外相に迎えられた。しかし彼は海軍を背景としてのみ発言権をもつ程度であったから、日米交渉について海軍の意向が次第に陸軍にひきずられていた情勢の前になんら見るべき新策も発見しえなかった。そしてきわめて短期にして近衛内閣と同時に挂冠《かいかん》した。

第二一章　大西洋会談

一九四〇年十一月にフランクリン・ローズヴェルトが大統領に三選されてから、イギリスに対する武器援助が急速に増強されたばかりでなく、ヨーロッパ諸国におけるアメリカ外交官は、積極的にイギリスを支持したというよりは、アメリカ自身の利害のために米英協力の方向に動いた。ヴィシー政府に対して派遣(一九四〇年十一月)されたアメリカ大使リーイは、フランスがその植民地にある基地をドイツに引渡さないよう圧力を加えた。ユーゴースラヴィアにおける一九四一年三月の革命によって親独派と目されたパウル親皇を斥けて、その反対の立場にあるペーテル王を引出した際にも、アメリカの大使が革命派を支持したと伝えられた。ギリシヤにおいては独伊に対する抵抗を激励し、スペインではフランコ将軍がドイツにくみしないよう、それぞれアメリカ大使が暗躍したことはかくれもない事実である。

しかしチャーチルとローズヴェルトとは、大戦争が始まって以来、一度も親しく話し合ったことはなかった。一九四一年一月にハリー・ホプキンスが渡英してチャーチルと会談した時に、両首脳会談の話があり、同年四月ごろとの予定も立ててあったが、さしあたりの激務のために延びのびになっていた。

ところが独ソ戦争が勃発してホプキンスは四一年七月にまたロンドンを訪れた。その主たる用向はチャーチルとの会談の下打合せであった。ホプキンスはこの打合せを終ると前に述べた通り、ソ連援助の使命を帯びてスターリンと交渉を行った。それが終るとチャーチルの乗艦プリンス・オヴ・ウェールズに乗って大西洋を渡った。

チャーチルはニューファウンドランドのシップ・ハーバーで、ローズヴェルトの乗艦オーガスタと落合い、各般の問題について話し合った。この会談の打合せをホプキンスから聞いた時に、チャーチルの頭に浮んだ問題はきわめて多種多様であったことは、彼が回顧録に次のように記していることから見て想像される。

私は約二年間深まりゆく親密さをもって文通していたローズヴェルト氏にぜひ会見したいと希望していた。のみならず、われわれの会談によって、ますます緊密になる英米の連繫を世界に知らせ、敵に不安を感じさせ、日本に熟考させ、われわれの友邦に元気をつけることになろうと私は考えた。それに大西洋におけるアメリカの干渉、対ソ援助、イギリスへの補給、とくに増大しつつあった日本の脅威について解決さるべき仕事もたくさんあった。

八月九日の会談劈頭にローズヴェルトは、両国の政策の一般原則を定める共同宣言を書き上げればよいといった。その示唆に基づいて翌八月十日にチャーチルの試案がアメリカ側に提示された。これがいわゆる大西洋憲章の原案であって、主たる五原則をうたってあった。

これに対してアメリカ側随員サムナー・ウェルズ国務次官が対案を作成し、当面の英独間の戦争のことにはふれないで「世界のよりよき将来への希望の基礎となるべき両国国策の共通原則を表明する」との趣旨に代え、次の八つの原則を掲げることとした。

第一、英米は領土的またはその他の膨張を求めない

第二、関係人民の自由に表明した希望と一致しない領土の変更を認めない

第三、各国民はその統治形態をえらぶ権利をもつ。それは思想と言論の自由をまもることを基礎とする

第四、通商および原料を均等に利用する原則を立てる

第五、各国の経済的協力

第六、ナチ・ドイツ占領地を解放し平和を確立すること。またすべての国民が恐怖と欠乏から解放されること

第七、海洋の自由
第八、軍備の制限

この機会にチャーチルは戦後における平和維持の国際機構を組織することを申し出たが、ローズヴェルトは、国際連盟の後継者のような組織を創設することに気乗り薄であり、またそれがアメリカ国内で不信と猜疑の念を惹起するおそれがあることを心配した。ローズヴェルトはこの頃の考案として、戦後には英米両国の実力で（もしできればソ連と中国とを引入れ）世界の警察力として、侵略を防止することができると思っていた（ハーバート・ファイス『チャーチル、ローズヴェルト、スターリン』二二ページ）。

大西洋憲章は英米が緊密に協力し、共同の政策によって共同の目的を達成する熱意を有することを世界に知らせ、敵方を威圧し、味方を激励することを眼目とする宣伝文であった。従って会議においてはあくまで意見の交換に止まり、イギリスはアメリカから参戦とか武力協力とかの約束をとりつけるに至らなかった。しかしチャーチルがこの会談から帰ったときには凱旋将軍のような人気で迎えられ、彼はすこぶる上機嫌で右手を高くあげ、人差指と中指で勝利を表わすV字のサインをして見せた。

ローズヴェルトはチャーチルとは異なり、この文書をきわめて重要な文献と考えたので、後に至ってこれを世界政治の基本原則として取上げることになった。

この会議で取上げた問題の一つは日本との交渉であった。この時はあたかも七月二十六日に日本に対して経済制裁を課することとなった直後であったから、八月六日に野村大使がアメリカ政府に送った日本の覚書の内容について論議が交換された。日本は経済制裁を解消する代償として「これ以上日本が東南アへは進出しないこと、そして支那事変が終了した暁には、インドシナから撤兵する」ことを約束するというのであったが、チャーチルはこれを見て、言葉は柔かいが、日本は取れるだけのものは取り、将来になにも与えないということだと、その回顧録に書いている。

ローズヴェルトは対ソ援助の唯一の代償として大西洋憲章の原則を承認することを求め、また日米開戦直後、一九四二年一月一日に成立した連合国共同宣言においても、この憲章の諸原則をその戦争目的として表明したこと等により、後に結成された国連の憲章にまで発展するに至ったものである。

それと同時に、アメリカ参戦の直前にローズヴェルトとチャーチルが親しく膝をつき合せて、世界戦争における両国の協力と将来世界の進むべき方向とについて率直に意見を交換したことは、やがて来るべき米英の戦争協力を円滑に能率的に運用する出発点となり、大戦後においては国連憲章を指導精神として平和機構を育て上げる基礎を築いたものであった。

チャーチルはマールボロ公の直孫であり、同時にアメリカ人を母とした関係から、イギリス指導階級に特殊の地位を占め、アメリカにも多くの支持者をもっていた。ところがローズヴェルトはもともとイギリスびいきという傾向の人ではなかった。それはジェームズ・ファーレーがその著書の中に述べている如く「ローズヴェルトは戦前にはイギリスのことを決してよくいわず、イギリス人はいつもイギリスのことしか考えないといっていた。もっともチャーチルにだけは、特別な敬愛の情をもっていた」のである。

はじめから血縁につながるイギリスとアメリカの関係は、平素事にふれていがみ合うこともしばしばであった。しかし問題が国の安危に懸るとなれば、期せずして血盟の間柄に立帰ることは第一次大戦以来の記録が、明らかにこれを示している。そして第二次大戦は再びこれを繰返したにすぎないのであるが、それにしても両国の最高指導者が偶然にもチャーチルとローズヴェルトであり、両者が互いに尊敬と友情とをもって協力したことは、近代歴史の方向を決定する上に重大な影響を与えたといって過言でないと思う。

第二二章　対日政策の展開

一　アメリカは屑鉄の船積を禁止

情勢は緊張していたが、ハル国務長官はもっと悪くなる可能性もあると考えた。イギリス上空の空戦(Battle of England)の結果がわかるまでに、日本への戦略物資の船積を凍結させるかどうかについて、結論をくだすことは、すこぶる危険だと思ったように見える。もしイギリス空軍が健闘を続けるならば、日本にとって致命的なエムバーゴーの手を打つことも安全となるだろう。もしイギリスの空軍が消耗してしまったら、そのような措置は無謀なことだとハルは考えた。そこで彼は時期を待つことにして、財務長官や陸軍長官を説き、これ以上屑鉄を失いたくないと思っている国防関係の機関や鉄鋼委員会に猶予を求めたのである。

一九四〇年九月十三日、駐米日本大使堀内謙介がハルを訪問して、アメリカが石油と屑鉄に新たな制限を課そうとしているとの報道について質問した時に、ハルはイエスともノーともいわなかった。そのあとで、意を含められた国務次官補は、イギリスの断固たる抵抗について述べ、日本政府が米英間に結ばれた駆逐艦譲渡や、海軍基地協定の意味するところを了解するように望む旨を語った。堀内大使は黙ってうなずいた。松岡外相は、この日までに、リッペントロップの特使スターマーと三国同盟の構想を考えていた。この盟約が成立する暁において石油と屑鉄とは重要な問題となる可能性があった。しかし、アメリカ政府がまだその交渉を知らなかったのは当然である。

その時に、グルー大使から九月十二日発の重要な電報が国務省にはいった。それは大使が「青信号」電と呼ぶにいたったものである。松岡外相との最近における数次の会談の後、グルー大使は「完全な失敗という不快な感じに閉ざされた」と報告してきた。その時まで武力をもって制裁を裏づける用意がないならばアメリカは日本に対して制裁を加えるべきでないとグルーはいつもいっていた。二年前（一九三八年十二月五日）彼が書いたように「日本人は、その歴史を通じて破局と災害とに慣れた、勇敢な民族である。他のどんな国民よりも深くしみこんだ〝のるか、そるか〟の精神が実にそれである」。

しかし、グルー大使は過去の見解を修正するにいたったさまざまの理由を述べたのち、日本は政治的、経済的支配領域を拡大するために、日本の支配層は危険を冒してどんな手段でも使うだろうといい、彼は次のような結論を強調した。「もしわれわれが、イギリスが苦しい戦いをつづけている現在イギリス帝国を支持するのがアメリカの利益だと考えるとしたら、われわれはあらゆる手段をつくして、ヨーロッパ戦争が勝負のきまるまでは、太平洋の現状維持に努めなければならない。私の意見では、日本において思考というものが完全に復活されるまでは、力の表示と、必要ならば力を行使する決意とだけが、このような成果の達成とわれわれ自身の将来の安全とに有効に寄与することができる」。これが、もっとも忍耐強い楽観論者である外交官からの電報であったのである。

ホーンベックは、不機嫌に、グルーの考えは自分がずっと以前からもっていた見解と一致する旨を述べた。ハル長官には、グルーの日本の政策に関する分析と見通しは真実に近いと思われた。しかし、提示された意見は、アメリカ政府に世論が認めない危険を冒させることを要求しているもののようであった。アメリカ国民は、なお何にもまして、確実に戦争の圏外にとどまることを欲しているようであり、また、そうすることが可能であると信じていた。グルー大使からの意見の具申があった前夜九月十一日に、ワシントンでの演説で、大統領は次のように言明していた。「私は、わが党と共に、また党外の全国民の大統領として、二カ月にも足らぬ前にシカゴで採択された言葉、即ち次のような政綱を守るものである――われわれは外国の戦争に参加しない。われわれは、攻撃された場合を除いては、アメリカ領外の外国領土で戦うためにわれわれの陸海軍を送ることをしない」。

共和党議員も、同じ趣旨の約束を国中にふりまいていた。

そこで、もしアメリカが石油とスクラップの禁輸をおこなったのち、日本が蘭印あるいはシンガポールを攻撃した場合、このような声明は放棄しうるであろうか。このような声明をだす以上、万一イギリスが敗れた場合、大西洋においてきわめて必要となる海空軍を、転置しなければならないこととなるのは確かである。

そこで、ハル長官はひきつづき熟慮を重ね、援助を受けているイギリスが、時を稼ぐことを期待しつづけた。ハルがこのような立場をとっていたのに対し、政府の他の部門は相変らず不平であった。モーゲンソーは、日本の力を培養することをやめさせることができないのに対して、辛辣なことばを用いた。スティムソンは、遅延によって失われるものが多いだろうと確信していた。そして大統領がハルの判断を真正面から無視しようとしないあいだは、それを促進するような方向へ力をつくした。こうして、九月六日の閣議でハル長官は、石油についてたくさんの人がよけいな世話を焼きすぎていると述べたが、大統領は、その問題に関するいっさいの資料は以後モーゲンソーの手許を通じて処理すべきこととすると命じた。

待機の二週間(九月十二日—二十六日)に、極東からの報道は日本の計画についてのグルーの印象を確証し、一方ロンドンからの情報はイギリス空軍の成功を確認した。

日本政府はそのインドシナ侵入に対するアメリカの抗議にこたえて、このような抗議はよけいなお世話であるという意見を長々と述べてきた。東京で調印された協約の実施に当って、インドシナ総督が「障害になる」ことがわかったので、野戦司令官西原将軍は、九月十九日、彼の指揮下の軍隊が、いかなる事情があろうと二十三日には国境を通過する、という通告を送った。事実軍隊は進入した。微力なフランス軍は、短い戦闘ののち降伏し日本軍はトンキン地方を占取した。そのうえ、日本政府が、インドシナの二つの国境地域——ラオスとカンボヂアの返還をもとめるタイ国の主張を激しく推しすすめている、という電報がはいった。

蘭印に対しては、最後通牒は送られなかった。しかし、日本は、その石油の要求を、五年間にわたって毎年三百万トン以上にまでつり上げた。これは、過去において蘭印が日本に送っていた量のおよそ五倍だった。それは、日本の全供給源からする通常の総供給額のおよそ五分の三に当っており、たとえアメリカからの海上輸送が停止されたとしても、日本が戦争を遂行してゆくうえに十分な量だったのである。そのうえ日本は厖大な採油権を要求した。蘭印総督は、日本使節団との折衝、および日本の要求は、いずれも、ファン・モーク経済局長と石油会社が処理すべきものである、と丁重に日本側に説明した。使節団長小林一三は、怒って松岡外相に次のような報告を送った。「総督は政治問題を避けるため、あからさまに全力をつくそうとしている。彼は、蘭印に対する日本政府の真意を探ろうとする一片の熱意をも示さない。……これでは、私がかようにはるばるとこの地に来たのもむだであったと感じないではいられない」と。

日本政府は、九月十九日の連絡会議で、日本が蘭印に何を要求しているかということと、それをいかにして獲得すべきかという点を明らかにした。まず、蘭印はオランダから分離さるべきである。しかるのち、日本は東インドの新政権から、日本の優越した政治的影響と経済的利益とについての承認をえなければならないというのである。しかし、これらの目的は間接的手段によって達成さるべきであるとされていた。企図された侵入にあたってオランダが油田と精油所とを破壊するかもしれぬという危惧が、戦術選択の一つの要因であった。

オランダ政府は、日本の前には恐怖を示さなかったが、アメリカにはその危惧を知らせた。オランダ政府は、蘭印と日本との会談が続いているかぎりは、アメリカはその対日石油輸出について何の手も打たないようにと真剣に要求してきた(二十四日)。

これに対してアメリカは、望み通りの約束を与えた。この回答に安心して、オランダは、蘭印に対するいかなる形の攻撃に対しても抵抗しようとする意図を再確認した。

イギリス政府はシェル石油会社に譲歩しないようにと勧告したものの、アメリカ政府のように、日本が蘭印、シンガポールおよび香港を攻撃しないとは決して信じていなかった。

イギリス政府は、これらの地点を攻撃された場合は、アメリカが戦闘に加わるという保証を切実に要望した。九月十六日のロシアン駐米イギリス大使およびケーシー駐米オーストラリア公使との会談において、ハル長官は再びそのような攻撃は予想されないといいきった。しかし、かれのこの意見は間違っていたとしても、その頃の情勢判断としては、ハル長官の立場は正しかった。その決定のしばらく前、木戸侯爵はその日記のうちに、次のような記述を残している。

天皇は私に、天皇と海軍軍令部総長伏見宮とが話しあった事柄を語られた。宮はこういった。「現在のところ、海軍は、シンガポールと蘭印に対して武力を行使することは避けたい。また、開戦の決定がなされたのちすくなくとも八カ月は準備のために必要とされるだろうから、戦争が来るのは遅いほどよい」(木戸日記、一九四〇年八月十日の項)。

九月十九日、インドシナに対する新しい日本の最後通牒を聞いたのち、アメリカ大統領と閣僚は、屑鉄と鋼鉄の輸出を全面的に停止すべき時が来ているとの意見に一致した。この決定にひきつづいてグルー駐日アメリカ大使からきた電報は次のようであった。「日本政府は、ドイツとのある形式の同盟を決意した。昨日、天皇臨席の三時間にわたる会議で事が決せられたのである」と。

しかし、日本軍がインドシナに実際に進入するまで、推移を待つことが最善であると判断された。

二十四日にはすでに日本軍は進入しており、ドイツとの同盟計画に関する報告も確実なものとなった。そして新聞は、「輸出禁止」が実施されることになると報道した。石油については何もいわれなかった。この最も重要な物資の輸出禁止は、日本を思いとどまらせ、戦争を回避させるだろう、と一部の人々は考えたが、ハルもアメリカ海軍当局もそのことを信じなかった。イギリスもオランダもまたこれを信じなかったのである。屑鉄の輸出禁止は、日本にたいする非難であると同時に刑罰であるとも考えていたのであるが、これはすでに手遅れであった。

九月二十三日のモーゲンソーの日記には次のように記されている。

わたくし自身の意見では、日本に圧力を加えるべき時期は、日本がインドシナに進入する前であって、その後ではなかった。自分はもはや遅すぎると思う。日本その他の独裁者は、われわれを嘲笑するだけであると思う。もし時期が数カ月前だったら、おそらく日本も立ちどまり、左右を見渡し、耳を傾けたであろう。

これについてファイスは「そのことについて、一体誰が真相を知りえようか？　しかし、日本側の記録を検討してみると、モーゲンソーのこのような考えは妄想であると思う」と評している。

自衛の手段としての鉄鋼屑輸出禁止の正当さについては、うたがう余地がない。国内の手持にされたスクラップは、欠くことのできないほど必要なものではなかったが、やはり国内で必要であった。一方、日本では、スクラップの大部分は戦力の増強に使われていたのである。日本で生産される仕上鋼のうち、そのおよそ四〇%が直接に陸海軍に割り当てられ、他の大きな部分は造船に割り当てられていた(企画院の案)。

輸出禁止は、日本にとって一つの強打であった。しかし、ノックアウトではなかった。少なくともそれに先立つ四年間、日本はそのためにそなえてきたのであった。日本は、日本鉄鋼業の基盤を、アメリカのスクラップから自己の支配下にある地域からの鉄鉱石に変えようと計画し、かつ実行してきた。日本は、急の際にそなえて、スクラップの予備をたくわえてきた。

二　対日共同政策の協定

一九四〇年十一月、ローズヴェルトは、選挙戦で圧倒的な国民の支持を得て再び政権を獲得した。ローズヴェルト政権は、選挙戦の結果をもって、国民が政府の反枢軸政策および参戦に至らないかぎりにおけるあらゆる形のイギリス援助政策に承認を与えたものと当然ながらみなすことができた。しかし、選挙戦中にこれらの政策を説明するために用いた言葉づかいの関係から、大統領は依然として慎重かつ遠まわしに行動せざるをえなかった。

選挙戦中に大統領が使った言葉は、なまなましくその響きをあとまで残して、その後のアメリカの決意を複雑にしまたそれを制約することとなった。

アメリカの国民は、当時ヨーロッパやアジアで闘われている戦争に、アメリカ国民が参加する必要はないし、またアメリカ政府もそのようなことはさせるつもりはない、と大統領から聞かされてきたわけであった。むしろ、参戦の危険を避けるために武器と資材をイギリスに供給しなければならぬ、とアメリカ国民は熱心に説きつけられていた(十月三十日ボストンで行った演説)。

彼の考え方によると、イギリスの抵抗力の強化はイギリスに時をかせがせ、それによってアメリカは強力となり、いかなる国もアメリカを攻撃しえなくなる、もし枢軸国が勝利を得たとすれば、アメリカは枢軸国からの脅威にさらされ、これらの国とアメリカ本土近くかアメリカ内で戦わざるをえなくなる、というのであった。これが、ヨーロッパおよびアジアで闘われている戦争の意義——アメリカ人にとっての——についての一つの見解であった。しかし、また以上のような考え方は、もしアメリカが戦争に参加した場合には、大統領に失策、背信の悪名をきせることにもなりかねなかった。

ワシントン政府は、防衛的なすべての行動を避けた。また容易なことではなかったが、参戦の義務を負うようないかなる協定も結ぶことを拒否しつづけた。しかし、アメリカ政府は友邦政府と協議しつつその政策をたて、またこれらの政府と行動の面で歩調をあわせていった。アメリカはこれらの国と、日本に対する政策についてやがて共同戦線を張ろうとしていたのであったが、そのことを明言しようともせず、またそのような立場を力強く維持しようと公約したのでもなかった。

大統領選挙戦が終った一九四〇—四一年の冬の数カ月の間における大統領の発言は、動きつつあるアメリカの政策を推定するために必要な説明を与えるものではなかった。なぜなら、そのような発言は、アメリカの直面している情勢やそれに対してアメリカがとるべき政策を体系的に述べたものではなかったからである。大統領の言葉は、軍備強化を急ぎ、枢軸国に対して厳然とした態度をとるようにとのアメリカ国民に対する感情的な訴えであった。大統領のこのような演説の文句は「高度爆薬を装塡した精巧な砲弾のようなもの」であった。

しかし、イギリスや中国政府は焦躁の念にかられていた。枢軸国に対して苦戦をつづけている国としては、アメリカのなお一層の支援をなによりも必要としていた。

中国では日本が戦争を終結に導くための最後の努力をしていた。日本軍の爆撃は、国民政府を屈服させることもできなかったし、奥地での抵抗を終らせることもできなかった。そこで、ドイツの外交が日本のためにいささかの援兵をくり出した。十一月上旬重慶で、ドイツ大使は蔣介石に対して、ヨーロッパ戦争が終る前に日本と和平を結ぶのにはいまや最後の機会が到来したと告げ、ヨーロッパ戦争が終った暁には、英米から中国への援助は一切とまってしまうであろう、と蔣介石を説得していた。ドイツは締結された和平の条項を日本が忠実に守るのを保証すると大使は約束した。リッペントロップ外相は、ベルリンで同様なことを中国大使に述べた。中国が日本との和平に同意しない場合は、ソ連は中国にこれ以上援助を与えないだろうと示唆したと伝えられた。このことはワシントン駐在ソ連大使がアメリカ政府に言明していたこととくい違っていた(一九四〇年十一月二十七日のウェルズ・ウマンスキー会談)。

蔣介石は、ドイツからのこの申入れの一切をローズヴェルト大統領に伝えるとともに、中国の国民がいかに悲惨な状態にあり、またいかに援助を熱望しているかを申しおくってきた。重慶駐在のアメリカ大使ネルソン・ジョンソンも、幾度となく飾りけのない警告的な公電をワシントンによこして、蔣介石の情勢判断やその主張を裏づけしていた。ジョンソンは、十一月二十七日付のかれの最後の公電の中で、蔣介石の哀訴は、あたかも「もはやこれ以上国内情勢に対処する自信を失い、緊急に救いの手を求めている」人の訴えのように思われるし、また「蔣介石は、侵略に対する抵抗——それは中国のためであると同時に英米の利益にもなっている——のために中国はいまやその国力を出しつくしてしまったと感じており、従って、今こそアメリカは中国援助にのりだすべきである」と述べた。

ローズヴェルト大統領はハル長官も、蔣介石は、もし避けられるならば、ドイツの一切の申入れに応ずるようなことはあるまいと考えた。しかしまた、もし蔣介石に援助や希望をいま与えないとしたら、蔣介石はもはや戦いを続けていくことができなくなるかもしれないという恐れも抱いたのであった。

イギリス、オーストラリアおよびオランダの各政府も、日本を抑制し、これら三国の極東における軍事的地位を防衛するためにアメリカがもっと積極的な行動に出ることを強く要請した。駐米イギリス大使ロシアンはアメリカの現在の政策である友好諸国と協力して計画する用意をもつという表現を、行動する用意をもつという表現にかえるべきだとアメリカ側に説いてまわった。

十一月から十二月にわたって、日本の行動を抑制するあらゆる手段が、ワシントンで再び検討された。大体三つの主要な手段が考えられた。第一は日本が長期戦を行いうる手段を封ずること、第二は脅威をうけている地域に艦船および飛行機を送りこむこと、第三は中国を援助して日本の悩みと消耗とをつづけさせることがこれであった。この手段のいずれについても支持者があったし、またどの手段もある程度までは実行可能のように思われた。しかしまた、このうちのどの手段にしても、失敗するかもしれないし、その場合には、アメリカを戦争、それもあるいは敗け戦に引きずりこんでしまうかもしれぬとも考えられた。当面の課題は、これらの手段のそれぞれを適当な程度に、かつ適当な時期に実施する、ということであった。

三つの方法のうち、日本に対する輸出を一層抑制するという手段が最善と考えられた。

すでに述べたように、日本の貿易のうちで現在許されているものは、ほとんど軍需資材の買付だけである。将来の見通しからいえば、現在日本に送られている一切の資材はアメリカまたはイギリスが必要とするものといえるわけである。

十一月一日ロシアン大使は、イギリス政府が日本の戦力増強に役立つ軍需資材の対日輸出問題に重大な憂慮を抱き、一切の重要資材の対日輸出を「平常」額とみなされる程度に制限することを要請した。もし日本の軍需用石油のストックが、イギリスの考えているように、アメリカ側の推定量よりも大きいとしたら、これを制限してほしいと要望してきた。軍需品生産に責任をもっていたアメリカ政府の諸機関は、いずれもイギリス提案の線に同調することを熱望した。スティムソン陸軍長官およびモーゲンソー財務長官は、例によってこの提案に賛成であった。ノックス海軍長官も積極的に提案を支持しているようであった。もっとも海軍部内では、スターク大将と最高級武官の一部の態度は依然賛否両論に分れていた。このように、政府部内でも、ほとんど国務省だけが行動をとることを依然として躊躇していた。

関係閣僚の結論としてでてきたものは、イギリスの提案のなかでは考えられなかったようなさまざまな危険の可能性であった。なぜなら、第一にアメリカ側の情報は、日本がシンガポールと蘭印を攻撃しようとしているというイギリス側の極端な恐怖を裏づけていなかった。第二に、これらの情報は、たとえ日本に対して経済的抑制策をとっても、決して極東の戦争を回避することにはならないばかりでなく、むしろその反対に「かような政策は、日本国民を経済自立というはかない夢の方向においやってしまうことになる」ことを繰返して警告していたからであった(グルー大使、十二月十四日報告)。

こういうわけで、ハル長官は、極東における英米の軍事力がもっと強大になるまでは、日本をこのうえ憤激させるようなことをするのは賢明でないと主張した。この主張を批判する論者に対してハルは、アメリカ海軍がその準備を完了するまでは、いかなる政策にも承認を与えないつもりである、と確言した。海軍当局は、依然そのような準備はできないというのであった。

イギリス政府は、アメリカの艦船が行動することを熱望していた。十一月二十三日には、近くオーストラリアおよびニュージーランドからの援軍がマレーに到着する予定である、という通告がイギリスからよこされた。これに関連して、太平洋にあるアメリカの艦隊もシンガポールを基地として使用するか、あるいは若干の艦船を同地に派遣してはどうか、という申入れもロンドンからあった。これは、アメリカの太平洋艦隊を二つに分割するという提案であった。

アメリカの当事者(ハル長官とスターク提督)は提案を握りつぶした。イギリス政府は、この決定に承服せざるをえなかった。

自国の艦隊を自国の基地にとめておきながら、また日本が南西太平洋地域に進出した場合にいかなる手段をとるかについて言明することを拒みながら、アメリカ政府は——大統領選挙があってから一月もたたぬうちに——日本の行動を抑制するために、さまざまの措置と一つの対策をつくりあげた。

まず第一に決定されたことは、蔣介石の懇請に応じて行われた中国援助であった。十月三十日に大統領は、アメリカがさきの対華援助に加えて、さらに一億ドルを蔣介石政権に提供することを発表した。五十機の追撃機が直ちに中国に引渡されることとなり、さらに同数の追撃機ができるだけ早い期間内に手渡されることとなった。航空士または航空技術教官として中国に渡航したいというアメリカ市民に対して、旅券の発行が許されることとなった。さらに、東京に報復爆撃を加えるために中国に長距離爆撃機を提供するという案が、イギリス側と中国側を相手に気負いたって論じられた。ところが、この計画は実行不可能とされた。このような措置は、なんとかして蔣介石政権の対日抗戦を可能にし、それを継続させたいという懸命な努力の結果生れたものであった。

三　東亜におけるアメリカの防備増強

次に、アメリカの艦船と飛行機がフィリッピンに送られた。六隻の潜水艦がまず出航したが、ひきつづいてなお幾隻かが送られることとなっていた。アメリカのアジア艦隊をマニラに集結し、かつ艦隊を増強するという計画も考えられた。ハル長官は、巡洋艦からなる一艦隊をフィリッピンの南端水域に派遣すべきであると主張した。この案については一時大統領も賛成したが、その後彼は考えを変えた。大統領は最初艦船の行動についての報道を公表したいと考えたが、その後ハルの勧告に従って、艦船の動静自体によっておのずから知れわたるのにまかせるという方法をとることとなった。ハルは、このような行動を公表することは二つの困難な問題をおこすと考えた。その一つは、アメリカ国内に政府のとった政策に対する異論をかもしださせることとなり、その結果日本に対する効果が減殺されることとなるということであった。第二には日本を激昂させるという点であった。日本に対しては公けに脅迫する形をとってはならない。むしろアメリカの行動について日本にたえず臆測させておくのがよい、とハルは考えていたのである。

「いかなる時に、またいかなる事態の下でアメリカは戦争に参加するのか、ということについて日本をしてたえず臆測させておく、というのが私の主張であった」とハルはその手記で述べている。

この場合、臆測させられたのは日本だけではなかった。イギリスも、日本と同様にアメリカの政策については不確かであった。一カ月ののち、大統領特使としてロンドンにいたハリー・ホプキンスは大統領に対して、「イーデン外相は、もし日本がシンガポールまたは蘭印を攻撃した場合、アメリカがいかなる態度にでるかということは、イギリスの政策にとって最も重大であるから、それを承知したいとくりかえし私に要求した」と報告していた。

このような事情は、なお一層つきつめて考えることもできる。というのはイギリスがアメリカの次の行動を知らなかったばかりでなく、実はローズヴェルトやハル自身さえもそれを知らなかったともいえるからである。十二月八日、チャーチル英首相は、大統領に送った書簡のなかで、イギリスの直面している事態およびイギリスが抗戦をつづけるために必要な援助についての明快で争う余地のないような状況判断を伝えてきた。その中には、次のような叙述があった。

イギリスが急激かつ圧倒的な攻撃によってうちのめされてしまう危険は、少くとも一時的には、非常に遠のいた。そのかわりに、長期的な、そして漸進的に発展する危険――それはいままでの攻撃より速度はにぶく花々しさも少いが、依然として恐るべき危険を包蔵するものである――が現われてきた。このイギリスにとっての致命的な危険は、着実に増加するイギリスの船舶喪失に現われている……。一九四一年の運命は洋上で決定される。われわれがイギリス国民の食糧供給を可能とすることができず、またわれわれの必要とするあらゆる軍需品を輸入することもなしえず、さらにヒトラーやその仲間のムッソリーニに立向わせるために各戦域に兵力を送り、われわれに軍需品を補給しえないとしたら、われわれの抗戦は挫折し、アメリカがその防衛準備を完成するために必要とする時間は永久に消えさってしまうであろう。従って、一九四一年における全戦局の鍵をなすものは、海運力、海上輸送力――とくに大西洋における――の分野にあるものといえよう。

大統領へのこの書簡を起草するにあたって、チャーチルは十一月十二日にスターク提督が大統領にだした例の意見書を参考とした。この意見書の写しは、もしイギリス首相がこのなかに述べられている基本的な考えを支持してくれるなら有益であろうというスターク提督の補足的意見とともに、ワシントン駐在のイギリス海軍武官からロンドンに送られていた。チャーチルはスターク大将のこの意見を十分考慮に入れた。したがって、チャーチルの書簡に述べられた情勢判断には、目前の事態に対してアメリカは今まで以上の行動にでなければならない、ということを疑う余地がないまでに指摘していた。

大統領は、チャーチルの書簡にかかげられた問題を検討するためにハル、ノックス、スティムソン、スタークおよびマーシャルと会合した。かれらは、チャーチルの書簡に提起された主要点に十分応える回答を考えだそうと試みた。このことについてはスティムソンが、この協議の進行中、日記に次のように記述している。「アメリカから大西洋経由の護送船団による援助物資を送らないかぎり、いかなる措置もイギリスの物資涸渇――スタークの推定によれば、このような窮乏は六カ月以内に必ず到来するという——を防ぎとめることはできないことはきわめて明白である……」。十二月十九日にスティムソンが閣議の席上、上述のような点を問題にした際、大統領はその点まではまだ決心がつかない、と語った(一九四〇年十二月十九日の項)。

しかし、スティムソンの提起した徹底的なイギリス救援政策までゆかないにしても、ともかく十二月中に行われた前述の協議の結果、海洋上で戦闘行為がおこる危険を覚悟しつつも、必要なかぎりにおいて、またできるだけ急速に大西洋における物資輸送をアメリカが海軍力によって保護する、という決意だけはできあがった。このことが、アメリカとして、シンガポールや蘭印の防衛に当面参加する公約を拒む十分の理由となり、また、日本がこれらの地点を攻撃したときにアメリカがいかなる手段をとるかという問題については大統領としては知るかぎりでなく、また語りえない、という十分の理由にもなった。こうして、同盟国の軍事力が最も手薄く広範囲にひろげられるという一時期が到来することとなったわけである。

以上にあげたような諸措置——中国支援、フィリッピンへの海軍力の集結、英米参謀部員会議——は、対日経済抑制策を一段と強化する政策についてのハルのこれまでの判断をにぶらせた。あるいは、単に、このような経済抑制策には危険が伴うか実施してみなければならなかったのかもしれない。または戦争の方向にむかって進んでいる当面の傾向はとうてい外交ではとめることができない、ということであるのかもしれなかった。

いずれにせよ、ハルは、自ら「いらだたせ」政策と称した経済抑制策を好まなかったが、日本はこの措置に対して直ちに抗議してきた。しかし、まだこの措置の次には、かねがねアメリカの国防関係各官庁がまちかねていた銅、真鍮、錫、亜鉛、ニッケル、カリ等の重要原料の輸出禁止令がひかえていたのである。

これらの文案のうち最も重要な意味をもっていたものは、十二月二十八日にモーゲンソー財務長官からハルに手交された行政命令の文案であった。この文案はすでに大統領の手許にも送られてあったので、たぶんモーゲンソーとしては、大統領がまずこれを承認し、しかるのちにハルにそのことを伝えてもらいたかったのであろう。しかし大統領はこの文案をモーゲンソーにすでにつきかえしていた。事実、文案をよく検討すると、それは行政権限の移譲問題以上のものを意味していた。文案には、ある事項が追加されてあって、しかもそれはアメリカの対日関係に重要な意味をもつものであった。

それは――財務省の起草にかかる大統領令文案の二つの主要点の一つ――アメリカ政府が、外国政府および外国人のアメリカ内に所有している一切の資産を直ちに管理せよ、という事項であった。このような措置は、いわゆる「凍結」とよばれる行為であった。モーゲンソーは、連邦予算局長との会談の際、これを「問題の核心」であると語った。まことにその通りであった。いかなる機関にせよ、その機関がある特定の外国の国民および政府がアメリカ内で所有する資産をおさえたとしたら、その機関は少なくともアメリカとこの特定国との間のすべての通商関係を支配することができるわけである。

第二三章　日本 南方進出を狙う

一　蘭印への使節団派遣

一九四一年を迎えて日本の南進計画は、蘭印、インドシナおよびタイ国において逐次姿をあらわしてきた。

これよりさき蘭印では、日本使節団は前に述べた会談の挫折を最後のものと考えなかった。一月十六日、使節団は前年の秋に提出した要求に加えて若干の新しい要求を申し入れた。

日本の要求は次のごとき条項であった。㈠蘭印が日本の要求する量の軍需資材を供給することを無条件的に承諾すること、㈡日本人に現在以上の入国許可を与えること、㈢蘭印政府が指定保留している若干の地点を含む多くの地域における石油その他の鉱産物の探査に関する許可を日本人に与えること、㈣日本・蘭印共同企業の設置に必要な一切の援助を与えること、㈤蘭印領海に出漁している日本漁業船団に対し漁業用陸上施設の設置を許可すること、(六)蘭印沿岸航行に従事する日本船舶の増加、および禁止港湾の使用権を日本船舶に認めること。

これらの諸点は、一九四〇年十二月二十五日、東京の閣議で決定されたものであるが、蘭印当局としては、日本がその要求を強制するために、武力を行使する場合には、果して他国から援助を期待できるか否かについては依然として不明であった。たとえイギリスが蘭印を援助しようとしても、極東におけるイギリス軍は弱体であり、しかもシンガポールの防衛に釘づけされていることを蘭印では知っていた。それにしても、オランダ側は、日本の要求を全く受理できぬものと認めて、その旨をワシントンに伝えた。アメリカ政府は、これについて単に聞きおくにとどめた。

蘭印政府は、独自の立場にたって、二月三日、ファン・モーク経済局長の言明の形式で、蘭印が東亜新秩序に参加しているかのような日本側の示唆を強く否定した。このようなオランダ側の態度が、芳沢謙吉日本使節団長に与えた効果は、芳沢から政府にあて悲観的な報告に記述されている。その結論には「帝国として決定的な決意と政策をとらざる限り、日蘭会談の発展はもちろん、日蘭関係の促進も極めて困難と相成べく云々」とあった。

しかし、日本側は、今度も蘭印の拒否をそのまま受けいれ、提出した要求をやわらげて、まだまだ武力に訴えようとする様子をみせなかった。

アメリカ政府は以上のような情報に基づき、かなり長い間攻撃を躊躇するだろうと観測した。そしてそれは、日本がいまやシンガポールを攻撃しようとしていると考えていたイギリスの憂慮に対して鎮静剤的な効果を示したようであった。

二　タイ仏印の紛争に介入

一九四一年の一、二月頃、日本はインドシナ、タイ国間の日本自身が関係した紛争に介入して調停者の役割を買ってでた。タイ国はかつてその領土の一部であったインドシナ側の若干の隣接州を返還しないならば、インドシナに侵入すると威嚇した。イギリス外務省、とくに駐日イギリス大使ロバート・クレーギーは、フランス当局が妥協的態度にでないかぎり、タイ国は日本の支配下にはいってしまうであろうと憂慮した。もし、そうなれば、日本軍隊は、インドシナのみならず、ビルマ、マレーおよびシンガポールに近接した地域に駐屯することになろうとイギリス側はおそれたのである。そこでイギリスはフランスのヴィシー政権にタイ国と交渉するように要請を行うことを希望した。一月十三日にハル長官は、タイ国に対し、日本の援助を受けることはちょうど虎の背に跨るようなものであると警告した。

しかし、それにもかかわらず、タイ国政府は、日本が特殊の権益をもとめてはいないとこれを否定して、一月二十日すぎに日本の調停を受入れた。この事件における日本の行動の動機としては、松岡が、リッペントロップに語ったところに明記されている。すなわち、日本軍はマラッカ半島を陸橋として使わないかぎりシンガポールの方面に南進できず、そうするためにはタイ国およびインドシナを通過しなくてはならない。もしインドシナとタイ国との紛争の調停に日本が成功すれば、両国は日本軍隊の通過を許可するものと考えるというのである(ドイツ外務省ワイツゼッカー官房長の手記、一九四一年一月二十三日の項)。

この南進の道を切開くために、一月三十日東京で開かれた連絡会議で、インドシナおよびタイの両国に対し、日本が提起する調停案を強制的に受諾せしめるという方針が決定されたのであった。このためにもし必要ならば、インドシナに対しては武力を行使してもやむをえないし、また日本はこの機会を利用して、両国と経済的政治的軍事的協定の締結をはかる。日本はこれによってヴィシー政権から、サイゴン付近の航空基地、カムラン湾付近の港湾施設の使用権、およびインドシナにおける駐兵権を獲得する条件を決定して、これら一切の措置は三月か四月までに完了するよう計画がすすめられた。

松岡が、二月十五日に駐日イギリス大使クレーギーに与えた説明は、上述のものとは全く異なっていた。クレーギー大使は本国政府への報告に次のように書き記している。

松岡外相は事態を説明し、この説明を私に信じてくれと希望した。国内の一部にある強い世論は、日本があらゆる方法で現在の好機会をつかまなくてはならぬと主張しているが、かれと近衛公は、いかなる冒険または侵略的企図にも全く反対であり、この政策を堅持するために、必要ならば天皇の御援助もあおぐつもりであるといった。この政策が失敗すれば、内閣は辞職するつもりであるとも松岡はのべた。

三月十一日に、ヴィシー政府は、日独共同の圧力に屈服して、日本のインドシナ・タイ国紛争調停案をのんだ。また同時にフランスは、インドシナが直接たると、間接たるとを問わず、日本の利益に反するような政治的、経済的、軍事的協力を含む国際協定に参加しないことを約した。

ワシントンでは、これが新しい問題をおこす前兆と考えられた。けれども、それはすぐには決定的な危機を生むにいたらなかった。

イギリスとアメリカは、日本の南進政策に深い不安の念を抱いたが、武力でこれを阻止する手段は持ち合わせなかった。そこで、これに代って、経済制裁を加える案が登場したのである。

三　対日経済制裁の構想

アメリカ政府が、極東に起った諸事件について慎重な検討をつづけながら、日本に対してとった態度は、ハル長官が行った二つの言明の要旨によってきわめて明白である。ハルは、一月十五日に武器貸与法の討議に関連して下院外交委員会に出席して政府の政策を説明したが、そのなかで次のような言明を行った。

日本が当初から西太平洋の全域にわたって、自己の勢力を確立しようという遠大な計画のもとに行動してきたことは、きわめて明白である。日本の指導者は、このような立場を武力によって維持したいと公然と声明してきた。

また、一月二十二日、ハルのこの言明を批判した松岡の言葉に答えて、ハルは新聞発表の形式で、次のように応酬した。

われわれはいかなる国にも脅威を与えず、いかなる国も侵略せず、またいかなる国も包囲していない。われわれは平和的生活を希望するすべての国に協力を惜しまなかったし、現在も協力を惜しまない。われわれの戦略的方向は主として他国の政策や態度にかかるものである……。

松岡は、ハルの言明の数日後、帝国議会の予算委員会で、このハルの言明は間違っており、その言葉は不穏当であると語った。

一九四一年の初頭の数カ月の間は、アメリカ政府がとくにその行動を慎重にしなくてはならない明確な理由があった。というのは、なんらかの危機が起れば、武器貸与法案の議会通過を困難にするかもしれないからであった。議会におけるこの法案に対する反対は、アーネスト・リンドレーによれば、「この法案が大統領をしてアメリカの参戦を可能ならしめるおそれがあるというのが主たる理由であった」。この法案の審議中には、以上のようなおそれを促進させる行動や言明はなすべきでないと大統領もハル長官も感じていた。

一九四一年の年初に、ハリー・ホプキンスは、大統領からの委任状を携えてロンドンに到着した。ホプキンスはロンドンで「アメリカはまだ参戦こそしていないが、イギリスとおなじ方向に前進しており、もしイギリスがつまずいた場合にも倒れてしまわないように、アメリカが面倒をみるという印象をイギリス人に与えた」(シャーウッド『ローズヴェルトとホプキンス』二四九ページ)。

イギリス側のいいたかったのは、ドイツの影響下にある日本は、おそらく極東におけるイギリス領を攻撃するであろう。この攻撃は、今即座に行われないとすれば、ドイツのギリシヤ、バルカン諸国に対する攻撃、地中海地方への攻勢が開始されると思われる早春に時期を合わせて行われるであろう。ところが、イギリスの一切の船舶や航空機は、バルカンや地中海方面に送られていて、極東に送る船舶や航空機は全然ない。そこで、チャーチルとイーデンは、アメリカが日本の行動を抑える意志を明白に言明することを強く希望するとともに、もし日本がシンガポールや蘭印を攻撃した場合、アメリカはいかなる手段をとるかを緊急に知りたいと訊ねたのであった（シャーウッド、前掲書、二五八―二五九ページ）。このようなイギリス側からの問合せについて、ホプキンスはワシントンからその後なんの回答にも接しなかった。事実はっきりした回答はワシントンにもなかったのである。

日時の経過につれてイギリスの憂慮はますます昂まり、二月七日、イギリスはさらに一つの文書を国務省に手交した。

多くの情報によって明らかなことは、日本はそれが戦争を意味すると否とにかかわらず、すでに南進を決定したもののようである、とこの文書は伝えた。さらに、十一日に、ハリファックス大使はイギリス陸海軍参謀総長の推定にもとづいて、前述の見解を再確認した。大使は――そして、数日後チャーチルも再び同じ要請をしてきたのであるが――アメリカ政府が日本の南進を抑え、太平洋および印度洋におけるイギリスの貿易路の侵害を防止するために現在以上のなんらかの手段を講ずるように要請した。二月十五日付のチャーチル首相から大統領にあてた文書は次のような言葉ではじまっていた。「……多くの兆候から判断すると、来る数週間ないし数カ月内に、日本はわれわれに戦争をしかけてくるか、またわれわれが戦争を始めざるをえないようななんらかの行動をとる意志があるように見える……」。

チャーチルは、これに続いて印度洋および太平洋における日本の海軍による行動が、イギリスの戦争努力にいかに重大な影響を持つかを明確に説明した。

グルー駐日アメリカ大使も、当面の事態についてイギリス政府筋と同様な見解をもっていた。かれは、二月七日付の公電で、インドシナおよびタイ国方面の南方水域に軍艦を巡航させるような日本側の行動は、日本がドイツの次回の対英攻撃に呼応してなんらかの攻撃計画をもっていることをしめす。……もしいつか決定的な行動がとられるものとするならば、その時機は今や近づきつつあるものの如くである、とワシントンに上申した。

そこでローズヴェルト大統領は、これらの事情についての一切をハル、スティムソン、ノックス、スターク、マーシャルと協議した。国務省の極東専門家たちは、危機がイギリス側やグルーが考えていたほど目前に迫っているとは信じなかった。日本はやはり不幸な最後の手段としてのみ戦争の途をえらぶであろうと考えていた。だから急いでアメリカが措置をとれば、日本を抑制するどころか日本を硬化させ、南進を促進することとなるかもしれぬ。そればかりでなく、事態は武器貸与法の成立を困難にし、イギリス援助の全政策を危殆《きたい》に瀕せしめる惧れも生ずると彼らは憂慮した。

そこで、アメリカ政府はイギリスの要請に従わなかった。そのかわり、アメリカは将来とらんとする行動の前ぶれを示す手段をとることにした。その第一は、アメリカ艦隊の移動、第二は対日輸出制限の強化、第三は誠意ある会談の継続であった。

三月になって、アメリカ海軍は、巡洋艦二隻と数隻の駆逐艦からなる二つの海軍部隊をそれぞれオーストラリアとニュージーランドに派遣した。この巡航はイギリス帝国との結束をあらわすためであった。この時の歓迎ぶりはまことに史上まれに見るものであったと報ぜられた。

軍需物資の輸出を禁止することは第二のやり方であった。それは、また、この時期において、対日抑制措置の前ぶれであった。ハルは、大統領と協議の後、一月初旬あらたに六種類の物資、すなわち、銅、真鍮、青銅、亜鉛、ニッケル、カリおよびこれを原料とした製品の輸出禁止を断行することにした。このうち、とくに、銅および真鍮の輸出禁止は重要な意味をもっていた。日本はほぼ一年間の輸入量にあたるこれらの物資のストックをもっていたが、もしこのストックをくいつぶした場合は日本にとって重大問題である。それから以後ひきつづきほとんど毎週新しい品目の物資がアメリカの輸出禁止表にくわわったが、そのいずれの物資も日本の工業生産にとってきわめて必要なものばかりであった。これらの物資の中には、鉛、黄麻、黄麻布、硼砂、燐酸塩、油煤、コルク、あらゆる動物性、植物性油脂等があった。

ちょうどこのとき、イギリス、オランダおよびオーストラリア各国政府は、新たな防衛措置を講じたが、このことはただちに日本当局に気づかれた。三国の防衛措置とは、マレーへの部隊派遣、シンガポール近海における水雷敷設、オランダ船の日本、中国領海からの引きあげ等であった。またアメリカは、ハワイおよびフィリッピンへ飛行機を増派しつつあった。

イギリス政府は、依然として、対日石油輸出制限強化案をそのままに放置しようとはしなかった。一九四一年一月六日、イギリス代理大使は、石油専門家を同伴して国務省を訪れ、この問題の検討を促した。イギリスは、蘭印から日本への石油の供給を制限することおよび、アメリカからの制限について英米両国が共同行動をとりたいと再び申し出てきた。国務省のホーンベックは、この問題の処置が慎重を要することを強調したが、この会談について彼が書きとめた備忘録によれば、ホーンベックは次のように過去のいきさつを指摘した。「イギリス政府は一再ならず、オランダ政府もまた少なくとも一回はアメリカに対して、石油その他の物資の対日禁輸措置については、慎重に考慮してやってもらいたいと希望してきていた。両国政府は、アメリカが直ちに厳重な措置をとれば、極東の事態に重大な影響をおよぼし、それは関係国のすべてに対し、さらに両国にとって、不幸な事態を招くであろう」というのであった。

あたかもそのころ、駐日大使館参事官として長い経験をもつドゥーマンは、二月十四日大橋外務次官に対し、アメリカの立場についての「哲学」を語った。ドゥーマンが次官に語ったことは次のようであった。

アメリカは戦争の危険をおかしてもイギリスを援助する決意を固めている。そこで、もし日本にせよ他の国にせよ、このアメリカの決意を脅かすとしたら、その国はアメリカと衝突することを予期しなくてはならない。もし日本が太平洋地域におけるオランダ領、イギリス領を占領した場合には、それはイギリスの軍事的立場を脅威したことになる。アメリカは、日本がきわめて重大な結果をもたらす事態を起さないように、石油の対日禁輸を差し控えてきたのである。

同じ二月十四日、大統領は新駐米日本大使野村吉三郎大将と最初の会見をした。大統領は、ドゥーマンのような、あけすけの言明は行わなかった。愛想のよい熱心な態度で、大統領は自分が戦争ではなく平和を望んでいることを示そうと努めた。彼は、戦争の危険というものが、基本的な利害の衝突というよりも、むしろ偶然の過ちや小事件から起るものであると語った。これは、日本政府に、アメリカとの会談を慫慂《しょうよう》することを意味するものであった。

以上のように、一九四一年の一月から二月にかけての期間におけるアメリカの政策は、一言にしていえば、警告的身振り、強制手段の逐次適用、会談への誘いの混合物であった。グルー大使が、ドゥーマン参事官の大橋次官との話には、大使自身が完全に同感である旨を述べたとき、松岡は彼自身も完全に同感であるといった。ちょうどそれと同じ時期に松岡はクレーギー英大使に対して、日本のモットーは、「非征服、非抑圧、非搾取」であると述べている。

ところがアメリカでも、イギリスでも、松岡の言葉は信用されなかった。しかし、時間の余裕が与えられたことは、彼らにとって大きな気やすめとなった。

第二四章　仏印進駐と米英等の報復

一九四一年七月十日、アメリカ国務次官ウェルズは、大統領の命により、イギリス大使ハリファックスを招いて次のように述べた。「もし、現在、日本が実力によって、または圧力の行使によって、極東における外国領土の獲得のために明らさまな手段をとるならば、アメリカ政府は即座に経済上、金融上、各種の禁制手段を課するつもりである」と。ついで七月十四日、米英政府の間で意図された経済制裁を実施する最上の方策について討議がはじめられた。ハリファックスは、日本が南部仏印に進入した場合にとるべき手段を共同して実行することを提案した。

計画立案の任務は最初に国務省のスタンレー・ホーンベックと戦時経済省の代表であるイギリス大使館の公使ノエル・ホールにふりあてられた。この二人の組合せはあまりうまくいかなかった。

ワシントンでは新聞や、「マジック」からの傍受電報によってインドシナに対する日本の行動の詳細を知ることができた。アメリカ政府は、実力進駐の威嚇によって基地要求が二日までに受諾させられようとしていることを知った。日本は戦略的な位置を占める八つの航空基地と二つの大軍港(カムランとサイゴン)を要求していることが判明した。これらの事実は戦争資材の船積を禁止しようという考えを刺激した。野村大臣はこれに対抗する手段を持ち合わせなかった。彼は名状しがたい悲観にとざされていた。

七月十七日、ハル長官は、日本の新内閣がひきつづきヒトラーと提携していくつもりであることが明白になった場合は、アメリカ政府は対日経済、金融制限を強化すべきであると語った。

ワシントンの内閣は十八日に情勢を討議した。全員が日本に対しなんらかの行動、または一連の行動をとることに賛成した。この閣議のあとで、ウェルズは七月二十一日までに三種の命令を準備するよう指示した。すなわち、第一に日本および中国の在米資金を凍結すること。第二に、絹および場合によっては他の品目のアメリカへの輸入を禁止または制限すること。第三に、対日石油輸出を「平常」の量に制限し、かつ積出すガソリンと潤滑油の等級を落とすことであった。

七月十九日に豊田外相が各地の日本外交機関に打電した電文がアメリカ政府で傍受された。その電文は「内閣は変ったが、三国同盟が日本国策の基調となる原則を棄てるものではない」というのであった。七月二十日に傍受された電文は、加藤外松大使(ヴィシー在勤)が同意するとしないとにかかわらず、豊田外相は二十四日を期してインドシナに進駐すると知らせたものであった。

いまや野村提督は気も狂いそうであった。野村は、アメリカ政府が彼の手許にある(松岡の辞職直前に用意された)最近の一連の提案に一顧も与えないだろうことを知っていた。彼は、進行中の事態を知り、かつできれば紛争を防ぐためにアメリカ海軍部内の友人たちに頼ろうとした。野村はアメリカ海軍作戦部長ターナー提督を訪問した。ターナーにむかって野村は、もしアメリカと日本が平和にやってゆけない場合は、破滅的な海戦が起るだろうから、ぜひともスタークと話したいのだと説明した。

一つの重要な問題について、野村は、日本がアメリカの希望をいれるつもりだということをほのめかしたようであった。三国条約にもとづき行動するかしないか、またいかに行動するかは日本によってのみ決定されると彼は主張した。さらに野村はターナーに、アメリカが日本の太平洋における構想に同意すれば、日本は、大西洋におけるアメリカの行動を大して気にかけないと思うという印象を伝えた。

松岡は解任される直前に、三国同盟条約第三条にもとづく日本の義務に関してアメリカに提示すべきあらたな口頭説明の文書をベルリンに通報していた。リッペントロップはそれを好まなかった。そこで彼はオットに命じてそれら文書の内容は従前の了解事項ときわめて相違するから、その撤回方を要請するといわせた。七月二十日、豊田はオットにリッペントロップ宛の通告を渡したが、その一部は次のようになっていた。

私はここに貴下が日本の政策はひきつづき三国条約の精神と目的に立脚するとの事実に注意されることを要請する。……貴下に通知せる七月二日の内閣決定に基づく、日本のドイツおよびイタリーに対する態度にはなんらの変化もない……。

豊田はさらに、彼が三国条約調印当時、海軍にあって自ら活溌に動き、その実現に一役買ったこと、松岡の政策を継続し、日独伊の緊密な結束を強調するつもりであること、をリッペントロップに想起させようと試みた。

要するに、日本政府は、アメリカ政府には大西洋で衝突の起きた場合ドイツを支持するつもりはないことを納得させ、ドイツに対しては支持する意志のある如き辞句を用いた嫌いがあった。日本の欲したところは、インドシナを制圧しかつ軍事情勢を測定する将来の機会が来るまでアメリカとドイツをともにつなぎとめておくことであった。従ってその態度は双方に対して宥和的であったのは当然であった。

アメリカのスターク提督は野村大使との会談の記録を大統領に送ると同時に、七月二十一日に「アメリカと日本の間の貿易禁止の効果に関する調査」と題する報告書を送った。

その結論はアメリカ海軍が大西洋の戦闘に没頭していたこと、および海軍はアメリカが石油の禁輸をしないかぎり日本は近い将来にインドシナを越えて動き出さないだろうと考えていたことを反映している。

左の二項目がその要点である。

一、禁輸は多分かなり早い時期における日本のマレーおよび蘭印攻撃を促し、おそらくアメリカを太平洋における早期の戦争にまきこむことになろう。もしこの戦争がアメリカにとって受け入れるべきものならば、それにみちびく諸種の行動は、できれば、日本がシベリアにおいて戦争を行うまで、延期されるのが至当である。日本がイギリスおよびオランダに対する早期の攻撃を行わぬことに決意しており、かつインドシナを占領しそこで地位を強化し、かつソ連をシベリアに攻撃する決意をしていることは考えられるところである。これが実際であった場合、アメリカが大西洋に作戦しても、日本は、おそらくイギリスに対してすら、しばらくの間は介入しないものと考えられる。

二、勧告――対日貿易は目下のところ禁止すべきでない。

この研究にはターナー提督が署名していた。

七月二十四日の午後開かれたワシントンの閣議で大統領は在米日本資金「凍結」令――すなわち在米日本資金のすべての用途に対しアメリカ政府の認可を必要とする制度――は

完全に包括的でなければならぬ、という決定を下した。いずれにせよ航空機用燃料に転用しうるガソリンの対日輸出は今後許可されないことを付言した。

資金凍結に関する書類がととのえられている間に、大統領は再び野村大使を引見した。会談の重要性を鑑みて、ウェルズ国務次官とスターク大将もこの会談に招致された。大統領はこの時、次のような警告を付け加えた。

「もし日本が武力をもって蘭印の石油を奪取しようとすれば、オランダは疑いもなくこれに抵抗することであろう。イギリスはオランダを援助するに違いないし、かくして日本、イギリス、オランダの間に戦争が起ることとなろう。さらにアメリカのイギリス援助政策の関連から事態は直ちにきわめて重大な局面に発展してゆくことであろう」と。

インドシナ進駐についての日本政府の見解を野村大使から聴取した後に、大統領は事態改善の一つの提案をもっている旨を大使に告げた。大統領の提案なるものの骨子は次のようなものであった。

もし日本政府が陸、海兵力をもってインドシナ占領を敢行することを思いとどまるならば、また、すでにこの政策が現実に実施されたとして、日本政府が占領軍を撤収することに同意するならば、大統領は中国、イギリス、オランダおよびアメリカの各政府から、日本が同様の誓約を行うことを条件として、インドシナの中立的地位を認める実効ある厳かな誓約を取付ける最善の努力をすることを日本政府に確約する。インドシナの中立的地位を認めるということは、関係国のいずれもがインドシナに対していかなる侵略的軍事行動をもとらないことおよびインドシナの内外から軍事的支配力を及ぼさない、ということを意味する。

日本政府の立場を容易にするために、大統領は日本への警告をふくませたこの会談を内密に伏せておいた。

同夜八時に大統領事務所から在米日本資産を凍結する行政命令を発したとの新聞発表が行われた。すなわち「この措置によって、在米日本人の関係するすべての金融および輸出入取引は、事実上アメリカ政府の管理下におかれることになった」。

アメリカと和解するか、それともアメリカに挑戦するかの二者択一を日本に強要する政策がここにとられることになったのである。もはやアメリカは、日本が万一開戦を決意したにしても、より有利に戦いうるような資源を供給しないとの決意を示したのである。

凍結令が日本の支配者たちを衝動させたことは、事態のその後の発展が次第にこれを示している。それにしても、日本政府は決してその方向を変えることはしなかった。彼らは既定の方向に全力で突進することをまもなく決定することになった。

いずれにせよ、大統領は陸海軍首脳者の一部の人々ほど凍結政策の成行きについては心配していなかった。彼は、この政策によってアメリカは時間をかせぐことができるし、また日本はドイツの対英、対ソ戦の成行きをまってはじめて態度を決定するだろう、という点について大体確信をもっているようであった。チャーチル首相も、さる二月頃の憂慮に反し、当時しばらくの間は同様に楽観的見解であった。七月二十四日、チャーチルの招請によって開かれた、イギリス陸海参謀総長、アメリカ陸海軍代表者との会合でチャーチルは、日本はイギリスが敗北するまでは決して英米を向うにまわして参戦することはないと確信をもって述べている。シャーウッドも述べているように、「ローズヴェルトもともに抱いていたこの確信こそが、真珠湾攻撃にあたって最大の重要性をもったものであった」。

（注）チャーチルの『第二次世界戦争史』第三巻中に「ワシントンの国務省は、自分と同じように、日本は究極的に圧倒的なアメリカの武力の前にはおそらくその行動を躊躇するだろうと信じていた」(*The Grand Alliance*, p. 587)とある。

二十六日付のニューヨークタイムズ紙上でクライダーは、「ローズヴェルトは今夜アメリカにおける日本資金の全部を凍結した。これによってアメリカと日本との通商関係はほとんど断絶することとなり、かくしてアメリカは日本に対し戦争の一歩手前と思われる最も徹底的な打撃を与えた」と論評した。英米の新聞ならびにラヂオの報道の多くは、いずれも凍結令をこれと同様に解釈した。

米、英、蘭三国の共同通商禁止措置の意義については、ワシントンでもロンドンでもはっきり理解していた。それは日本に対しては世界的通商禁止とほとんど同様である。ヨーロッパ、日本間の海運は途絶した。中南米諸国から日本へのすべての軍需用資材の輸出は、すでにわずかの量に縮減されていた。というのは、米英両国政府は、この地域に産出されるこれら軍需資材のほとんどすべてを独占的に買いつける権利を当時すでに取得してしまっていたからである。

もし蘭印が日本の攻撃をうけた場合に、イギリスは日本と戦うであろう、ということについては、蘭印政府も当時すでに大体確信をいだいていた。しかし、アメリカがどのような態度に出るか、という点については、まだ臆測の範囲をでなかった。アメリカ政府は、この点についてなんら言明しようとはしていなかった。なるほど、太平洋におけるアメリカの軍事力が増強されてきていることはたしかであった。凍結令が発せられた当日の七月二十六日に、大統領は、最高司令官の資格で、フィリッピン陸軍をアメリカ軍の指揮下に所属させた。すでに、アメリカ軍事使節団は中国に設けられ、シェンノートのひきいるいわゆる「飛虎(フライング・タイガース)」航空団に属するアメリカの飛行士は中国において日本軍に戦いを挑んでいた。またワシントンで立案された戦略では日本を仮想敵とするすべての国の海、空軍を統合的に使用する計画が考慮され、この計画はシンガポールおよびバタヴィアで種々論議されたことは事実である。しかし、たとえこの計画が実施されたとしても、蘭印のオランダ軍がいったん戦争となった場合に急速な救援を期待することはほとんど不可能であった。

大統領のインドシナ中立化についての提案にたいする最初の公式な反響は、即日ワシントンに伝えられたが、この反響はアメリカ政府を緊張させた。駐日大使グルーは、日本政府がこの提案を受諾するよう極力慫慂《しょうよう》した。彼の日記の言葉に従えば、豊田外相との長時間にわたる日曜日の会見で、「自分としてなしうる最も強い勧説、おそらく最も強い申入れ」を行ったのであった。豊田はこれに対し、申入れについては慎重研究の上確答を与える旨を答えながら、自分の印象としては大統領の提案はやや遅きに失しはしないかを恐れると同時に、いずれにせよ、目前のアメリカによる凍結令発令に対する日本国内の憤激が下火となるまでは何事もなしえない、と述べている。

その後、七月二十八日、二十九日と、資金凍結の影響は広範に、かつ深刻になってきた。野村大使は、凍結実施の緩和方を要請してきた。国務次官ウェルズは、これに対し、大統領および病臥中のハル国務長官と談合の後、日本が現在行っている政策に対し譲歩する余地はアメリカとしては全然見あたらぬ旨を答えたのであった。

七月二十九日、終日にわたる会議の結果、蘭印政府は、日本に対するすべての輸出に対し、また日本国民とのすべての金銭授受について特別許可を必要とする旨を決定した。この手段は、なお若干取引の余地を残すものであった。しかし、アメリカ政府が傍受した情報によれば、ファン・モークはバタヴィア駐在の日本総領事に対し、将来日本が妥当な態度をもって事を処理しない以上、蘭印は完全な経済封鎖を行うにいたるであろうと警告している。蘭印の半宥和政策の時期はここに終りをつげた。蘭印政府は疑わしい安全性をうる努力を続けるかわりに、目前の運命とがっちり取組む決意をしたのであった。

日本政府は、米英両国の通商抑制策についてはさして驚くこともなかった。しかし、蘭印のこの抑制法令は予期しなかった。米英両国の輸出禁止にもかかわらず、それさえあればどうにかやってゆかれると思っていた蘭印からの石油の輸入をとめてしまう意味をもつこの法令は日本に衝撃を与えた。

日のたつにつれ、米英両国の世論は、対日通商禁止は全面的であるべきだと考えるとともに、それを公然と希望するようになってきた。このような反響はさまざまの結果を生むこととなった。就中《なかんずく》、許可証の発給は政策の逆転、すなわち宥和政策への転換とみられるようになってきた。また、日本国内では、共同「凍結」政策の意義が漸次明らかとなるに従い、危機感が一層深くなっていった。八月はじめに、グルー大使は、東京のその頃の空気について、次のように述べている。

報復とこれに対する反撃行為との悪循環がはじまった。地獄への道をたどるのはたやすい。もはやなんらか抜本的な異常な事情がおこらないかぎり坂道を落ちてゆくような今日の事態の惰性をいかにしてくいとめ、またはいかにしてこの事態の発展の行方をつきとめえようか。明白な結論は不可避的な戦争である。

ハルは今日まで日本に対する経済圧迫政策の実施を許容してきたわけであった。しかし、未だに彼は日本との衝突を避けたいという希望はすてていなかった。そこで、日本がインドシナへの進駐をはじめた時に、アメリカは日本に抗議を行ったにもかかわらず、ハル国務長官は再び野村大使との会談を始めたのであった。

しかし、この時から以後、当事国の双方が軍事的準備を急いでいることは、外交の幕をもってしてはかくしおおせることができなくなってきた。

八月二日、ハル国務長官は、その部下の一人への電話で、自分の当時の心境を次のように述べている。

彼ら(日本人)を阻止するものは力以外に何物もないようだ……主要な問題はヨーロッパの軍事的発展が落着するまで、どのくらいの期間アメリカが日米関係を巧みに処理してゆくか、という点にある……日本側のいう一言もアメリカ人が信じないように私は切に望んでいる。しかし、私自身は、日本側の今後の行動を引延ばすというアメリカの目的を幾分でも助けるために、彼らの言葉を信用しているようにみせている。

豊田外相が七月三十一日に大島駐独大使に送り、それと同時に野村駐米大使にも参考のため送信され、「マジック」が傍受した次のような情報は、アメリカ側をして日本の言葉が信じられないと思わしめた。その情報によれば、大島大使はドイツ当局に、日本がなぜソ連の方をそのままにして南進するかを説明するように指令され、その理由として次のようなことがあげられていた。

日本と英米両国を首領とする他の諸国との通商、経済関係は、ますます緊迫をつげ、わが国としてはもはや忍び難い状態となった。従って、帝国はその生存を確保するため南方地域における諸原料を獲得する万全の策を講ぜざるをえない。眠りをよそおう狡猾な竜のごとき英米両国の指導と協力によって漸次強化される包囲の鉄鎖を撃砕するために、わが国は即時対策をとらねばならない。

八月六日、野村大使は大統領のインドシナ(およびタイ国)中立化提案に対する渋々の正式回答をもたらした。それは提案に対する返答というよりも、日本がインドシナ以外の西南太平洋地域に駐兵しないこと、および支那事変の解決後日本はインドシナからも撤兵することを約束しようという申出でであった。しかし、この日本側の約束に対してアメリカは㈠西南太平洋地域におけるすべての軍事的措置を停止する、㈡日本との平常的通商関係を回復する、㈢日本が西南太平洋地域、とくに蘭印において所要する原料物資を取得しえられるよう日本に協力を与える、㈣蔣介石をして日本と和を結ばしめるよう斡旋する、㈤日本軍がインドシナから撤兵した後も日本がインドシナにおいて特殊の立場をもつものであることを承認する、ことを交換条件とするとした。

このような日本の申出でに対して、ハル国務長官は、口頭および文書によって、日本の回答なるものは、大統領の提案に対する返答の意味をなさず、その唱える「包囲」は事実にもとる、と指摘した。「法を守り、かつ平和的な国である以上世界のいかなる国も、自分以外のだれからも包囲されることはない」とハル長官は強調した。この会談で、野村大使は、困難な日米両国の懸案を解決するためにローズヴェルトと近衛との会談に言及したが、ハルは一向に耳をかさなかった。

第二五章　近衛・ローズヴェルト会談の不成功

一　両首脳会談の構想

アメリカは一九四一年七月二十六日に日本資金凍結令を発布した。日本当局はこの措置をもって、アメリカが一方的に不公正であると考え、何人も日本がかようなアメリカの態度に譲歩するように主張したものはなかった。それにしても、東條を主とする陸軍首脳部を除き、日本の関係当局のすべては事態の成行きを憂慮した。これらの人々は、アメリカに対する憤激にもかかわらず、近衛首相がなんらか妥協の方式に努力を続けるのを歓迎した。

インドシナの共同防衛について、ヴィシー政府を強要して、調印させた日仏議定書を検討するために、七月二十八日に枢密院会議が開かれた。

政府側は、枢密院会議の席上で、インドシナ進駐に関して、内外に公式に声明されたのと同様な理由を説明した。そして、それ以上の計画についてはなんらのヒントも与えなかった。しかし、戦争か平和かという国策の中心課題は、近衛と陸海軍首脳部との間で協議されていた。陸軍側は、東條を通じて、北進、南進のいずれにせよ軍部の行動の自由を制約するアメリカとの協定を考慮することには反対の意向を伝えた。

永野海軍軍令部長は、アメリカに対していかなる政策をもって臨むべきかについて天皇陛下の諮問をうけた。永野の答えはあたかも十字路の道しるべのようなものであった。すなわち日本は極力アメリカとの戦争を避けるように努めるべきで、そのためには必要とあれば、ドイツとの同盟からも脱退しなくてはならないが、しかし、もし日米関係調整の努力に失敗したならば、戦争に機先を制するより他に手段はない。その最大の理由は、日本の石油需要の事情にある。なんとなれば、アメリカ、蘭印の石油の禁輸が続くとしたら、日本の石油保有量は二年間にして消耗しつくされてしまうであろうと彼は説明した。また日米戦争において、日本は日露戦争の時のように徹底的勝利を得られるかどうかと質問したのに対し、永野は、果して勝利を得られるかどうか疑わしいと答えている。このとき、木戸内大臣は、この永野の報告が天皇にあまりにも強烈な影響を与えるのをさえぎるため、口をはさんだ。彼は天皇にたいし、日本がもし三国同盟を解消したならば、それはアメリカの友情をかちうるというより、むしろ侮蔑を招くこととなるであろうとの意見を述べた(木戸日記、一九四一年七月三十一日の項)。

かくして、今や日本の選択すべき途は明瞭となってきた。それは、アメリカとの協約締結か、ジリ貧か、ないしは挑戦かのいずれかであった。近衛首相は、陸海軍部との協議の結果、一案を作製し、八月五日に野村大使宛に電報した。野村大使は八月六日にこれをハル長官に申し入れた(『外交資料　日米交渉記録ノ部』一四三―一四六ページ)が、その案の大綱は次のようなものであった。

一、日本の提供する保証

イ　仏印以外の西南太平洋地域には出兵せず、支那事変が解決すれば仏印からも撤兵する

ロ　フィリッピンの中立

二、アメリカの与える保証

イ　西南太平洋地域におけるすべての軍事措置を停止する

ロ　日本との平常的通商関係を回復する

ハ　日本が西南太平洋地域、とくに蘭印において要する原料物資を取得しうるよう日本に協力を与える

ニ　蔣介石をして日本と和を結ばしめるよう斡旋する

ホ　日本軍がインドシナから撤兵した後も日本がインドシナにおいて特殊の立場をもつものであることを承認する。

八月六日の夕刻に野村大使が日本の提案をハルに説明した際の応答は、同日直ちに豊田外相に報告された。野村大使は左のとおり簡単にハルの所言を記述している。

ハルは後刻日本の提案を研究した上、何分の回答をするとて、さしあたりさした興味を示さず……自分限りの感想と断りて、縷々現下の日米関係に関する所感を述べた。自分はその後日本の次々の行動を見て深く失望せざるをえない。日本が腕力による征服の政策をやめないかぎり話をする余地はない。日本当局がアメリカの為すことを包囲政策と呼ぶかぎり、日本に期待をかける何物もなし。われわれは平和に生活しようとするのにヒトラーは自衛と称して、その行手に邪魔になるものに対し、ことごとく叩き潰すやり方をするとて、暗に日本もその類なるような口吻を洩した……(外交資料、一四八ページ)。

アメリカ側の態度を知って、近衛首相はアメリカの反響の「鋭さ」を感じた。日本の軍部にとって、インドシナ以南に進駐しないという約束は、重要な譲歩であると考えられていた。日本がこのような公約を与え、なおその上にドイツに追従して対米戦争を行わない旨を確言するというのに、なぜアメリカはそれに満足しないのだろうか、と日本の軍部指導者は詰問するわけである。

しかし、野村大使からの数々の報告は、アメリカが日本の申出でに満足しないことを明らかにした。アメリカ政府は、このような日本側の限られた保証に対して、石油問題、対支政策上の立場を緩和しようとはしなかった。と同時にアメリカは、当時実施中のフィリッピン強化のための軍事措置を停止しようともしなかったのである。

このような事態の発展から、近衛首相は、日米関係行詰りの唯一の打開策は、ローズヴェルト大統領との会談以外にないと決意するに至った。彼は剛直な主義主張の人物であるハル国務長官と、かたくなで恫喝的な日本の軍部の双方を肩すかしにして「平和」と「顔」とを二つながらかちとるような妥協案をものにしようというのであった。

かように果てしない外交折衝が日米の間に行われている時、東京の政府、軍部の間にはどこまでもアメリカと交渉を続けるべきか、それともよい加減に見切をつけるべきか、あるいは進んでアメリカと戦うべきかという重大問題が論じられていた。

日米了解の外交交渉は、当初から政府、陸海軍の統帥部のごく上層の首脳部の間だけで始められたものであり、その他には絶対極秘で進められていたのである。そして首脳部の間では松岡外相ただ一人を除いては、いずれも交渉成立を希望し、秘密裡にこれを行っていたのである。ところが漸次その情報が漏れはじめ、ことに松岡外相の独伊への内報等を契機として、おぼろげながら交渉の全貌がわかってくるにつれ、下の方から反対の気勢が起ってきた。近衛はその手記の中に、その時の情勢を次のように述べている。

ことに陸軍に反対が強くなってきた。あたかもその時、独ソ開戦の衝撃があり、政府首脳部は対ソ開戦の強硬論は押えたが、一種の代償として仏印進駐の廟議を一決せざるをえないこととなり、同時に万一の場合に備えて、対英米戦の準備を本格的に進める勢いとなってしまった。戦争準備と戦争そのものとの区別は、最も厳格に守らねばならぬものであると同時に、その困難なことも否み難い。準備が進むにつれ、日米交渉反対の声が高まってきたのは事実であった。

そこにまた、仏印進駐の反響は即時かつ強烈であった。このアメリカの強烈な反撥は当然日本の反米陣営をそれだけ反撥させた。日米交渉に対する反撥は、今や公然たる事実となり、そのために生れてきたような内閣の行手は難渋をきわめたものであった。ついに余をしてみずから大統領に会見を申込む決意をさせたのであるが、そのいわゆる「近衛メッセージ」が野村・大統領の会談から漏れ、内容のわからないままに、いたずらな揣摩《しま》臆測が横行して、交渉はますます困難の度を加えた。八月ごろから参謀本部関係は、首脳まで概して交渉無用、日米戦争論になっていたとみられるのである。その対策に腐心する余と陸海外相との懇談、連絡会議の度数が八月後半からめだって多くなった。ある程度で交渉を打切り、対米英戦に突入すべしという「国策」が議題に上ってきたのである。

このことについてさらに手記は

余はこの間、日米間の危局打開に心をくだいていたが、遂にみずから大統領と会見しようという一大決心を固めるに至った。そして八月四日夕、初めてこれを陸海軍両相に打明けた。

といっている。

しかし、この頃には、政府首脳部が極秘に付していた日米交渉も、全く外部に洩れてしまい、ドイツの赫々《かくかく》たる戦勝に魅せられた軍部を中心に親独派が漸次国内の主導的勢力となり、日米交渉打切り対米一戦論が次第に高まってきた。新聞等の論調も日に月に軍の統制が加えられて、これに追随する姿であったから、近衛首相はとくに陸海両相の協力を求めたのである。この時、近衛は次のように主張した。「ローズヴェルトとの会談で、自分は大東亜共栄圏の確立をあくまで主張するつもりである。この目標を放棄することは決してしないことを確言する。しかし、この目的は一挙に達成することはできないと思うので、現状においては日本としては妥協の途を選ぶのが賢明である。もし大統領が日本の真意を理解しないとすれば、自分としては会談を打切って帰国するのみである。たとえ会談が、かくして不調に終ったとしても、日本国民の決意を強固ならしめる意味で、大統領との会見は好結果をうむであろう。いずれにしても会談は至急行われるべきである。なんとなれば、もしドイツの対ソ攻撃がながびけば、アメリカの態度は硬化するに違いないからである」と。

海軍は、近衛がローズヴェルト大統領に即刻会見することに同意した。

しかし、陸軍はもはや日米交渉に興味をもたず、その意向は次の東條覚書によく現われている。

総理みずからアメリカ大統領と会見せらるるは、三国同盟を基調とする帝国現在の外交を、必然的に弱化する結果になり、かつ国内的に相当の波紋を生ずることを予想せらるるをもって、適当ならざるものと思考す。しかれども、現下の急迫せる時局下において、総理みずから挺身して、難局打開を試みんとする決意に対しては、真に敬意を表する次第にして、もし、N工作に対する帝国修正案の根本方針を堅持して、最後の努力を払い、しかも、なお、アメリカ大統領が帝国の真意を正解せず、依然現在とりつつある政策を履行せんとする場合に、断固対米一戦の決意をもって、これにのぞまるるにおいては、陸軍としてもあえて異存を唱うる限りにあらず。

付言　㈠大統領以外のハル長官以下との会見ならば不同意なり。㈡会見の結果、不成功の理由をもって辞職せられざること、否むしろ対米戦争の陣頭に立つの決意を固められること。

東條陸相の文書は、閣僚が正式に主戦論を唱えた最初のものであった。東條が「この会議は失敗に終る公算の方が大きい」との意見を洩らしていたのをみても、陸軍はこの時、すでに対米戦論に傾いていたことがわかる。

ともかくも、近衛は天皇陛下の御言葉もあって、野村駐米大使に対し、大統領との会見をできるだけ早く行いたい意向をアメリカ政府に再び申出るように督促した。野村大使がこの意向をアメリカ政府に伝達したときに、ハル国務長官は、この提案をにべもなくはねつけることはしなかった。しかし、ハルは彼特有のまわり遠い表現で日本がその政策を変更しないかぎり、申出でのような会談は無意味のように思うと述べた。野村大使は、このハル国務長官の言葉をそのまま、八月九日近衛首相に伝達しているが、なお大統領がワシントンへ帰還してから、大統領に直接提言する旨を付け加えた。

近衛首相は、その後数次の連絡会議で、ローズヴェルト大統領との会談に際して日本側としてなおいかなる問題を持出すべきかについて審議を重ねたが、相手の大統領は当時チャーチル英首相と会談中であった。そしてこの英米会談が終った時には、近衛の立場は動きのとれぬものとなっていた。

東京にいたグルー大使は、最初からこの会談には乗ってこなかった。彼は豊田外相や近衛首相から協力を懇請せられたのに対し、アメリカ政府に通達しようとは約束したが、彼自身あまり熱意を示さず、九月六日に近衛公と会見した言葉を、その日の日記に次のごとく記している。

合衆国政府は、日本の言辞よりも、日本がとりつつある事実と行動によりてのみ誘導される。

（注）八月十八日グルー・豊田会談のアメリカ側記録は、外交資料、一八三ページに載録。近衛・ローズヴェルト会談に関するアメリカ側の八月十七日付回答は、同資料、一七二―一八〇ページ。

かくて、時間の推移とともに、国内の反米感情はますます煽られ、一時随員まで内定せられた近衛・ローズヴェルト会見は、絶望となったばかりでなく、このうえなお日米交渉をつづけるべきか、この辺で見切りをつけて、アメリカと戦う方針をとるかを決定しなければならぬところまで来てしまった。

それが、九月六日に御前会議を開くこととなった理由である。

八月の中旬にニューファウンドランド沖合で行われたローズヴェルトとチャーチルの会

談では、対日問題が重要議題の一つであった。この会談でチャーチルは、大統領および国務次官ウェルズに対して、今日となっては日本に対して明確な警告を与える以外にその南進策を阻止することはできないとの確信を披瀝した。そして、日本の南進はいかにしても阻止せねばならない、と彼は主張した。なんとなれば、この南進の結果、日英間に戦争がおこるとしたら、太平洋印度洋水域にあるすべてのイギリス船舶は破壊され、イギリス本国と自治領間の生命線はたち切られてしまうであろう、と彼は述べるのであった。

八月十日のチャーチルとの第一回会談後、ウェルズは、この会談の模様について次のように記録している。

アメリカ、イギリスとその自治領、蘭印および、できればソ連の各国が参加して行うかのような警告的宣言は、疑いもなく日本を抑制するであろうが、もしこのような対日抑制がなされなかったら、イギリスへの打撃は決定的のものとなるであろうとチャーチルは述べた。

大統領も日本に対して、英米その他の国が、同時的あるいは共同の警告をだすことには賛成であった。しかし彼はイギリスが用意してきた警告の文書は、あまりにも簡単にすぎ、また露骨すぎると感じた。この文案によれば、アメリカ政府は、もし日本が西南太平洋地域に進出したならば、たとえ日米間に戦争をひきおこす結果になるとしても、これに対する対抗手段を講ぜざるをえないだろうということ、およびこのような対抗手段の結果、日本が第三国を攻撃するようなことがあれば、大統領はこの第三国を援助する権限をアメリカ議会に要求するだろうということを、アメリカ自身の建前として宣言することとなっていた。同時に、英蘭両国政府およびソ連も同様の宣言を行うというのであった。

ところで、ローズヴェルトはチャーチルに対し、このようなはげしい内容の警告は、すでにそれだけで日本にとっては屈辱的な威嚇とみなされ、傷つけられた誇りをまもるということで日本をかえって戦争にかりたてはしないかと語った。だから大統領は、警告の調子を柔らげ、日本と交渉の余地をのこすような申入れを付け加えるべきだと示唆した。

ウェルズ国務次官は、大統領の意向をいれた対日警告の文案を携えて、会談の場所からワシントンに急行した。しかし、この警告文案を受取ったハル国務長官および国務省の首脳者は、依然として憂慮の面持をつづけるのみであった。彼らは、ワシントンを離れた大統領がすっかり国内の意見の分裂を忘れてしまったのではないかと感じた。

駐日アメリカ大使グルーの当面の事態に対する意見も、当時の事情のもとでは日本に対する強硬態度には反対であった。事実グルーの意見は、近衛首相が強硬論者を始末するのを助けるために、アメリカ政府はより寛大な態度に出なくてはならないと考えていた。

以上のような注意をうけたので、大統領はさらに対日警告の文案を練りなおした。かくして、野村大使が急遽ホワイト・ハウスに招致された。最近の日本の情勢はいかがとの大統領の質問に対し、大使は日本が依然として日米の友好関係の維持を希望し、懸案を平和的に協議するために近衛首相が大統領と会見したいと望んでいる旨の文書を読み上げた。これに対する答えとして、大統領は同じく用意した日本に対する警告的な文書を読み上げたのであったが、その最も重要な点は次のような箇所であった。

（前略）もし日本政府が、武力ないし武力の威嚇によって隣接諸国を軍事的に支配しようとする政策または計画に従い、今後なんらかの手段をとるならば、アメリカ政府はアメリカ国およびアメリカ国民の正当なる権利、権益を保護、その安全を保障するために必要と思われる一切の手段をただちにとらざるをえない。アメリカ政府は以上のような事情をここにあらためて日本政府に申入れる必要を感ずるものである。

以上のように述べながらも、大統領は、アメリカとしては日本の敵であるよりも、日本の友であることが衷心の希望である点を強調した。大統領は上機嫌の様子で、野村大使はこの会見を東京に報告した際に「大統領はチャーチルとの会談でえた英米共同和平案がイギリス国民に好評をもって迎えられたことに感激を禁じえないでいる」と書いている（一九四一年八月十八日付、東京宛野村大使公電第七〇九号）。それから、ちょっと間をおいて、大統領は第二の声明書を野村に読んできかせたが、その要旨は、アメリカが進行中の日米会議を継続する意向を表明したものであった。チャーチルとの会談の際に、あれほど重要視された対日警告なるものも、かくして、結局一種の外交会談の機会にすぎぬものに終ってしまった。

大西洋上会談後、しばらくの期間、東京は第二の外交活動の中心となった。八月十八日（東京時間）、野村・ローズヴェルト会談の公報が東京にまだ到着しない前に、豊田外相は、グルー駐日米大使に対して、アメリカ政府が日本への信頼を増し、経済的圧力を緩和し、かつ大統領が近衛首相との会談に同意するように切々と懇請したのであった。

グルー大使も同様な見解をワシントンに伝えた。即ち、大統領およびハル国務長官への公電のなかで、彼は、「この日本の懇請については、深い祈念をこめた検討をすることなしに突き返してしまわないように」と、彼の持ちあわす言葉のかぎりを尽して勧告した。グルーの知るかぎりにおいては、近衛首相は中国問題については、おそらく思いきった公約を与える用意を持っているようだというのである。そして、もし今回の懇請が拒否されるとか、ないしは近衛・ローズヴェルト会談が失敗に終るとしたら、日本の運命は、全東亜に日本の支配を拡げるための全面的かつ捨身の行動をめざす陸海軍部の手におそらく握られてしまうであろうと、グルー大使はその公電に述べている。

この重大なグルーの言葉は、ホワイト・ハウスおよび国務省で慎重に検討された。しかし一方、日本の提案自体の検討から、他方例のマジックによって傍受する情報から幾多の疑点がかもしだされ、これがホワイト・ハウスおよび国務省に疑惑の雲をただよわせた。

いずれにせよ、東京から申入れてきた条件は、八月六日にハル国務長官に提出されたものとほとんど同じようなもので、魅力のないものであった。この条件によって、日本が実際にアメリカに与えようとしたかに思われたのは、現在以上に南には進出しないという約束だけであった。そして、日本の提案は、結局、日本が力によって獲得した戦略的地位を、今後無期限に日本の支配下に残しておこうというふうに理解された。それは中国の抵抗を打ち破るとともに、日本に軍需資材の獲得を可能ならしめるであろうと、アメリカはおそれていた。

要するに、近衛・ローズヴェルト会談は、外形的平和をもたらすかもしれぬが、決して好ましい長つづきのする平和を生むことはできないとハルは判断したのであった。この判断は、もちろん、日本が申入れてきた提案の内容のみを基礎として行われたものではなかった。それは、日本の真の意図についてのハルの不信に深く根ざしていたのであった。スティムソン陸軍長官は、その日記の八月九日の欄に、「大統領に対する日本政府の提案は、アメリカが決定的行動をとるのを阻止しようとする単なる煙幕にすぎない」と述べているが、ハル国務長官もまさに同様の見解をもっていた。

いずれにせよ、この二週間におよぶ日米間の折衝はなかなか結論に達しなかった。近衛はみずから直接大統領に呼びかけてきた。この近衛からの直接の呼びかけは、八月二十八日に大統領に手渡された文書で行われたが、日本側の準備は着々進行して、特別の無線装置をほどこされた日本郵船会社の新田丸が、横浜港に待機しておりいつでも命令一下出発の用意がととのえられていた。

大統領は、近衛のこの申出に、ちょっと心をひかれはしたが、近衛との会見が単にアメリカの外交政策を全面的に混乱に導く結果となりはしないかということを恐れて、諾否の回答を躊躇した。

九月三日に、野村大使を引見した際の大統領の様子は、ホノルルまたはジュノーでの近衛との会見という問題は彼の心から遠のいていたようであった。大統領は野村に対して、太平洋地域における平和維持についての近衛首相の希望を諒とするけれども、各種懸案について首相がいかなる考えをもたれているかをまず明らかにしてもらいたい、これら懸案は会談の席上ではなく、会談の前に解決さるべきである、と語った。

近衛首相と豊田外相とは、大統領の「政治家的態度」がハル国務長官の「理論的外交」を制するに至るであろう、という希望的期待をいだいていた。ところが、その期待に反して、今や大統領さえも原則論に傾きはじめるに至った。それのみでなく、大統領も国務長官も、日米両国のいかなる協定に対しても、イギリス、オランダおよび中国の同意を要することを強調した。かくして、内外ともに近衛の試みようとした説得政策は行きづまってしまった。

二　九月六日の御前会議

日米交渉のはかどらないのに焦燥の感を抱いて東條と陸軍の首脳部は、外交折衝を打切って、日本側の兵力配置が完了次第、戦端を開くべきであると主張した。近衛首相と豊田外相は連日連夜軍首脳部と折衝を続けた。結局、近衛は、追いつめられて、日米衝突の可能性を直視せよとの軍部の要求に屈して、陸海軍が戦争に対するすべての兵力配置を行うことに同意を与えたのであった。しかし、かかる配置が行われつつある間、アメリカとは依然交渉を継続するという点について、軍部の了解をうることに努めた。と同時に彼は、戦争開始の日限を定めることには反対であった。

近衛のこの希望に対しては、わずかあと六週間程の猶予が与えられたにすぎなかった。この際における軍部側のいい分は、もし日本が速やかに戦争を行わないとしたら、敵の防衛力は強化し、かつ味方の石油保有量は減少し、日本はとうてい確実な勝利を望みえないであろうという主張であった。

内閣と軍首脳部とは、九月四、五日にわたる協議で意見の一致をみたので、近衛首相は九月六日に御前会議の開催を奏請した。この会議に提出された案は、アメリカが態度を一変しないかぎり戦争に訴えるというのであった。

御前会議決定の前段は、次のようにこの間の顚末をよく物語っている。

一、帝国は自存自衛を全うするため、対米（英、蘭）戦争を辞せざる決意のもとに、おおむね十月下旬を目途として戦争準備を完整す

二、帝国は右に併行して米、英に対し外交手段を尽して帝国の要求貫徹に努む。対米（英）交渉において帝国の達成すべき最小限度の要求事項ならびにこれに関連し帝国の約諾しうる限度は別紙の如し

三、前号外交交渉により十月上旬ころにいたるもなおわが要求を貫徹しうる目途なき場合においては直ちに対米（英、蘭）開戦を決意す

右にあげられている日本の最小限度の要求のうち、最も重要なものを摘記すれば左の通りである。

中国に関しては、米英両国は、さきに規定された線にそう日支紛争の解決を妨害しないこととする。両国は、（おそらく協定成立と同時に）ビルマ公路を閉鎖し、蔣介石政権に対するあらゆる援助を停止する。日本は中国内の諸地点諸地域に駐兵する権利を

「厳重に遵守」する。

当面の諸軍事的措置については、米英両国は太平洋地域においていかなる軍事基地をも設定せず、その極東部隊を増強しないこととする。

インドシナに関しては、極東において公正な平和が樹立された時に、日本は撤兵するが、ヴィシー政府と結んだ協定に従って、インドシナとの特殊関係はこれを継続する。

経済関係については、米英両国は対日通商を再開する。なお両国は、日本がその要望する原料物資を西南太平洋地域から獲得しうるよう斡旋することを約する。

以上のような条件の履行と交換に、日本はインドシナを南方政策の基地として使用せず、またソ連との中立条約を遵守する。

アメリカが欧洲戦争に参加した場合には、日本は三国条約の意義、および適用について独自の決定を行う。

以上が当面の平和持続の代償として日本のきめた条件であった。それは、客観的に見れば日本が東亜の安定勢力たることを標榜して、かつてアジア大陸に進出した時と同様の既定目標をそのまま表現したものであった。

九月五日、すなわち御前会議の前日、近衛首相は前述の国策要綱に関して天皇に内奏した。その際、陛下は、戦争準備を第一に記し、外交交渉を第二に掲げている点を指摘され、

「なんだか戦争が主で外交が従であるかのごとき感じをうける」と申された。これに対し、近衛は、そのような意図ではなく、政府としてはあくまで外交交渉を行い、交渉がどうしてもまとまらぬ場合に戦争準備にとりかかるという意味である旨をこたえた。なお、この点を明らかにするために、統帥部の陸海軍両総長が招致され、近衛に対してと同様な質問をうけた。そして、両総長はそれぞれ近衛と同じような答えをしたのであった。近衛の『手記』によれば、この時の様子は左のとおりである（近衛手記、八六—八七ページ）。

続いて陛下は杉山参謀長に対し、「日米の間に事起らば、陸軍としては幾許の期間に片づける確信ありや」と仰せられ、総長は「南洋方面だけは三カ月位にて片づけるつもりであります」と奉答した。陛下はさらに総長に向わせられ、「汝は支那事変勃発当時の陸相なり。その時陸相として〝事変は一カ月位にて片づく〟と申せしことを記憶す。しかるに四カ年の長きにわたり未だ片づかんではないか」と仰せられ、総長は恐懼《きょうく》して中国は奥地が開けており予定通り作戦しえざりし事情をくどくどと弁明申上げたところ、陛下は励声一番、総長に対せられ「中国の奥地が広いというなら太平洋はなお広いではないか、いかなる確信あって三カ月と申すか」と仰せられ、総長はただ頭を垂れて答うるをえず。この時軍令部長助け舟を出し「統帥部として大局より申上げます。今日、日米の関係を病人に例えれば、手術をするかしないかの瀬戸際に来ております。手術をしないでこのままにしておけば、だんだん衰弱してしまうおそれがあります。手術をすれば非常に危険があるが助かる望みもないではない。その場合、思い切って手術をするかどうかという段階であると考えられます。統帥部としてはあくまで外交交渉の成立を希望しますが、不成立の場合には思い切って手術をしなければならんと存じます。この意味でこの議案に賛成しているのであります」と申上げたところ陛下は重ねて「統帥部は今日のところ外交に重点をおく主旨と解するがそのとおりか」と念を押させられ、両総長ともその通りなる旨を奉答した（木戸日記、一九四一年九月五日の項参照）。

こういった状況の下に九月六日の御前会議が開かれ、出席者の全員が直接軍部の答えをききこれを確認するために、再び前日陛下の御下問の点、すなわち外交が主か、戦争が主かという問題が、持出された。及川海相は「重点は外交にある」旨を答えた。しかし、統帥部からは誰も発言しなかった。陛下はしばらくして、懐中から一枚の紙片をとり出し、明治天皇の御製を読み上げられた。

よもの海みなはらからと思ふ世に
など波風のたちさわぐらむ

「全員恐懼して、しばらくは一言も発するものなし」。やがて、永野海軍軍令部長が立ち、先程海軍大臣が答弁したのは、政府、統帥部双方を代表したものと承知していたわけであり、統帥部としても、もちろん海軍大臣の答えの通り外交を主とし、万やむをえざる場合戦争に訴えるという趣旨であると述べた。永野はさらに付加えて「戦わざれば亡国免れずと政府は判断された。戦うもまた亡国であるかもしれぬ。戦わざる亡国は魂まで失った真の亡国であり、最後の一兵まで戦うことによってのみ死中に活も見出しうるであろう。戦ってたとえ勝たずとも護国に徹した日本精神を遺すことができよう。この精神さえ遺ればわれらの子孫は必ず再起三起するであろう。戦争と決定せられた場合、われら軍人は、ただただ大命一下勇躍して戦いに赴き、そして最後まで戦い抜くであろう」と、大見栄を切った記録が残っている。

近衛はさきに企てた日米両国首脳者会見の提案が今一歩のところで容易に実現しそうもないのは、一には東京・華府間の電報訓令に基づく野村大使の努力だけでは、先方に充分日本の真意が伝わっていないからだと判断した。そこでみずからグルー大使に会って話をすることを決意し、九月六日の御前会議の終った後、陸、海、外三相の了解の下に、極秘裡にグルー大使(通訳としてドゥーマン参事官立会い)と懇談した。

近衛は目下陸海軍も一致して交渉の成立を希望していること、交渉の妥結はこの内閣において外にないと強調し、またこの機会を逸すれば、われわれの生涯の間には遂にその機会が来ないであろうと、最も含蓄のある言葉で話した。ローズヴェルトとの会談には陸海外とも代表の人選まで大体すんでいる事実も語り、この際一日も早く大統領と会見し、根本問題について意見を交換したい熱望である旨を力説した。

グルー大使は、ハルの四原則に対する近衛の意見を質したが、近衛は「原則論もさることながら、実際適用の段となると種々問題を生じ、その問題を解決するためにこそ会見が必要になるのだ」と説いた。

一時間半にわたる懇談後、グルー大使は直接大統領宛のメッセージとして今日の会談内容も報告することを約束し「この報告は自分が外交官生活を始めて以来、最も重要なる電報になるであろう」と感慨深く述べたと近衛手記は記している（近衛手記、八八―八九ページ）。

三　ローズヴェルト受付けず

九月六日の御前会議は、アメリカに対してほとんど最終案ともいうべき日本の提案を採決し、容れられなければ決戦に出るとの決意を明らかにしたものであった。しかし、その直後においても近衛と豊田外相は、ローズヴェルトとの会談によって、破局直前に平和を救う途を発見するに一縷《いちる》の望みを抱いていた。さればこの九月六日の夕の近衛・グルー会談の如き破格の交渉も行われたのである。

豊田外相は野村大使宛の電報に次のような辞句を付加えている。

目下わが国の対外、対内情勢は極度に緊迫しており、われわれは近衛首相とローズヴェルト大統領との会談に最後の希望をかけねばならぬような事態に立ち至った……。

文句の裏にかくれた意味は、グルーおよびイギリス大使クレーギーが当時それぞれ本国に送っていた緊急勧告の確認を意味するものであった。グルーは、日本の意図および誠実さを試すことの必要を勧告していた。このような試みは、日本が少しずつその政策を変更するに照応して、アメリカもまた日本に仮借ない圧力を与えている経済的、軍事的措置を少しずつ緩和すれば、できるわけだと彼は考えていた。しかし、この試みのためにいかなる手段が第一にとるべきであるかという点については、グルーはなんらふれていなかった。

ところで、さきに述べた宿命的な枢密院御前会議の開かれた九月六日の夜、グルー大使が近衛首相と会食して協議したことは前に述べた。この異例の会談について、グルー大使の報告に接したハル国務長官は、このような極秘会談においてさえ、日本の意図または政策が変ったような点を発見しなかった。近衛は、日本の軍部首脳者のすべてが彼の提案に同意である旨をくりかえし強調して、いったん決められた公約を守る点について彼の力量を信じてくれるようにと力説した。もし、彼がいったん、ローズヴェルトに対し「諾」と述べたとすれば、彼と陪席する陸軍海軍の代表者も、政府側は一体となって公約に対し責任をとることになると近衛は述べた。なお、会談において彼が行う決定が東京で反撃をうけるのを避けるため、その決定は会談地から直接無線で天皇陛下に伝達されることとなっており、天皇陛下は必ずこれを承認されると近衛は主張した。

しかし、近衛が軍部の同調を得ていると強調した提案は、枢密院御前会議で可決されたいわゆる日本の最小限の要求を内容としたものであることは明らかである。対米提案の文言は、より漠然としているが、内容はまさしく前掲の日本の最小要求のそれと同一であった。

長い日米交渉の過程の中でも、この時の折衝ほど切迫、緊張の感じを与えたものはなかった。これまでも同じような日本に対する懐疑的な疑問がアメリカ側でくりかえされた。そして日本側からもまた従前通り日本の誠意を信頼してもらいたいとの懇願がくりかえされた。すると、これに対してアメリカ側のいうことは、従来と同様、日本はその意図を簡単明瞭な言葉と行動によって証拠立ててもらいたいというのであった。しかしアメリカの対日一般世論は、二、三カ月来急激に悪化し、「戦争を賭しても日本の発展を阻止すべし」との論はギャラップの世論調査に徴しても、七月には五一%、九月初めには七〇%と上昇してきている(九月八日、野村より外相宛公電第七九一号)。

その後数週間――九月から十月にかけて――の間に交わされた公電、申入れ、声明等は、もし引用するとしたら、かなりのページを埋めることになるであろう。

しかし、これらの文書の意味は明白である。日米の両国政府は、依然として、お互いに許容しがたい相異なる目的のために対立状態を続けていた。日本政府の申入れた条件が容れられれば、日本は過去十年に及ぶ軍事行動の結果をそのまま享受して、将来に待機することができる。英米その他の諸国は、このような日本の条件を受容れることによって、日本の中国支配を許容し、極東におけるアメリカの兵力を釘付けにし、さらに将来再び南進を行う機会を日本に保有させておくこととなる。これに対して、アメリカの提出した条件が受容れられたとすれば、それは日本が敗北を承認したことを意味する。即ち、日本が過去の努力の成果を放棄し、将来の膨張政策を断念することを意味するわけである。そして、それはまた中国の勝利をも意味することになる。

交渉の経過は、以上のような日米両国の基本的な立場の相違を調整するというよりも、むしろ露骨にしたものであった。

結果的にいえば、ハル国務長官および国務省極東局の人々は、日本の提案は主要な諸点で不明瞭であり、またアメリカの固守する原則と抵触すると断定したわけである。日本の提案によって、日米両国が実施するものとされている事態調整のための行動が時間的にどういうことになるのか、アメリカ側では、疑念を抱いていた。すなわち、中国との和平解決が成立した時に、日本は中国およびインドシナから撤兵し、中国における経済的機会をいくぶん均等化するというのである。しかし、かような和平解決成立のまえに――日米間の交渉成立と同時に――アメリカは日本との通商を再開し、中国への援助を停止し、また太平洋地域における軍事的措置を中止することになる。これでは日本側にのみ有利になるというのであった。

八月二十九日、ワシントンではグルー大使から事態の成行きの重大さを強く訴えた公電に接したが、この公電でグルーは、アメリカが戦争を避けるためにはこれが最後の機会とも思われるから、現在の事態に善処するようにとの意見を述べた。彼は、一方において、もしアメリカ政府が、日本の明快かつ満足な公約を期待するとすれば、その「論理的帰結は、近衛内閣の崩壊と軍部独裁――これはアメリカとの正面衝突を避けようという意図も傾向も持っていない――の成立である」。他方、グルーは、もし大統領が近衛と会談したならば両国の意見の疎隔《そかく》は一応調整される機会を得るだろうし、また、時間と協力さえ与えられたなら、近衛首相は日本をアメリカの政策の線に沿った方向に導く意図と能力をもっているとも考えていた。ローズヴェルトとチャーチルが忍耐強く「建設的和解」の途を示したとしたら、日本の政策がまともに転換することができる機会がまさに到来したとグルーは思った。彼の語るところによれば、近衛は彼に対して「自分は大統領との直接交渉で日本の確約をアメリカに与えうると信ずるが、この確約はその広範な影響をもつ性格から、おそらく充分にアメリカを満足させることができるであろう」と述べたと報告している。

この危機に際してのアメリカの態度は、なるほど自国の要望こそは示したにせよ、識見と柔軟性に欠けていた。そのことは、グルーも考えたが、同じような見解はその後他の人々にも考えられてきた。従って、賢明なアメリカの政策としては、日本側が政策を是正するのに対し、アメリカも少しずつ経済抑制政策を緩和するということであったろう。それにもかかわらず、アメリカは日本に対し直ちに明確な文書による形式で、アメリカのすべての要請を容れることを強要することによって、近衛の活動を不可能にしてしまった形である。

グルーのいうごとく、ワシントン当局は、あまりにもその主張する原則にこだわりすぎ、またあまりにも相手方を疑いすぎて、目前の発展を認識しえなかった。アメリカ政府が、謹直な教師のように頑迷であったことは否定すべくもない。またアメリカ政府が日本の失敗を軽減したり、その苦境を緩和するための緊急策を講じてやったりすることを、肯んじなかったことも事実であった。

近衛は、みずからそれを望んだにせよ、または望まなかったにせよ、彼が主宰した数々の重要会議で明確に規定された諸条項に縛られた身であった。この最後の条項こそは、さきに詳述した九月六日の枢密院御前会議で可決決定した対米最小限要求であった。近衛が、これらの決定条項を巧みにそらすことができたとか、ないしは断固たる決意でこれを廃棄する意図をもっていたとかいうことは考えられない。彼の政治的経歴がその反対の傾向をよく示しているからである。

オット・ドイツ大使のこの時の見通しも、アメリカ政府のそれと同様であった。たとえ近衛側近が心から日米関係の緩和を望んでも、結局それは失敗に終るであろうとオットは考えていた。近衛の使命の目的は、海軍側や積極主義者たちの間では、国民に対して平和的解決は不可能であることを信じこませる最後的手段と考えられていると、オットは本国に報告した。彼はまたこの公電のなかで、もし日本がアメリカの条件に同意したならば、それは直ちに重大な国内的動揺を日本に与えることとなろうと予想した(一九四一年九月四日付オット大使よりリッペントロップ外相宛最至急公電)。

いずれにせよ、大統領およびハルは、近衛の意図が曖昧であり、彼の決定権の範囲は少ないものと信じた。従って大統領とハルは、日本がその意図を明確に示さない前に近衛と会見することは大失策であると判断したのであった。かくてアメリカの思いきった新政策を慫慂《しょうよう》したグルー大使の勧説も、日本への回答に影響を与えなかった。当時アメリカでは、陸、海軍ともに、少しでも時をかせげば、それだけ軍にとって有利であることを強調していた。スティムソン陸軍長官およびノックス海軍長官のいずれも交渉の「引延し」に賛成であった。しかし、彼らは、ローズヴェルトが近衛と会見したり、または、ただ時をかせぐということのためにアメリカ側の条件を緩和することには、双方とも賛成しなかった。

十月二日に野村大使に手交されたアメリカ側の対日回答文を作成するにあたって、ハル長官は、以上のような諸事情を考慮したわけであった。この回答の主旨は、九月六日の日本側提案は、日米懸案解決のためになんらの基礎を提供するものでないし、また主要な諸点が不明確である、というのである（スティムソン日記、十月六日の項）。なお、この回答では、大統領と近衛との会見は、アメリカの申し出た四原則――これらの原則こそ両国の正当な関係を律する主要基盤たるべきものである――の実施について見解の一致があるまでは延期の外ないとも通告された。

このアメリカの回答が入手されるに及んで、日米両国の条件が妥協可能であるという近衛や豊田の唱えていた意見は、力を失ってしまった。その後十一月二十六日にアメリカから日本に通達され、日米開戦の直接の動因となった通告よりも、むしろこの十月二日の通告こそ、日米会談の終局を意味したものであった。というのは、この通告にひきつづいて日本に起った危機は、アメリカと妥協する方向に向うよりは、むしろアメリカとの戦争を決意しているグループを政権担当者として登場させることになったからである。この時以来、戦争の計画が前面に押しだされ、外交は第二義的なものとなってしまった。

近衛の立場は、この時全く容易ならぬものであった。九月六日の御前会議は、もし十月初旬までに日本側の条件が受託される充分な見込みがない場合は、日本は開戦を決意しなくてはならないと決定したのであるが、時期はすでに切れてしまい、交渉の努力は水泡に帰した。

彼はその『手記』に次のように述べている。「日本側は、今後はアメリカの発言する順番であると主張したのであるが、それに対しアメリカ側は頑強に、日本こそ発言すべき順番であるといいつづけた。かくして交渉は完全に暗礁に乗りあげてしまった」。しかし、この戦争への岐れ道の角で、近衛はついに陸軍の主張に押しまくられて身を引いてしまった。

日本と会談を続けている間にも、アメリカ政府としては日本が独伊と同盟を結んでいることを忘れることはできなかった。アメリカの飛行機と軍艦はすでに中部、西部大西洋の広汎な水域およびアイスランド周辺の哨戒にあたっており、独伊艦船との接触もしばしば行われるようになってきた。

ドイツは果してアメリカに宣戦するであろうか。そしてかかる場合に、日本はドイツとの同盟条約第三条の規定による義務を「参戦」と解釈するかどうか。それがアメリカ国務省の頭痛の種であった。これに対して日本政府は閣内の意見もわかれていたが、大体としてはドイツとも離れたくないし、アメリカとの妥結も望むところであるとの二重結婚の迷夢に彷徨していたのである。

ドイツ政府は、日本が三国同盟の忠実な一員となるようにとあらゆる努力をしていた。独・米開戦の暁には、日本はドイツ側にたって参戦するという松岡外相による条文の解釈を公式に日本側で再確認してほしいとドイツ政府は要求してきた。

その時、大島大使が東京へ送った電報には、陸、海軍当局へも回覧を乞うとの前触れをつけて、リッペントロップ・ドイツ外相の言明を報じてきた(アメリカもこれを傍受した)。

すなわちドイツは政府を挙げて、日本がひきつづいて浮腰的な態度で、ドイツにはからずに日米間に会談を続けるようならば、ドイツとしてはいかなる行動にでるか保証のかぎりでないと述べているのである(一九四一年十月一日付大島大使発豊田外相宛公電第一一九八号)。しかし、日本政府は、ドイツ政府をなだめることに努力しつつも、ドイツ側の要求に副うことを拒否した。その公電にはドイツの政策がドイツのめざす目的に支配されているように、日本の政策も日本自身の目的に支配されるべきであり、日本としては三国同盟の当初の目的はアメリカの参戦を防止することにあったわけで、これは現在でも日本のめざす目的であると回答した(一九四一年十月八日付豊田外相発大島宛公電第八七三号)。

以上のような点から、アメリカ政府は日本のドイツへの友好的態度が、日本が希望していた日米会談の妥結を妨げることは、おそらくないものと判断することができた。しかし、それにしてもアメリカは、日本の脅しをそのまま受けとって譲歩するようなことは望まなかったし、また秘密な中途半端な約束を当てにしようとも考えていなかった。アメリカは、日本がドイツとの同盟関係を解消することを希望していたのである。近衛は組閣当時に枢軸との連繫によって日米間の破局を防ぎうると期待していたのであるが、ここまでくると、それがかえって大きなヂレンマとなってしまった。

第二六章　近衛より東條へ

一　近衛ついに投げ出す

東京における一九四一年九月六日の御前会議の直後、ワシントンにおいては野村大使がハル長官を往訪して、九月六日の提案を手交した（外交資料、二四六―二四七ページ）。その際野村は次の通り陳述したと外務省宛電報に記してある。

今回（九月六日）の提案、ことにその(B)（日本は仏印を基地として近隣地帯に対して軍事行動をなさざること、ならびに日本の北方地域に対しても正当の理由なければ軍事行動をなさざること）、さらに(C)（日本とアメリカ政府の欧洲戦に対する態度は防護と自衛を考慮して決定する。アメリカが欧洲戦に参加する場合には三国条約の解釈実行は日本独自に決定す）はアメリカ側の要望に合致すること大なるものである。右は日本政府としてなしうる最大限度を表わすことを信ずるものであるが、アメリカ側においても事態を洞察して両国首脳の速かなる会合実現のため協力を要請する旨を述べた。

日本はアメリカのいい分に従うべきであるか、それとも九月六日の御前会議の決定に従うべきであろうか？　すなわち協定に到達するために多少の時間をとって、アメリカとの交渉を続けるべきであろうか？　それとも時を移さず、戦争にうったえるべきであろうか？　そのいずれかを決定するために連日連夜、緊張のうちに首脳者の間に会談が重ねられた。

豊田外相は、情勢判断という形のもとに、近衛の見解にそった意見を述べた。外交的なすべての手段はまだつくされていないから、アメリカとの会談は続けねばならぬというのである。これに対し、陸軍側は、近衛の方からアメリカが日本側の条件を承諾するというなんらかの新しい可能性があることを保証しないかぎり、会談続行には同意できないという。その主張によれば、この際時期を失することは、第一には敵側の兵力を増強させ、第二には既定作戦遂行のための気象条件が悪化する。第三には石油供給は漸減し、また蘭印における油田破壊の機会が長引かされるから、日本にとってはきわめて高価な犠牲を意味するというのであった。

海軍側では意見が二つに分れていた。首脳部の多くの人たちは見通しについて不安な気持を抱いていた。しかし、海軍としての面目上、いかなる命令が下っても海軍はこれに従うものであるとだけは言明していた。天皇の側近は、このような冒険的な戦争を始めるという考え方には深い憂慮を抱いていた。しかし、危機が深まるにつれ、これらの人々は、対外戦争による破滅の可能性というよりも内乱の危険の方により焦心するようになった。かくして、結局宮廷の側近が最も希望するようになったのは、どんな国策決定であれ、それが日本の国内を分裂しないようなものであってもらいたい、ということであった。

近衛内閣の末期の事情は近衛手記に詳細に記されている。

陸相は七日夜遅く余を日本間に訪ね「駐兵問題に関してはアメリカの主張するような、原則的に一応全部撤兵、しかる後駐兵という形式は軍として絶対に承服し難い」と余に強談判を持ちかけた。陸軍側の強硬態度に鑑み、余は六日、八日、再度にわたって海相、外相と個別的に会談し、危局回避方を協議した。外相はさらに十日、余を訪ねること両度に及び、なんとかして交渉を継続させる方途につき懇談した。連絡会議も十月十一日開催された。

十月十二日は五十回の誕生日であった。日曜にもかかわらず午後早々、陸海外三相と鈴木企画院総裁を荻窪に招集して、和戦に関するほとんど最後の会議を開いた。その会議前に海軍の軍務局長より書記官長に、「海軍は交渉の破裂を欲しない。すなわち戦争をできるだけ回避したい。しかし海軍としては表面に出してこれをいうことはできない。今日の会議においては海軍大臣から和戦の決は首相に一任するということを述べるはずになっているから、そのお含みで願いたい」という報告があった。

果して劈頭に海軍大臣より次の発言があった。「今や和戦いずれかに決すべきかの関頭に来た。その決定は総理に一任したい。和でゆくならばどこまでも和でゆく。すなわち多少の譲歩はしても交渉をあくまでも成立させるという建前で進むべきだ。交渉を二、三カ月してから、どうもこれじゃいかんというので、さあ、これから戦争だ、といわれては海軍としては困る。戦争をやると決すれば、今ここできめなければならん。今がその時機に来ている。やらないということであれば、あくまで交渉を成り立たせるという建前のもとに進んでもらいたい」。それにたいして余は、「今日ここでいずれかに決すべしというならば、自分は交渉継続ということに決する」といった。ところが陸相は、「その総理の結論は早すぎる。いったい交渉成立の見込みのない交渉を継続して、遂に戦機を逸するということになっては一大事である。外務大臣は交渉成立の見込みありと考えるかどうか」と外務大臣に向って質問した。ところが外務大臣は、「それは条件次第である。今日の問題の最難点は、結局中国の駐兵問題だと思うが、これについて陸軍が従来の主張を一歩も譲らないというのならば交渉の見込みはない。しかしその点において多少譲歩してもさしつかえないということであれば交渉成立の見込みは絶対ないとはいえない」。しかるに陸相はこれに対して「駐兵問題だけは陸軍の生命であって絶対に譲れない」ということであった。自分は「この際は名を捨てて実を採り、形式はアメリカのいうようにして実質において駐兵と同じ結果を得ればよいではないか」といったが、陸相はついに承服せず、結局会議は二時から六時までに及んだけれども結論に到達せずして散会した。

翌十三日、余は参内して内閣の直面する危局について委曲奏上、更に木戸内府とも懇談した。翌十四日朝九時、閣議前に官邸に陸相の来邸を求めて再び駐兵問題につき陸相の再考を求めた。「余は支那事変に重大責任があり、この事変が四年にわたって未だ決定を見ない今日、更に前途の見通しのつかない大戦争に入ることはなんとしても同意しがたい。この際、一時屈して撤兵の形式を彼に与え、日米戦争の危機を救うべきだ。またこの機会に支那事変の結末をつけることは国力の上からも、国民思想の上からも必要であると考える。国家の進運発展はもとより望むところであるが、大いに伸びるためには時に屈して国力を培養する必要もある」と誠意を披瀝して陸相を説いた。これに対して陸相は、「この際アメリカに屈すれば彼はますます高圧的に出て、とどまるところがないであろう。撤兵の問題は、名を捨てて実を採るといわれるが、これは軍の士気維持の上からとうてい同意し難い」と主張して動かなかった。かくて陸相との話は物別れとなって、閣議が開かれるや陸相は日米交渉のもはや継続すべからざるゆえんを興奮的態度で力説した。

その夜遅く近衛は東條から書簡をうけとったが、右のような事情のために近衛としてはこれに答える術がなかった。この書簡には、九月六日の御前会議で承認された計画を実行しえなかった上は現内閣としては総辞職すべきであり、新内閣が新しい責任のもとに右の計画を実行すべきか否かを決定すべきである、という意味のことが記されてあった。近衛はとうていやっていけないと思った。翌十五日の朝近衛は天皇に拝謁し、自分と東條との間が甚だしく疎隔《そかく》して、東條は自分と談合すると感情をおさえきれぬから以後言葉を交わしたくないとまで言明していると苦境をうったえた。

近衛は十月十六日に内閣総辞職を行った。後継内閣については、近衛も東條も東久邇宮を首相に推挙する構想に従前から賛意を示していた。しかし、木戸は結局それは天皇に禍がかかるものと見通していた。

木戸は近衛に対して、目前の政治危機を克服しうるものは九月六日の御前会議決定のいきさつを熟知している人でなければならず、この際、当時の陸、海相を除いては新内閣を組織しうるものはないであろうと述べた。この二人の人物を名指した時の木戸の考え方の真の動きがいかなるものであったかを今日辿ってみることは無益である(木戸の見解は『木戸日記』および彼の軍事裁判における陳述に詳しく述べられている)。

東條が首相に推挙されることとなれば、九月六日の御前会議決定は再検討されることとなるであろうし、こうして多少の時間的余裕が与えられるとすれば、海軍側も東條の首相任命を承諾するであろうし、当分の間海軍は東條の指導に従うことであろう、というわけである。陸、海両相のうちのいずれかといえば、陸相の方が陸軍部内を統御するのにはよいであろう、と近衛は木戸に語った。海軍側の逡巡的な態度のために、かくして十七日に東條内閣が成立した。

二　東條は戦争に邁進す

一九四一年十月十七日の午後、東條は陛下のお召しによって参内、組閣の大命をうけた。彼自身組閣の大命が下るとは知らなかったので、彼は大きな驚きを感じた。この時、陛下は特に九月六日の決定にとらわれず、内外の情勢を検討した上、周到に国策を樹てるようにと命ぜられた。そして彼と及川海相とは陸海両軍の協力を確保するよう特別の御沙汰を拝した。

新内閣は十月十八日に成立した。東條は大将に昇進、とくに現役に留ることを許された。これによって、彼は首相たると同時に、陸相を兼任することとなった。彼はまた、国内警察を主管する内相をも兼任した。及川大将は嶋田大将に海相の席を譲った。外相には豊田大将にかわって東郷（茂徳）が就任したが、東郷は新内閣に入閣することには懸念をもっていた。しかし、この懸念は、対米関係の調整には誠意をもって努力するという東條の漠然とした口約があったので、広田の勧告もあって就任したものである。

外相東郷は、しばらく閑日月を送っていて、日米交渉の内容についてはあまり通暁していなかった。就任早々、秘書官加瀬俊一に日米交渉の要領を作成することを命じた。そのメモの結論は、両国の交渉が全く絶望状態にあるというのであった（加瀬俊一『ミズリー号への道程』九二ページ）。

東條と東郷とは一応誠意をもって日米関係を打開することに努力した。そして日米交渉の行詰りを打開する構想を練る方向に導こうとした。

しかしこれも長くは続かなかった。統帥部が政府を悩ましはじめたのである。戦争準備はすでにできており、この機を逸すれば、もはや開戦は不可能となってしまうから、直ちに開戦するか、しからざれば全然戦争せぬかのいずれかを選ばねばならぬと主張した。

十月二十三日と十一月二日の間に政府大本営連絡会議において内外情勢の徹底的分析を行った。これは対米交渉に関する新内閣の根本政策を樹立する上に必要な前提であった。外務省は交渉を容易にするために陸軍から最大限の譲歩を獲得するように努力した。外務当局は客観的な欧洲情勢判断を披瀝して、当時人気のあったドイツ勝利説をしりぞけ、民主主義国家とくにアメリカの恐るべき物的資源とイギリス国民の不屈の精神を強調した。

結論としてはアメリカが早晩欧洲紛争に介入するから、日本は中立を保ちつつ国力を涵養し、中国問題を交渉によって解決するのが得策であると主張した。しかし、かかる理性への訴えは顧みられなかった。

この間統帥部は積極的に戦争準備を進めていた。九月六日の重大な廟議が決定された時、統帥部は諸準備の完了には約二カ月を要すると見ていたようである。

十一月二日政府と大本営の連絡会議は深更まで続けられたが、その際次の三計画のいずれを選択するかが問題となった。すなわち、(イ)交渉を継続し万一失敗に終ってもそのまま事態の推移を静観する、(ロ)交渉を打ち切り直ちに戦闘を開始する、(ハ)交渉を続けるかたわら最悪の事態に備える、というのであったが、会議は最後の案を採択した。この席上、陸軍のある種の譲歩を織込んだ新交渉方針が採択された。同時に、万一平和的手段が失敗した場合には戦争を決行する方策をも確認した。戦争準備は十二月初めまでに完了することになった。ただし交渉が成功すれば、戦争準備は直ちに取り止めるとの条件が付帯していた。東條総理と杉山参謀総長、永野軍令部長が十一月二日の午後この決定を共同上奏すると、陛下は大変に憂慮され、交渉の妥結に格段の努力を払うようにと命ぜられた。

駐米大使の野村がしきりと辞意を洩らしていることは東條も聞いていた。野村は、外相および海相にしばしば電報して、日本の事態が全く腑におちず、どうにも手がつけられないといってきた。海軍は彼がワシントンに赴任する前に約束したように外務省側を支持していないではないかと野村は不満をもらした。アメリカ政府は、彼が希望していたように宥和的ではなかった。また、本国では内閣がかわって、新内閣が何を彼に要望しているかがわからなかった。彼は「小生は今や暗黒裡にあり」と述べ、また「すでに死馬の骨となり、この上自分を欺き他人をも欺くがごときゴマかし的存在たるは心苦しい」と書き記している（野村『米国に使して』一九〇―一九二ページに、彼の辞任申出での理由は、彼の交渉が失敗したこと、内閣更迭によって東京の情勢から疎くなったこととローズヴェルトやハルが、彼を東京に影響力をもたぬ人物と考えていること等をあげている）。

しかし、新内閣は彼の辞任を許さなかった。彼はそのまま留任して、救国のため最善の努力を続けるよう懇請された。軍人としての野村はこの懇請を拒むことはできないと感じた。

だが、十月二十一日に新内閣からの最初の訓令で、アメリカ側がその見解を変えないかぎり、事態の処理は不可能であるという趣旨が述べられていた。野村はこの訓令に対して、彼の旧い友人のプラット提督（退役）との談話に関する報告という形式で東京に返答した。それはプラット提督の日本への警告と忠告を伝えたものであった。すなわち、同提督は、もし日本が北進、南進いずれの政策をとるとしても、必ず戦争が起るであろうと警告するとともに、日本はその海軍力を無傷のままで保持して、将来開かれる平和会議に臨むべきである、と忠告したのであった（一九四一年十月二十七日付野村大使より東郷外相宛公電）。

しかし、国内の情勢はまさに反対の方向に進みつつあった。新内閣最初の統帥部との連絡会議は、十月二十五日に開かれたが、この時杉山参謀総長は、和戦の決定は速やかに行われなければならない旨をくりかえし強調した。外交は軍事的措置と併行して進められねばならぬと杉山は主張した。事実、さきの内閣更迭の際にも、軍事的措置は着々進められていたのであった。

日本が進駐することになっていた地域の調査や地図の作成の仕事は最終段階に入っていた。陸、海軍は共同作戦に関するさまざまの計画を出先部隊に発出しはじめていた。南方方面軍の組織も完了しつつあった。同方面軍の司令官も決定し、司令部は、すでに日本が取得した仏印基地のサイゴンにおかれた。シンガポール、香港、マレーを攻略すべき部隊は、最後の猛訓練を行っていた。日本にとって垂涎の的であった蘭印の油田を操作するための資材や技術家も動員されていた。最初の作戦行動の一部として、真珠湾のアメリカ艦隊を攻撃すべきかどうかという論争が海軍の部内で行われていたが、この論争も解決された。

十一月一日の夜から翌朝にかけ、さらに二日の日中を通じて政府、統帥部の連絡会議が開かれた時の情勢は前述のような事態であった。この会議で日本の直面しているヂレンマがそっくりさらけだされた。「息の詰まるように緊張した、そして追詰められたような感じ」が会議にただよっていた。東郷外相は、日本としてはいかなる戦争行為の開始もアメリカがヨーロッパ戦争に介入するまでは延ばすべきであるとこの会議に提言した。これに対し、陸、海軍部の代表者は、このような遅延政策には同意することができないと発言した。

軍部側の立場は、種々の推測や危俱の上に築かれていた。今日までの外交交渉は、アメリカとの間に妥当な解決をもたらしえなかった。アメリカは現在でも、何故に日本が中国で強力な防衛的立場をとらなければならないかを理解することもできぬし、理解しようともしないので、対米外交交渉は今後も成功することはあるまい。アメリカは日本が中国に出しているすべての軍隊を撤収することを要求しており、その結果として中国を混乱するにまかせ、中国人の対日敵意を存続させようとしている。このような事態は、軍部としてはとうてい考えることもできない。もし現在直ちに問題の解決にあたるつもりならば、日本は有利な戦争を行うことができるであろうが、もし問題の解決を延ばすとすれば、日本は惨めな平和を強制されるか、敗け戦さをしなければならないことになるであろう。

軍部は以上のように推論していたので、その首脳部は、もし日本の態度の決定が延ばされるとしたら、軍部はもはや国防の責任を負うことはできないと言明した。極端な分子は、後に東條が市ケ谷の軍事裁判廷で述べた言葉によれば、「いたずらに死滅を待つよりは、死を賭して包囲陣を破り活路を見いだすをよしとする」と興奮の叫びをあげていた。

永野(修身)海軍大将は、海軍の見通しとしては、開戦の場合には緒戦における勝算は大いにあり、緒戦に勝利を得て、戦略的地域が急速に占拠できれば、日本は長期戦に耐えることができるであろうと述べた。日本海軍は米、英両国と南方地域との連絡を断ち、もしアメリカ海軍が日本の勢力範囲に近づいた場合にはこれを殲滅《せんめつ》することができるというのが海軍の構想であった。杉山(元)陸軍大将は、緒戦のみならず、戦争の終局における勝利の見通しはきわめてよいと連絡会議の席上で確言した。

このように元気づけられたので、十一月二日の連絡会議では一応の決断が下された。閣内における二人の消極論者であった東郷外相と賀屋蔵相は、不安な疑いを抱きながら一夜を明かした後、結局多数の意見に同調するに至った。かくしてまとまった連絡会議の決定なるものの重点は、修正された最後的提案をアメリカ政府に示し、もしこの提案が早急にアメリカの同意を得ない場合は、戦争を開始すべきであるということであった。陸軍省軍務局長(佐藤賢了)は、一九四二年三月十一日の東京日日紙上で、日本陸軍の当時における確信の基礎について説明している。一九三七年以来陸軍予算のわずか四割が対支戦にあてられてきたにすぎず、爾余《じょ》の予算はことごとく軍備拡張に投ぜられてきており、この期間に軍需産業は七倍に増大し、従って陸軍の戦闘力は対支戦開始時の三倍に増強されたと彼は主張した。

十一月二日夜、東條および陸軍参謀総長ならびに海軍軍令部長はこの決定を上奏した。しかし、戦争の見通しについて、天皇陛下は依然憂慮の意を示されたので、十一月四日に天皇親臨のもとに軍事参議官会議が開かれた。この会議の結果は、連絡会議の結果と同じく陸、海軍最高統帥部が開戦のための作戦準備実施の措置をとることを適正と認めるという全会一致の答申を行った。

翌十一月五日に開かれたごく短かいかつ沈黙裡に終始した御前会議は、この会議に出席した人たちがすでに前もって同意した前述の決定に承認を与えるだけのものであった。

それは「帝国国策遂行要綱」と呼ばれるものであって、甲案および乙案と呼ばれる二つの最後の項目がアメリカ政府に出されることとなったのであった。そして、もし十一月二十五日までに日米間に了解が成立しない場合は、開戦についての最後の決定を行うということであった。開戦の決定はただちに独、伊両国政府に通告するとともに、両国に対し即時開戦を要望する。ソ連との関係については、たとえドイツとの離間をまねくとしても、日本は依然平和的関係を続けるとの方針を決定した。

第二七章　連合国の対日戦備

日本の新内閣の性格は、米英両国には驚きというより、むしろ憂慮の念を与えた。東條という名前と映像は一般に嫌われていた。そしてなにかしら好ましからぬ事態が起ることの予想を抱かしめた。グルー大使からワシントンに送られる報告は憂鬱なものであったが、彼の日記の記録もなおさらそうであった。アメリカ政府が対日経済抑制策を緩和して時間的余裕を与えないかぎり、開戦の時期は早まるばかりであるとグルーの報告は伝えてきた。最も確実な見通しを伝えた彼の公電は十一月三日付のものであった。この公電で彼は「アメリカとの武力闘争を不可避ならしめるような日本の行動は、恐ろしい劇的なすばやさで起こされるかもしれない」と警告を与えている。

この公電の文章の行間には、遺憾の気持、否叱責の態度さえにじみでていた。後日、彼はこの公電について、その日記の中で「余は歴史がこの公電を見落さないように希望する」としたためている。彼がさきに申出た「建設的和解」の建言は容れられなかった。しかし彼はたとえ原則は妥協できないにしても、方法はあくまで弾力的であってもよかろうという彼自身の見解を繰返して申出た。日本はすでに侵略政策のたどる途がいかに困難なものであるかを現実に知らされたのであるから、もし時日と援助さえ与えられれば、おそらく現在の途を後へ引きかえすことであろうと彼は考えた。グルーは日本の後退とアメリカの返答との間の時間的ずれをいかに調整しうるかを探求していた。

しかし、この時間的ずれをいかに調整するにしても、そこには一つの動きのとれぬ障害がよこたわっていた。この障害については東京よりもワシントンの方が深い認識をもっていた。当時の情勢としては、日本がその意図を明らかに示す前に、アメリカと反枢軸諸国との間に結ばれた暗黙の提携関係は崩壊してしまうであろう。というのは万一そのような場合には、これらの反枢軸国は日本からの脅威と攻撃にさらされることとなるからである。このような事情に当面して最も決断を迫られるものはアメリカ政府であった。緊急な要請が東京からと同時に重慶からももたらされた。そのためにアメリカ政府としては、日本に対して戦いを挑むべきか否かを考えざるをえない有様であった。

蔣介石は十月二十八日と十一月五日とにたてつづけに今までになく事態を憂慮した電報をローズヴェルト大統領とチャーチル首相に送った。この電報で蔣は、日本がビルマ公路を閉鎖し昆明を占拠する目的で即時雲南省侵攻を開始すると思われると報じた。そして、もしこの侵攻が成功した場合には、中国は外国との連絡路を全く断たれ、中国軍隊は完全に包囲され、結局中国は対日戦争から脱落することとなろうといい、英、米が日本の雲南侵攻の企図に警告を出すよう懇請した。さらに彼は、アメリカ政府がシンガポール向けに用意した重爆撃機を中国に譲渡し、イギリス政府がシンガポール駐屯の部隊を雲南防衛のために使用することを公約するようにと希望した。重慶軍が日本軍のために損害をこうむるにつれ、華北の農工大衆の間に中国共産軍の勢威が高まることによって、この蔣介石の憂慮はますます深まってきたとも判断された。

この懇請について国務省は陸、海軍首脳部の意見を求めた。十一月一日から開かれて、その後数回つづけられた会合で、ハル長官は、日本に対して新たな警告を与えるということも、アメリカ政府がこのような警告を裏づける行動をとりえないとしたら、なんの意味もないであろうと述べ、はたしてアメリカの陸、海軍はかような用意があるかどうかを質した。出席者のすべては、極東の事態に即時介入することは避けるべきだという強い希望を表明した(一九四一年十一月三日陸・海合同委員会議事録)。

陸軍側は、現在のところではフィリッピンに攻撃が行われた場合にはこれに対処する用意はないが、近いうちにそのような用意をもちうるであろうと報告した。「空の要塞」機(B17)七機をもって構成する一航空戦隊がすでに数週間前にマニラに到着していた。他のより大きい構成の数個戦隊の航空機がまもなく後を追って同地に向うこととなっていた。

このような爆撃部隊をはやく目的の地点に送って日本の攻撃を避けるか、これを粉砕しようという希望があまりにも強かったために、アメリカ軍部は、あぶない冒険を冒すこととなった。

スティムソンはローズヴェルト大統領に宛てた十月二十一日付の書簡で次のように説明している。

きわめて重要な戦略的事態が突如として南西太平洋地域に生じてきた……今や突如としてわれわれはきわめて強大な力をもつに至った……。かように不完全な威力であっても、ただちに日本がこの挑戦に応じないとしても、日本の南進をとどめ、シンガポールの安全を期するうえには有効であるだろう。

爆撃機の輸送と同時に、アメリカはこれらの爆撃機のために南西太平洋を結ぶいくつかの飛行場の建設を急いだ。これらの飛行場はハワイから南方にオーストラリアと結び、そこからさらに、フィリッピンおよびジャヴァを結ぶ線の多くの地点に設置されることとなっていた。

十月十五日に——スティムソンのかねての依頼にもとづいて——国務省はその出先外交代表を通じてイギリス、オーストラリア、ニュージーランド、オランダおよびニューカレドニアの「自由」フランス各国政府に前述の計画に協力するように懇請状を発した。

アメリカの若干の艦艇は十一月初旬には、すでにシンガポールに到着していた。またイギリスはある程度の追加部隊と航空機をマレー方面に移動させつつあったし、アメリカは武器貸与法による航空機をシンガポールのイギリス軍に提供し、また専門技師、工員を同地に送った。チャーチル首相は、十一月一日付のアメリカ大統領宛の公電の中で、前述のような諸措置は、「日本の行動を阻止する役割をはたすに違いない」と述べ、「さらに米英両国の態度が強硬になればなるほど、日本が戦争に突入する危険はより少なくなるであろう」と付言した。

アメリカ海軍も陸軍と同様に時間的余裕を希望していた。海軍は、太平洋での戦争にアメリカの軍艦や商船を割いたり、これに損失を与えたりさせたいとは思わなかった。のみならず油槽船の不足、連絡路の脆弱性、マニラおよびシンガポールにおける修理施設の不足、極東空軍基地での対空防衛の不充分等が海軍としての悩みのたねであった。

日本政府が、その最終案(甲案および乙案)が拒否されたときには開戦するという決定を行った十一月五日のその日に、スターク提督とマーシャル大将は――蔣介石からの懇請を考えつつ――アメリカとして堅持すべき対策についての大綱を決定した。大統領に対して行った上申書の中で彼らは次のような勧告を行った。

(A)　日本に対する無制限な攻撃は行うべきではない。なんとなれば、かような戦闘は最

も危険な敵であるドイツに対する戦闘において大西洋上の両国の共同活動を著しく弱めるからである

(B) 日本に対する軍事行動は次にあげる事態の一つないしはそれ以上が発生した時においてのみとるべきものと思考す

一、アメリカの領土ないし委任統治領に対して日本軍隊が武力行使を行ったとき

二、日本軍隊が東経一〇〇度以西、北緯一〇度以南のタイ国領土、ポルトガル領ティモール島、ニューカレドニア島、ロヤルティ群島のいずれかに侵入したとき

(C) 世界的戦略の観点からみれば、日本が昆明へ侵攻したり、前掲範囲外のタイ国領土に侵入したり、ないしはソ連を攻撃したというのでは、アメリカが日本に対して干渉するだけの価値はない

(D) 日本と実質上の戦争にならぬ限度においてできるだけの援助を中国政府に与うべきである

スターク提督、マーシャル大将はとくに次の諸点を強調して勧告した。

一、中国において日本の行動に干渉するためにアメリカ軍隊を派遣することは避けるべきである

二、ソ連、イギリスおよびアメリカ軍隊の需要と見合せて中国への物質的援助を促進すべきである

三、(中国における)アメリカ義勇部隊への援助は実行しうる最大限まで継続促進さるべきである

四、日本に対し最後通牒をだすべきではない(スティムソン日記、一九四一年十一月六日の項)

大統領は上申書の勧告に従った。十一月六日に彼は、スティムソンに対して、六カ月間の軍事行動を中止し、その間に日華両国が和平をはかるよう提案してもよいと述べた。スティムソンとしては時間の余裕はほしかったが、このような方法によって時をかせぐことには反対した。彼はフィリッピンへの兵員の移動は中止すべきでないと考えていた。また中国についてもこれを手放しで日本と折衝させるべきでないとも考えた。第一、スティムソンは中国は大統領の考えたような提案には決して乗ってこないであろうと信じていた。大統領は軍事行動中止の提案という構想を思いとどまったが、全然なんの手も打たないという程度まではなかった。

翌十一月七日、大統領は極東の事態を閣議にもちだして意見を求めた。閣僚一同は、事態がきわめて重大であり、日本はいつ攻撃を開始するかわからない状態であるというハル国務長官の見解に異論を挿まなかった。なお閣議は、進行中の日米会談において実施中の

兵力増強計画を承認し、同地域内のアメリカ、イギリス、オーストラリアおよび蘭印各国間の協力行動の進行に満足の意を表した。こうして、閣議は現在の政策をそのまま「続行し」攻撃に出るなり後退するなりの決断は日本にまかせる、という方針を決定したのであった。大統領は続いて、もし日本が太平洋におけるイギリスまたはオランダの領土を攻撃した場合に、アメリカが日本に挑戦するならアメリカ国民は政府を支持するであろうかどうか、という点について閣僚の意見を求めた。これに対して全閣僚はもちろんそのような場合には、国民は政府を支持するであろうと答え、そういう事態に対処するためにも国民に情勢を知らせる言明が絶えず政府筋から行われなくてはならぬとの一致した希望が表明された。

この閣議が行われた当日の夜、野村大使は、東條内閣が組閣されて以後初めてハル長官を訪問した。大使は真剣な態度で日本側の提案甲を持出して、ハルの即答を求めた。ハルはこの提案の内容——すでに彼はそれを承知していたわけであるが——を一べつして後、極東の精神的指導権を握るような真の新秩序建設に乗りだすことは日本にとってすばらしい機会ではないかという言葉でその態度を表明した。

野村は大統領と会談したいと申入れ、十一月十日にその機会を与えられた。

当時イギリス政府は、ドイツとの死活の闘いに没頭していたが、このうえ極東において日本を相手に戦うことは、なんとしてもさけなければならないと考えていた。チャーチルはその回顧録に記して「日本の脅威は、私の心の中で、気味の悪い黄昏のうちに横たわっていた。自分の感じは、もし日本がわれわれを攻撃するならば、アメリカが介入するだろうというのであった。もしアメリカが参戦しないならば、われわれには蘭領東インドを防ぐ手段、否わが領土をまもる手もなかった。それに反して、日本の侵略がアメリカを戦争に引き入れるならば、私は侵略されることに満足するという気持であった」と書いている。

しかしイギリスは、万一の場合に備えて、極東に割愛しうる唯一の武力——海軍を増強することを忘れなかった。それはプリンス・オヴ・ウェールズとレパルスのほかに新型装甲空母インドミタブルを増遣することであった。

一九四一年十一月十日、イギリス首相は、例年のギルド・ホールの宴会で挨拶した時、極東の急迫した情勢に言及し、永年にわたって好意を抱いてきた日本と、アメリカとの平和維持について最善の手段をつくしているが「不幸にしてアメリカが日本との戦争に入るならば、イギリスの宣戦が一時間以内にそれにつづくであろう」と述べ、さらに「日本国民が全く不必要に世界的闘争の渦中に飛びこんで、ほとんど人類の四分の三に及ぶ人口をもつ太平洋諸国に敵対することは、真に無謀な冒険のように思う」といった。

十一月十日、野村大使がローズヴェルトと会談する数時間前に南雲司令官は航空母艦赤城の甲板で出撃戦隊作戦命令第一号を発したのであった。この戦隊は十一月二十日までに戦闘準備を完了し、千島の択捉島東岸にある単冠(ヒトカップ)湾に集結することを命ぜられた。近くハワイ真珠湾に向って爆撃のため進撃の任務をもつ戦隊であった。

第二八章　日本の最後協定案

十一月十日、野村大使はローズヴェルト大統領と会談した。その席上、大統領は野村の懇請に対して、日本はその意図を行動によって、すなわち中国およびインドシナから軍隊の撤収を開始するという行動によって示すべきであるという趣旨を答えた。この返答はおそらく野村を驚かせはしなかったであろう。というのは、この大統領との会見の前夜、郵政長官ウォーカーは野村にむかって、「これは全くあなただけに打ちあける話ですが、大統領も国務長官も日本が行動を起すことに決めたという正確な情報を受けていますよ」と語っているからである。野村は大統領の言葉に強いて抗弁しなかった。

提案甲はかくして葬り去られた。事実それは申入れられる前に葬られていたのであった。ハル長官が、提案甲に関して野村大使に与えた正式の回答には、日本に対して従来と同様な質問を投げかけ、従来と同様に日本の真意の証左を求めた。日本は三国同盟を空文とみなすことに同意するつもりはないか、日本は中国に関する平和的意図なるものを行動によって証明するつもりはないか、このようにハルはおうむ返しに日本に問いつめるのであった。ハルはまたこの回答に付け加えて、日本が繁栄のうちに生きてゆける別の方法を示唆するようなヒントを与えた。すなわち、日米両国政府は経済政策に関する共同声明を行ってもよいではないかとハルは提議した。この点について彼は声明原案を提示した。この原案は、しかし、なんとなく一夜漬のにおいがしており、しかも目前の危機よりも将来の事態に関連するものであった。日本は中国においてなんら特殊の経済的権益をもつものではない、というのがこの原案の骨子であった。

ハル・野村会見の前日、十一月十四日、国務省はおくればせながら蔣介石の援助懇請に対するアメリカの返事を送った。アメリカはこの回答で蔣の気持を和らげるように努めた。アメリカ政府が日本に重大な警告――もしこの警告がきかれなかった場合にはアメリカは開戦を辞さないという意味をほのめかした――を発してもらいたいという蔣介石の懇請は、チャーチルの支持があったにもかかわらず、アメリカ政府としては取り上げなかった。

傍受される日本側の公電によって、アメリカ政府は日本政府の心のうちをはっきりと読みとることができた。日本の内閣は時間の経過にいらいらしていた。野村は日本政府が戦争に突入するのを制御しようと努めていた。彼は戦争が勃発すれば、長期戦となるであろうし、局部的な成敗は大局に影響を与えないであろうと警告した。さらに野村は次のように東京への公電に付言した(一九四一年十一月十四日野村より東郷外相宛第一〇九〇号)。

……累次の貴電により形勢の急迫を知り国民また堪忍袋の緒を切りつつある趣を承知するにかかわらず、かかることを申上ぐるはいささか乱暴のそしりを免れざるも、本使は国情許すならば、一、二カ月の遅速を争うよりも今少し世界戦の全局において前途の見通し判明するまで辛抱すること得策なりと愚考す。

野村大使の以上のような勧告に対する東京からの回答は、数日後にワシントンに送られ、野村と来栖とがいわゆる提案乙――しばらく現状をそのまま維持しようという暫定取決め締結の提議を含んでいる――として提出した。この東京からの訓電には次のように述べてあった。

貴見の如く世界戦争全局の見通し判明するまで隠忍自制することは、諸般の事情より遺憾ながら不可能にして、往電第七三六号所載期日頃まで(二十六日)に交渉の急速妥結を必要とすることは絶対に変更を許さざるものにつき右に御承知ありたく、従って余日はきわめて僅少なるにつき、アメリカ側をして交渉を多岐に渉らしめず、日本側提案を基礎として先方に迫り、もって妥結に導くよう御努力相成りたし(十一月十六日東郷外相発野村宛第七八二号)。

来栖はワシントンに到着した。

十一月十七日ハル長官は来栖を大統領に紹介した。この会見の際に行われた会話は、日米間の対立した見解のこみいった再検討にすぎなかった。ハルの回顧録によれば、「大統領は野村とのいつもの会談のときのように愛想よくはなかった。来柄という人物に対しても、彼の使命に対しても大統領はあまり好感をもたなかった」。来栖の人物については、ハル長官が次のように述べている。「来栖は野村の正反対の人物のように私にはみえた。来栖の風貌にも彼の態度にも少しの信頼も尊敬も感じさせるものがなかった。私は最初からこの人物は欺瞞《ぎまん》的だと感じた」。また来栖の使命については、たとえそれが欺瞞ではなかったとしても、彼の目的は、ひいき目に見ても、アメリカ政府に対して戦争のかわりに日本の最終提案を承諾することをすすめようとすることにあると判断していた。この会見の直前に、グルー大使からの警告的公電がまた一つ送られてきていた。日本は奇襲を行ったり、先手をうつというようなあらゆる戦術上の好機をつかむものと思われるから、アメリカは日本の陸海軍の不意打ちに対して警戒せよというのであった。

翌十八日に交渉は予期しない方向をたどった。野村は、あたかも自分一個の構想のような口ぶりで、現在完全に対立している両国政府の提案とは別の形式の一協定を結ぶことはできないものであろうかと申入れた。すなわち、少なくとも当面の災厄《さいやく》を回避するための部分的協定の締結はできないであろうかと示唆したのであった。野村の構想なるものは、日本が仏印南部より撤兵し、これにたいし米英両国が対日禁輸を断行した七月以前の状態に復するということであった。

ハルはこの時までは非妥協的であった。しかし、今ややっと少なくとも時を稼ぐための機会がきたと彼は考えた。時はアメリカおよびアメリカの同盟国が戦争に対処するに有利な体制を与えてくれるであろうし、また同時に日本政府をして軍部になお一層の譲歩を行わしめるとともに、国民に政策後退の考え方を植えつけさせることもできるであろうとハルは考えた。野村が示唆した提案は不完全なかつ非公式な一つの構想にすぎなかったけれども、ハルもこれに対応して、この提案に若干の関心を示すような言葉で応答した。

ハルは野村に対して、もしお説のような取決めができたら、交渉は継続されることになるのであろうかと質ねた。これに対して野村は然りと答えた。そこでハルは、かような手段によって日本の指導者がその地位を保持し、かつ世論を平和的方向に導くことができるという事情については充分理解しうると述べ、一応この提案をイギリスおよびオランダ政府に伝えて、これらの政府がどのように考えるかをみてみようと野村に語った。

野村と来栖はこの新しい構想をものにしようと懸命の努力を試みた。前述の会見があった夜（十一月十八日）、彼らはあわただしく幾通かの公電を東京に打った。東郷外相は、この数日前にいわゆる最終暫定案としての提案乙の原文を打電してきていた。野村と来栖は、この提案は拒否されるであろうと予期していた。野村と来栖は、この提案よりも条件のやさしい簡略な提案を持出すことによって最後の衝突をさけようと試みていた。

日本の使節が立去った後、ハルはイギリス代理大使サー・ロナルド・キャンベルを招致した。ハル長官はキャンベルに対して、日本使節との会談の内容を話し、日本政府に世論をむけなおす余裕を与えるような部分的取決めを行う構想について説明した。翌日、ハルは同様のことを多少熱意をもって中国大使およびオーストラリア、オランダ両公使に話した。

しかし日本両大使の前述の構想は東京で承諾されなかった。日本は長期戦を選ぶよりは譲り合いによる大まかな現状維持の協定を結ぶ途をとるべきだという勧告に対して東郷外相は不服であった。日本政府は単なる対日輸出制限の緩和を交換条件として仏印からの撤兵に同意することはできないし、アメリカ政府はまもなくあらたな別の条件を持ちだすに違いないと東郷は野村と来栖にいってよこした。かくして、両大使は直ちに、十一月五日の御前会議で決定された提案乙の全文をアメリカ側に提出せよと命ぜられた(東郷より野村宛、十一月十九日付公電第七九八、七九九号)。

野村がハルに手交した文書は五項目から成っていた。

一、両国政府において仏印以外の南東亜細亜および南太平洋地域に武力進出を行わざる旨を確約すること

二、帝国政府は日支間和平成立するか、または太平洋地域における公正なる平和確立する上は、現に仏領インドシナに派遣せられおる日本軍隊を撤退すべく、また本了解成立せば現に南部仏領インドシナに駐屯中の日本軍はこれを北部仏領インドシナに移駐する用意あること

三、両国政府において蘭領インドにおいてその必要とする物資の獲得が保障せらるるよう相互に協力すること

四、両国政府は相互に通商関係を資産凍結前の状態に復帰すること、合衆国政府は所要の石油の対日供給を約すること

五、合衆国政府は日支両国間の和平に関する努力に支障を与うるが如き行動に出でざること

この案は「日本の最後の言葉」と呼ばれるものであったが、ハルはとくに二つの点について意見を述べた。日本の対華政策をヒトラーの行動と結びつけて、ハルはアメリカの対華援助を弁護した。来栖は、日本の提案中の第五項は、おそらく日本と中国の会談が開始される時にアメリカが対華援助を中止するという意味であろうと説明した。ハルはまた、この暫定案が成立しても日本は依然三国同盟の一員であり、従って英米両国の敵性国である点を指摘した。これに対して来栖は何の答えもしなかった。

この日本の提案は、国務省でも大統領官邸筋でも「明白に同意し難い」ものであると考えた。ハルは自分のこの意見についての根拠をその回顧録の中で次のように述べている。

日本の提案を受諾することによってアメリカが負う業務は全く降伏に等しいものであった。アメリカは日本が必要とするだけの石油を供給し、凍結令を解除し、日本と完全な通商関係を回復しなければならない。またアメリカは中国への援助を停止し、法的に承認されている蔣介石政府に対する精神的、物質的支持をやめなければならない。さらにその上、アメリカは日本が蘭印から資材を得ることに援助を与え、西太平洋地域のアメリカの軍事力増強を停止しなくてはならないというのである。

これに対し、中国との和平成立までは、日本は依然中国作戦を継続し、ソ連を攻撃し、北部仏印に駐兵する権利を享受する……かくして日本は南方諸国および南方通商路を脅かす仏印の拠点をおさえていることとなるわけである。

大統領と自分は、かような提案に同意することは、アメリカが日本の過去の侵略政策を黙認し、日本の将来の侵攻政策に同意を与え、アメリカ外交政策の基本的原則を放棄し、中国とソ連を裏切り、日本が西太平洋、東アジア地域で覇権を握ろうとする努力に無言の協力を与えるものである、と結論せざるをえなかった。

日本側記録によってみれば、ハルのこの判断の若干の点については多少の疑問があった。ハルが提案乙の若干の項目について読みとった意味は、必ずしも正しい解釈であったかどうか。また日本が後退を開始すると申出たことについてのハルの全体的推定が正しかったかどうか。あるいは正しかったかもしれない。しかし、確かに正しかった、ともいえない、とファイス教授は批判している。

というのは、情勢はもはや論争の域を越えるほど重大かつ複雑となってきていたからである。日本はみずから企図した「太平洋帝国」よりはるかに大きい防衛連合体の形成を余儀なくされてしまった。このような事態は、日本の進出すると思われる方向に暫定的停戦圏をつくりあげるようなことではもはや落ちつくものでなかった。

アメリカ政府の論拠は次のように要約できる。

この日本の最後案に同意することは防衛連合各国間の信頼し合った統一を乱してしまうこととなるであろう。その後の事情が示したように、アメリカが最後案を受諾したとすれば、中国はたとえ裏切られたとまでは感じないまでも、見捨てられたという感じを深くするであろう。イギリス人がなんのためらいもなくドイツに対して戦いを続けようという決心にひびがはいることであろう。そして、日本の陸海軍は、右のような事態からおこる弱点を利用しうる立場に立つこととなるわけである。

さらに一歩を進めて、もしアメリカが前述のような危険を冒してこの最後案に同意したとしても、太平洋における戦争は避けえられなかったであろう。なんとなれば、この現状維持案は成立すると同時に崩壊してしまうことは確かであったからである。すなわち日、米両国が行っている軍事行動について必ず紛議がおこったことであろう。日本は攻撃準備を決してやめなかったであろう。米、英両国もまたフィリッピンやマレーに航空機、艦船、航空母艦、レーダー等を送るのを中止しなかったであろう。協定調印が互いに、相手方こそ協定を悪用して自己の立場を強化していると考えることであっただろう。

このような問題から協定が急に破綻をきたさないとしても、石油についての紛議が重大化して協定を危くするかもしれない。「所要量の石油」という言葉について日、米両国が抱いている考えには大きな距離があった。日本政府は野村に対し日本がどの程度の量の石油を要望しているかを協定調印前にアメリカに知らせるように命じていた。日本はアメリカから年四百万トンの石油の供給を望んでいたのであった。アメリカ政府は、日本の石油保有量を確保するに足るこのような量の石油を供給することに同意しようとは考えていなかった。

結局、十一月二十日に野村がハルに手交した文書は、古い紛議を解決するというよりも、新しい紛議をかもしだすものであったかもしれない。

太平洋の両岸では戦争の気配が色濃く出ていたし、人々の気持にも戦争の気分はあったかもしれない。しかし、それを避けたいという願望もまだ強く存在していた。ハルは日本に有利な立場を与えず、かつアメリカの同盟国の信頼を裏切ることなく破局を引延すような提案乙の対案を作成し始めた。

ローズヴェルト大統領は、たんに時間的余裕だけを得るための条件に関する彼自身の構想を国務省に伝えてきた。その条件というのは、若干の石油と食糧を即時日本に与えるとともに将来これら物資供給の分量を増加することと、アメリカの参加なしに日、華両国が事態について友好的会談を行うことができるようにアメリカが斡旋の労をとることであった。これに対し、日本はこれ以上北にも南にも兵を進めないこと、およびたとえアメリカがヨーロッパ戦争に参加しても日本は三国同盟条約を発動しないことに同意する旨を約束するということであった。

ハルはアメリカが一杯食わされはしないか、また誤解されはしないかという点を恐れた。そこで、彼は、もし現状維持協定ができたなら、アメリカの立場を効果的に擁護しうるような形の対案を考えていた。暫定案に対する代案とともに、ハルは日本側に対し協定成立の後両国が遵守すべき原則に関する声明に日本が同意することを求めた。

本書は、一九五九年一〇月、時事通信社より刊行された。

第《だい》二《に》次《じ》世《せ》界《かい》大《たい》戦《せん》外《がい》交《こう》史《し》（上）〔全2冊〕

2015年11月17日　第1刷発行
2020年 4 月15日　第3刷発行

著　者　芦《あし》田《だ》 均《ひとし》

発行者　岡本 厚

発行所　株式会社 岩波書店
〒101-8002 東京都千代田区一ツ橋2-5-5

案内 03-5210-4000　営業部 03-5210-4111
文庫編集部 03-5210-4051
https://www.iwanami.co.jp/

印刷・三秀舎　カバー・精興社　製本・中永製本

ISBN 978-4-00-340311-2　　Printed in Japan

読書子に寄す

──岩波文庫発刊に際して──

岩波茂雄

真理は万人によって求められることを自ら欲し、芸術は万人によって愛されることを自ら望む。かつては民を愚昧ならしめるために学芸が最も狭き堂宇に閉鎖されたことがあった。今や知識と美とを特権階級の独占より奪い返すことはつねに進取的なる民衆の切実なる要求である。岩波文庫はこの要求に応じそれに励まされて生まれた。それは生命ある不朽の書を少数者の書斎と研究室とより解放して街頭にくまなく立たしめ民衆に伍せしめるであろう。近時大量生産予約出版の流行を見る。その広告宣伝の狂態はしばらくおくも、後代にのこすと誇称する全集がその編集に万全の用意をなしたるか。千古の典籍の翻訳企図に敬虔の態度を欠かざりしか。さらに分売を許さず読者を繋縛して数十冊を強うるがごとき、はたしてその揚言する学芸解放のゆえんなりや。吾人は天下の名士の声に和してこれを推挙するに躊躇するものである。このときにあたって、岩波書店は自己の責務のいよいよ重大なるを思い、従来の方針の徹底を期するため、すでに十数年以前より志して来た計画を慎重審議この際断然実行することにした。吾人は範をかのレクラム文庫にとり、古今東西にわたって文芸・哲学・社会科学・自然科学等種類のいかんを問わず、いやしくも万人の必読すべき真に古典的価値ある書をきわめて簡易なる形式において逐次刊行し、あらゆる人間に須要なる生活向上の資料、生活批判の原理を提供せんと欲する。この文庫は予約出版の方法を排したるがゆえに、読者は自己の欲する時に自己の欲する書物を各個に自由に選択することができる。携帯に便にして価格の低きを最主とするがゆえに、外観を顧みざるも内容に至っては厳選最も力を尽くし、従来の岩波出版物の特色をますます発揮せしめようとする。この計画たるや世間の一時の投機的なるものと異なり、永遠の事業として吾人は微力を傾倒し、あらゆる犠牲を忍んで今後永久に継続発展せしめ、もって文庫の使命を遺憾なく果たさしめることを期する。芸術を愛し知識を求むる士の自ら進んでこの挙に参加し、希望と忠言とを寄せられることは吾人の熱望するところである。その性質上経済的には最も困難多きこの事業にあえて当たらんとする吾人の志を諒として、その達成のため世の読書子とのうるわしき共同を期待する。

昭和二年七月